AF458069

PYTHON pour les MATHS

Amit Saha

PYTHON pour les MATHS

EYROLLES

ÉDITIONS EYROLLES
61, bd Saint-Germain
75240 Paris Cedex 05
www.editions-eyrolles.com

Traduction autorisée de l'ouvrage en langue anglaise intitulé
Doing Math with Python
de Amit Saha (ISBN : 978-1-59327-640-9),
publié par No Starch Press.

All Rights Reserved.

En application de la loi du 11 mars 1957, il est interdit de reproduire intégralement ou partiellement le présent ouvrage, sur quelque support que ce soit, sans l'autorisation de l'Éditeur ou du Centre français d'exploitation du droit de copie, 20, rue des Grands-Augustins, 75006 Paris.

© 2015 by Amit Saha / No Starch Press pour l'édition en langue anglaise

© Groupe Eyrolles, 2016, pour la présente édition, ISBN : 978-2-212-14364-5

© Traduction française : Paul Bizouard

À Protyusha, pour m'avoir toujours soutenu

REMERCIEMENTS

Je voudrais remercier toute l'équipe de No Starch Press pour avoir rendu ce livre possible. Depuis les premiers courriels échangés avec Bill Pollock et Tyler Ortman à propos de ce livre et pour tout le reste du processus, j'ai eu plaisir à travailler avec chaque personne de l'équipe. Seph Kramer fut exceptionnel par son regard technique et les suggestions qu'il a su apporter et, grâce à la méticulosité de Riley Hoffman, nous avons pu vérifier et revérifier que tout soit correct. Il est juste de dire que, sans ces deux personnes, le livre n'aurait jamais été ce qu'il est aujourd'hui. Merci à Jeremy Kun et Otis Chodosh qui se sont assurés de l'exactitude des parties mathématiques. Je voudrais aussi remercier le réviseur technique Julianne Jigour pour sa rigueur.

Le module `SymPy` est au centre de plusieurs des chapitres de ce livre et je voudrais donc remercier toutes les personnes de sa liste de courriel qui ont su répondre avec patience à mes questions et réviser mes corrections avec promptitude. Je voudrais encore remercier la communauté de `matplotlib` pour avoir clarifié et répondu à mes doutes.

Je voudrais aussi remercier David Ash pour m'avoir prêté son MacBook, lequel m'a aidé à écrire les instructions d'installation des programmes.

Je dois finalement remercier chaque écrivain et chaque penseur qui a pu m'inspirer pour écrire ce livre.

AVANT-PROPOS

Le but de ce livre est d'apporter sous un même sujet trois domaines qui me sont chers : la programmation, les mathématiques et les sciences.

Qu'est-ce que cela signifie précisément ? Au travers de ces pages, nous allons explorer de manière informatique des sujets du niveau fin de collège/lycée, comme manipuler des unités de mesure, examiner la trajectoire d'un projectile, calculer la moyenne, la médiane et le mode, déterminer une corrélation linéaire, résoudre des équations algébriques, décrire le mouvement d'un pendule, simuler un jeu de dés, créer des formes géométriques ou trouver des limites, des dérivées et des intégrales de fonctions. Pour beaucoup de gens, ces sujets sont déjà familiers mais, plutôt qu'une feuille et un stylo, nous utiliserons ici l'outil informatique pour les explorer.

Nous allons écrire des programmes qui prendront des nombres et des formules en entrée, feront les calculs souhaités et afficheront la solution ou dessineront un graphique. Certains de ces programmes sont des calculateurs puissants capables de résoudre des problèmes mathématiques. Entre autres, ils vous aideront à trouver les solutions d'équations, à calculer la corrélation entre deux jeux de données et à déterminer le maximum d'une fonction. Dans d'autres programmes, nous allons simuler des événements de la vie courante comme le mouvement d'un projectile, un lancer de pièce ou de dé. Utiliser des programmes pour simuler de tels événements est une manière simple de les analyser et d'en apprendre plus à leur propos.

Vous trouverez aussi des sujets qui sont très difficiles à explorer sans l'aide de l'informatique. Par exemple, dessiner des fractales à la main est très fastidieux, voire impossible, alors qu'il nous suffit d'utiliser une boucle « for » contenant l'opération adéquate pour les créer avec un programme. Vous trouverez certainement que ce nouveau contexte rend l'apprentissage des mathématiques et de l'informatique plus ludique, amusant et gratifiant.

Qui devrait lire ce livre ?

Si vous êtes en train d'apprendre la programmation, vous apprécierez la manière qu'a ce livre d'exposer les différentes voies de résolution de problèmes à l'aide de l'outil informatique. De même, si vous enseignez à un tel public, j'espère que vous trouverez dans ce livre des idées utiles pour illustrer l'utilité de la programmation au sein du monde abstrait des sciences.

Ce livre suppose que le lecteur connaisse les bases essentielles de la programmation en Python 3 (notamment, ce qu'est une fonction, les arguments des fonctions, le concept de classe de Python et des objets de classe ou les boucles). L'annexe B couvre une partie des autres fonctionnalités de Python utilisées dans nos programmes, mais le livre ne nécessite pas que vous les connaissiez d'avance. Si vous souhaitez avoir des bases plus solides je vous recommande de lire *Python pour les kids* de Jason Briggs (Eyrolles, 2015).

Que contient ce livre ?

Ce livre consiste en sept chapitres et deux annexes. Chaque chapitre finit par une collection de défis pour le lecteur. Je vous recommande d'essayer de les résoudre. Vous apprendrez davantage en essayant d'écrire vos propres programmes. Certains de ces défis vous amèneront à explorer de nouveaux domaines et vous permettront d'améliorer votre apprentissage.

- Le chapitre 1, **Les nombres**, commence avec les opérations mathématiques classiques et avance progressivement vers des sujets d'un niveau mathématique supérieur.
- Le chapitre 2, **Visualiser des données à l'aide d'un graphique**, se concentre sur la création des graphiques avec `matplotlib`.
- Le chapitre 3, **Décrire des données à l'aide des statistiques**, approfondit l'analyse des données via l'apprentissage des outils statistiques de base comme la moyenne, la médiane, le mode ou la corrélation

linéaire entre les variables d'un jeu de données. Vous apprendrez aussi à lire des données depuis un format populaire de fichiers pour le stockage des données : le CVS.

- Le chapitre 4, **Algèbre et mathématiques symboliques avec SymPy**, vous initie à l'utilisation de la bibliothèque `SymPy` pour traiter des problèmes d'algèbre. Il commence par les bases de la représentation des expressions algébriques en informatique avant de vous amener sur des sujets plus complexes comme la résolution d'équations.
- Le chapitre 5, **Jouer avec les ensembles et les probabilités**, traite de la représentation des ensembles en mathématiques et vous initie aux probabilités discrètes. Vous y apprendrez aussi à simuler des événements probabilistes à loi uniforme et non uniforme.
- Le chapitre 6, **Tracer des figures géométriques et des fractales**, vous apprend à tracer divers types de figures et à créer des figures animées à l'aide de `matplotlib`.
- Le chapitre 7, **Résoudre des problèmes de calcul infinitésimal**, vous expose quelques fonctions mathématiques disponibles dans la bibliothèque standard de Python et dans `SymPy`, puis vous présente la résolution de problèmes du domaine du calcul infinitésimal.
- L'annexe A, **Installation des logiciels**, couvre l'installation de Python 3, de `matplotlib` et de `SymPy` sous Windows, Linux et Mac OS X.
- L'annexe B, **Quelques caractéristiques de Python**, traite plusieurs fonctionnalités de Python qui pourraient être utiles aux débutants.

Scripts, solutions et indices

Le site web de ce livre est *http://www.editions-eyrolles.com/dl/14364*.

Vous pourrez y télécharger tous les programmes de ce livre et vous y trouverez des indices et les solutions à vos défis. Il fournit aussi des liens additionnels concernant les mathématiques, les sciences ou les ressources de Python que je trouvais utiles ainsi que des corrections ou ajouts au livre.

Les logiciels changent régulièrement. De nouvelles versions de Python, `SymPy` ou `matplotlib` pourraient causer des dysfonctionnements dans les programmes de ce livre. Vous trouverez ces changements et les moyens d'adapter vos programmes sur ce site web.

J'espère que ce livre rendra votre voyage de découverte de la programmation plus amusant et d'une pertinence immédiate. Place aux mathématiques !

TABLE DES MATIÈRES

B
QUELQUES CARACTÉRISTIQUES DE PYTHON 207

INDEX 223

1

LES NOMBRES

Faisons nos premiers pas dans la découverte de l'utilisation de Python pour explorer le monde des mathématiques et des sciences. Nous commencerons en douceur pour que vous puissiez vous habituer à Python lui-même. Nous commencerons par exécuter des opérations mathématiques élémentaires puis nous rédigerons des programmes simples pour manipuler et comprendre les nombres. Au travail !

Opérations mathématiques

L'interpréteur interactif de Python nous sera utile tout au long de ce livre. Démarrez l'interpréteur Python 3 IDLE et dites « bonjour » (voir figure 1-1) en écrivant `print('bonjour IDLE')`, puis pressez la touche **Entrée** (pour plus d'informations concernant l'installation de Python et le démarrage de l'IDLE, voir l'annexe A.) IDLE exécute votre commande et affiche les mots entre guillemets sur l'écran. Félicitations, vous venez d'écrire un programme !

Lorsque vous voyez >>> s'afficher de nouveau, IDLE est prêt à recevoir de nouvelles instructions.

```
Python 3.5.0 Shell
Python 3.5.0 (v3.5.0:374f501f4567, Sep 12 2015, 11:00:19)
[GCC 4.2.1 (Apple Inc. build 5666) (dot 3)] on darwin
Type "copyright", "credits" or "license()" for more information.
>>> print ('Bonjour IDLE')
Bonjour IDLE
>>>
                                                        Ln: 6 Col: 4
```

Figure 1-1 : Interpréteur Python 3 IDLE

Python peut être utilisé comme un simple calculateur, exécutant des calculs basiques. Il suffit de taper une expression mathématique et Python se charge de l'évaluer. Lorsque la touche **Entrée** est pressée, le résultat apparaît immédiatement.
Essayez par vous-même. Vous pouvez additionner et soustraire des nombres en utilisant respectivement les opérateurs + et - :

```
>>> 1+2
3
>>> 1+3.5
4.5
>>> -1+2.5
1.5
>>> 100-45
55
>>> -1.1+5
3.9
```

Pour multiplier, utilisez l'opérateur * :

```
>>> 3*2
6
>>> 3.5*1.5
5.25
```

Pour diviser, utilisez l'opérateur / :

```
>>> 3/2
1.5
>>> 4/2
2.0
```

Comme vous le voyez ici, lorsque vous demandez à Python d'effectuer une division, il retourne le nombre suivi de sa partie fractionnelle. Si vous souhaitez que le résultat soit un entier, en supprimant sa partie décimale, vous devrez utiliser l'opérateur de division arrondie au nombre inférieur // :

```
>>> 3//2
1
```

L'opérateur // divise le premier nombre par le second puis arrondit le résultat à l'entier inférieur. Cela devient intéressant lorsque l'un des chiffres est négatif. Par exemple :

```
>>> -3//2
-2
```

Le résultat final est l'entier inférieur au résultat de la division (-3/2=-1.5, donc le résultat est -2).
Par ailleurs, si vous ne voulez que le reste de la division, vous devrez utiliser l'opérateur modulo `%` :

```
>>> 9%2
1
```

Vous calculez la puissance d'un nombre en utilisant l'opérateur ** :

```
>>> 2**2
4
>>> 2**10
1024
>>> 1**10
1
```

Les exposants servent également pour calculer des puissances inférieures à 1. Par exemple, la racine carrée d'un nombre n peut être exprimée comme $n^{1/2}$ et la racine cubique comme $n^{1/3}$:

```
>>> 8**(1/3)
2.0
```

Comme le montre cet exemple, vous devez utiliser des parenthèses pour combiner des expressions afin d'en créer de plus compliquées. Python évalue l'expression selon la règle standard pour l'ordre de calcul PEMDAS – parenthèses, exposants, multiplications, divisions, additions et soustractions. Considérons les deux expressions suivantes, l'une sans les parenthèses et l'autre avec :

```
>>> 5+5*5
30
>>> (5+5)*5
50
```

Dans le premier exemple, Python calcule d'abord la multiplication : 5 fois 5 font 25, 25 et 5 font 30. Dans le second exemple, l'expression entre parenthèses est calculée en premier, comme nous l'aurions pensé : 5 et 5 font 10, 10 fois 5 font 50.
Nous venons de voir les bases nécessaires à la manipulation des nombres en Python. Voyons maintenant comment affecter des noms aux nombres.

Les labels : attacher des noms aux nombres

Comme nous commençons à concevoir des programmes plus complexes, nous allons devoir affecter des noms aux nombres – parfois par commodité, mais le plus souvent par nécessité. Voici un exemple simple :

```
❶ >>> a=3
  >>> a+1
  4
❷ >>> a=5
  >>> a+1
  6
```

En ❶, nous donnons le nom `a` au chiffre `3`. Quand nous demandons à Python d'évaluer le résultat de l'expression `a+1`, il comprend que `a` renvoie à `3`, lui ajoute alors `1` puis affiche le résultat (`4`). En ❷, nous changeons la valeur affectée à `a` en un `5` et cela se reflète sur le résultat de la seconde addition. Utiliser le nom `a` est pratique car il suffit de changer le nombre vers lequel `a` pointe et Python se servira de cette nouvelle valeur lorsque `a` sera appelé de nouveau dans la suite de votre code.
Ce type de nom est appelé « label » (qui pourrait être traduit par « étiquette » en français). Vous avez déjà entendu parler du terme « variable » qui décrit la même chose dans d'autres circonstances. Toutefois, étant donné que « variable » est aussi un terme mathématique (utilisé pour se référer par exemple au x dans l'équation $x+2=3$), nous l'utiliserons seulement dans le cas d'équations ou d'expressions mathématiques.

Différents types de nombres

Vous avez sûrement remarqué que nous avons énoncé deux types de nombres lors de la présentation des opérations mathématiques : les nombres sans partie décimale, dont vous connaissez déjà le nom d'*entiers*, et les nombres avec une partie décimale, que les programmeurs nomment « nombres à virgule flottante » (ou *réels*). Pour nous humains, cela ne fait aucune différence que les nombres soient sous forme d'entiers, de réels, de fractions ou encore écrits en chiffres romains. Cependant, certains programmes que nous allons écrire par la suite n'auront de sens qu'en utilisant un certain type de nombres ; nous demanderons donc souvent au programme de vérifier si les nombres que nous entrons sont du bon type en écrivant quelques lignes dans le code.
Python considère les entiers et les réels comme étant de types différents. Si vous utilisez la fonction `type()`, Python vous indique quel type de nombre vous venez d'entrer :

```
>>> type(3)
<class 'int'>

>>> type(3.5)
<class 'float'>
```

```
>>> type(3.0)
<class 'float'>
```

Vous constatez ici que Python considère le nombre `3` comme un entier (type `'int'`) et `3.0` comme un réel (type `'float'`). Nous savons tous que `3` et `3.0` sont mathématiquement équivalents, mais dans beaucoup de cas Python va traiter ces deux nombres de manière différente parce qu'ils sont de types différents.

Certains des programmes que nous écrivons dans ce chapitre ne fonctionnent proprement que si l'entrée est un entier. Comme nous venons de le voir, Python ne reconnaît pas les nombres 1.0 et 4.0 comme des entiers, donc si nous voulons quand même les utiliser comme entrées dans ces programmes, nous devons les convertir en entiers. Heureusement, il existe une fonction Python pour cela :

```
>>> int(3.8)
3
>>> int(3.0)
3
```

La fonction `int()` prend en entrée un réel, se débarrasse de tout ce qui vient après la virgule et retourne l'entier résultant. La fonction `float()` fonctionne de la même manière pour faire la conversion inverse :

```
>>> float(3)
3.0
```

`float()` prend en entrée un entier et lui ajoute une partie décimale nulle afin de le changer en réel.

Travailler avec les fractions

Python sait aussi gérer les fractions, mais pour utiliser cette fonctionnalité nous devrons utiliser le module `fractions`. On peut voir un module comme un programme écrit par quelqu'un d'autre, que vous pouvez réutiliser dans votre propre programme. Dans un module peuvent être définis des classes, des fonctions et même des labels. Ils peuvent faire partie de la bibliothèque standard de Python ou être mis à disposition par un tiers. Dans ce dernier cas, vous devrez installer le module avant de pouvoir vous en servir.

Le module `fractions` fait partie de la bibliothèque standard, ce qui signifie qu'il est déjà installé. Il définit la classe `Fraction`, dont on va se servir dans nos programmes. Pour cela, nous devons l'*importer*, c'est-à-dire signifier à Python que nous allons l'utiliser. Voyons un exemple rapide (création d'un nouveau label, `f`, qui renvoie à la fraction ¾) :

```
❶ >>> from fractions import Fraction
❷ >>> f=Fraction(3,4)
```

```
❸ >>> f
Fraction(3,4)
```

Nous importons tout d'abord la classe Fraction depuis le module ❶. Ensuite, nous créons un objet de cette classe en fournissant le numérateur et le dénominateur comme paramètres ❷. Ceci crée un objet Fraction pour la valeur ¾. Lorsque nous demandons à Python d'afficher l'objet ❸, il le fait sous la forme `Fraction(`*`numérateur, dénominateur`*`)`.

Vous pouvez soumettre aux fractions les opérations mathématiques classiques, notamment les comparaisons. Vous pouvez aussi utiliser une fraction, un entier et un réel dans une même expression :

```
>>> Fraction(3,4)+1+1.5
3.25
```

Lorsqu'il y a un réel dans une expression, le résultat de l'expression est toujours un réel.

En outre, lorsque vous n'avez qu'une fraction et un entier dans une expression, le résultat est une fraction, même si celle-ci a 1 pour dénominateur.

```
>>> Fraction(3,4)+1+Fraction(1,4)
Fraction(2,1)
```

Vous connaissez maintenant les bases pour manipuler les fractions en Python. Enchaînons avec un autre type de nombres.

Les nombres complexes

Les nombres que nous avons vus jusqu'ici font tous partie de la famille des réels. Python fonctionne aussi avec les nombres complexes, dont la partie imaginaire est identifiée par la lettre `j` ou `J` (contrairement au i utilisé dans les notations mathématiques). Par exemple, le complexe 2+3i est écrit `2+3j` en Python :

```
>>> a=2+3j
>>> type(a)
<class 'complex'>
```

Comme vous pouvez le voir, lorsque nous appliquons la fonction `type()`, Python nous informe que l'objet est de type `complex`.

Vous pouvez aussi définir un tel nombre en utilisant la fonction `complex()` :

```
>>> a=complex(2,3)
>>> a
(2+3j)
```

Dans ce dernier cas, nous plaçons les parties réelle et imaginaire en arguments de la fonction `complex()` et celle-ci retourne le nombre correspondant.

Vous pouvez additionner et soustraire des nombres complexes de la même manière qu'avec les réels :

```
>>> b=3+3j
>>> a+b
(5+6j)
>>> a-b
(-1+0j)
```

Les multiplications et divisions entre nombres complexes s'appliquent de façon similaire.

```
>>> a*b
(-3+15j)
```

```
>>> a/b
(0.8333333333333334+0.16666666666666666j)
```

Le modulo `%` et la division arrondie à l'entier inférieur `//` ne fonctionnent pas sur les complexes.
Les parties réelle et imaginaire d'un nombre complexe peuvent être récupérées en utilisant ses attributs `real` et `imag` :

```
>>> z=2+3j
>>> z.real
2.0
>>> z.imag
3.0
```

Le conjugué d'un complexe a la même partie réelle mais une partie imaginaire de signe opposé. Il est retourné par la méthode `conjugate()` :

```
>>> z.conjugate()
(2-3j)
```

Les parties imaginaire et réelle sont toutes deux des nombres à virgule flottante. Vous pouvez calculer le module du nombre complexe avec la formule suivante, où x et y sont respectivement les parties réelle et imaginaire du nombre : $\sqrt{x^2 + y^2}$. En Python, cela s'écrit de la manière suivante :

```
>>> (z.real**2+z.imag**2)**0.5
3.605551275463989
```

Une manière plus simple de trouver le module d'un nombre complexe est d'utiliser la fonction `abs()`. Celle-ci retourne la valeur absolue lorsqu'elle est utilisée sur un réel. Par exemple, `abs(5)` et `abs(-5)` retournent toutes deux `5`. Cependant, appliquée à un nombre complexe, la fonction renvoie son module :

```
>>> abs(z)
3.605551275463989
```

Le module cmath *(complex math)* de la bibliothèque standard donne accès à d'autres fonctions relatives aux nombres complexes.

Recevoir une entrée saisie par l'utilisateur

Pour écrire des programmes, il nous sera utile d'avoir une méthode simple pour obtenir une entrée saisie par l'utilisateur : la fonction input(). Grâce à elle, nous pouvons composer des programmes qui demandent à l'utilisateur de saisir un nombre, effectuent des opérations sur ce nombre, puis en affichent le résultat. Voyons comment l'utiliser :

```
❶ >>> a=input()
❷ 1
```

En ❶, nous appelons la fonction input(), qui attend une saisie ❷ suivie d'une pression sur la touche **Entrée**. L'entrée est stockée dans a :

```
  >>> a
❸ '1'
```

On remarque que le 1 est mis entre guillemets simples en ❸. La fonction input() renvoie l'entrée utilisateur comme une chaîne de caractères. En Python, une chaîne de caractères est un ensemble de caractères quelconques placés entre deux guillemets simples ou doubles :

```
>>> s1='a string'
>>> s2="a string"
```

Ici, s1 et s2 réfèrent à la même chaîne.
Même si tous les éléments d'une chaîne de caractères sont des nombres, Python ne traite pas cette chaîne comme un nombre à moins qu'on ne lui enlève ses guillemets. Ainsi, avant de pouvoir effectuer des opérations mathématiques sur l'entrée de l'utilisateur, nous devons la convertir en un nombre de type adéquat. Une chaîne de caractères est convertie en entier ou en réel en utilisant respectivement les fonctions int() et float().

```
>>> a='1'
>>> int(a)+1
2
>>> float(a)+1
2.0
```

Les fonctions int() et float() sont les mêmes que celles vues précédemment, mais cette fois-ci, plutôt que de faire la conversion d'un type de nombre à un autre, elles prennent une chaîne de caractères ('1') en entrée et retournent un nombre (2 ou 2.0). Toutefois, il est important de remarquer que la fonction int() ne peut pas convertir en entier une chaîne contenant un point décimal. Si vous utilisez une chaîne représentant un nombre de type réel ('2.5' ou même '2.0') comme argument de la fonction int(), vous recevez un message d'erreur :

```
>>> int('2.0')
Traceback (most recent call last):
  File "<pyshell#26>", line 1, in <module>
    int('2.0')
ValueError: invalid literal for int() with base 10: '2.0'
```

Ceci est un exemple d'« exception » – la façon qu'a Python de vous informer qu'il ne peut continuer d'exécuter votre programme à cause d'une erreur. Dans ce cas, l'exception est de type `ValueError`. Pour un rapide rappel sur les exceptions, voir l'annexe B.

De la même manière, lorsque vous saisissez une fraction comme 3/4 en entrée, Python ne peut pas la convertir vers le réel ou l'entier correspondant. Une fois encore, une exception de type `ValueError` est invoquée :

```
>>> a=float(input())
3/4
Traceback (most recent call last):
  File "<pyshell#25>", line 1, in <module>
    a=float(input())
ValueError: could not convert string to float: '3/4'
```

Il pourrait vous être utile de convertir l'erreur dans un bloc `try...except` pour transformer l'exception et informer l'utilisateur que le programme a rencontré une entrée invalide. Nous allons maintenant nous intéresser aux blocs `try...except`.

Gérer les exceptions et les entrées invalides

Si vous n'êtes pas familier avec cette fonctionnalité, l'idée est la suivante : si vous exécutez au moins une opération dans un bloc `try...except` et si une erreur survient pendant l'exécution, votre programme ne s'arrête pas brutalement en vous affichant un `Traceback`. À la place, le fil d'exécution est transféré vers le bloc `except`, dans lequel vous aurez défini une opération appropriée à ce cas, comme afficher un message d'erreur plus explicite ou effectuer un processus alternatif.

Voici comment vous pourriez insérer la conversion vue auparavant dans un bloc `try...except` afin qu'elle vous affiche un message d'erreur explicite :

```
   >>> try:
❷      a=float(input('Entrer un nombre : '))
❶  except ValueError:
       print('Vous avez saisi un nombre invalide.')
```

Notez qu'il est nécessaire de spécifier sur quel type d'exception nous voulons agir. Ici, nous gérons une exception `ValueError` ❶.

Désormais, lorsque le nombre saisi est invalide, comme 3/4, notre message d'erreur s'affiche :

```
Entrer un nombre : 3/4
Vous avez saisi un nombre invalide.
```

En ❷, nous avons défini un message à afficher lors de l'exécution de la fonction input(). Nous pouvons nous en servir pour préciser à l'utilisateur quel type d'entrée est attendu :

```
>>> a=input('Entrer un entier : ')
```

L'utilisateur va voir s'afficher le message demandant de saisir un entier :

```
Entrer un entier : 1
```

Dans beaucoup de programmes de ce livre, nous demanderons à l'utilisateur de saisir un nombre en entrée. Nous devrons nous assurer de bien convertir ce nombre avant de le soumettre à des opérations.
Vous pouvez combiner la saisie et la conversion en une seule commande :

```
>>> a=int(input())
1
>>> a+1
2
```

Ceci fonctionne parfaitement si l'utilisateur saisit un entier, mais là encore, si l'entrée est un réel (même équivalent à un entier, comme 1.0), une erreur se produit :

```
>>> a=int(input())
1.0
Traceback (most recent call last):
  File "<pyshell#42>", line 1, in <module>
    a=int(input())
ValueError: invalid literal for int() with base 10: '1.0'
```

Afin d'éviter ce genre d'erreurs, nous pouvons mettre en place une mesure d'exception pour ValueError comme précédemment. De cette manière, le programme saura repérer les réels qui, dans un code écrit pour manipuler des entiers, mèneraient à des erreurs. Cependant, les nombres tels 1.0 et 2.0, équivalents d'entiers mais vus par Python comme des réels, seront aussi évités alors qu'ils pourraient très bien être utilisés une fois convertis dans le bon type.
Afin de remédier à cela, nous allons utiliser la méthode is_integer() pour filtrer les nombres ayant une partie décimale non nulle.
Cette méthode n'est définie que pour les nombres de type réel. Elle ne fonctionne pas sur un nombre qui est déjà de type entier.
Voici un exemple :

```
>>> 1.1.is_integer()
False
```

Nous appelons ici la méthode is_integer() pour vérifier si 1.1 est un entier ; le résultat est False. Lorsque cette méthode est appelée sur le réel 1.0, le résultat est True :

```
>>> 1.0.is_integer()
True
```

Nous pouvons utiliser `is_integer()` pour filtrer les entrées réelles qui ne correspondent pas à des entiers. Nous verrons un peu plus tard comment cette méthode peut se révéler très utile dans des programmes de taille supérieure.

Les fractions et nombres complexes en entrée

La classe d'objets `Fraction` que nous avons étudiée plus tôt est aussi capable de convertir des chaînes de caractères comme `'3/4'` en des objets `Fraction`. C'est grâce à cela que nous pouvons recevoir des fractions comme entrée :

```
>>> a=Fraction(input('Entrer une fraction : '))
Entrer une fraction : 3/4
>>> a
Fraction(3,4)
```

Essayez de saisir une fraction comme `3/0` en entrée :

```
>>> a=Fraction(input('Entrer une fraction : '))
Entrer une fraction : 3/0
Traceback (most recent call last):
  File "<pyshell#2>", line 1, in <module>
    a=Fraction(input('Entrer une fraction : '))
  File "/usr/lib64/python3.3/fractions.py", line 167, in __new__
    raise ZeroDivisionError('Fraction(%s,0)'%numerator)
ZeroDivisionError: Fraction(3,0)
```

Le message d'exception `ZeroDivisionError` vous indique (comme vous le savez déjà) que `0` ne peut pas être le dénominateur d'une fraction. Si vous avez l'intention de demander à l'utilisateur de saisir des fractions en entrée d'un de vos programmes, il est bon de repérer systématiquement de telles exceptions. Voici comment le faire :

```
>>> try:
    a=Fraction(input('Entrer une fraction : '))
except ZeroDivisionError:
    print('Fraction invalide')
Entrer une fraction : 3/0
Fraction invalide
```

Ainsi, dès que l'utilisateur de votre programme saisit une fraction avec `0` comme dénominateur, le message d'erreur « `Fraction invalide` » s'affiche. De façon similaire, la fonction `complex()` convertit une chaîne de caractères comme `'2+3j'` en un nombre complexe :

```
>>> z=complex(input('Entrer un nombre complexe : '))
Entrer un nombre complexe : 2+3j
>>> z
(2+3j)
```

Si vous entrez '2 + 3j' (avec des espaces), il en résulte un message d'erreur ValueError :

```
>>> z=complex(input('Entrer un nombre complexe : '))
Entrer un nombre complexe : 2 + 3j
Traceback (most recent call last):
  File "<pyshell#43>", line 1, in <module>
    z=complex(input('Entrer un nombre complexe : '))
ValueError: complex() arg is a malformed string
```

Une bonne idée est de repérer l'exception ValueError lorsque vous convertissez une chaîne de caractères en un nombre complexe, comme nous l'avons déjà fait pour les autres types de nombres.

Écrire des programmes qui calculent à votre place

Maintenant que nous avons appris quelques concepts de base, nous allons les combiner avec les instructions de boucles et de conditions, afin de créer de nouveaux programmes légèrement plus complexes et d'une plus grande utilité.

Trouver les facteurs d'un entier

Lorsqu'un entier non nul a divise un autre entier b laissant un reste nul, on dit que a est facteur de b. Par exemple, 2 est facteur de tous les nombres pairs. Il est possible d'écrire une fonction pour vérifier si un entier non nul a est facteur d'un autre entier b :

```
>>> def est_facteur(a,b):
    if b%a==0:
        return True
    else:
        return False
```

Pour calculer le reste, nous utilisons l'opérateur modulo % présenté au début de ce chapitre. S'il vous arrive un jour de vous poser une question comme « 4 est-il facteur de 1 024 ? », vous pourrez utiliser la fonction est_facteur() :

```
>>> est_facteur(4,1024)
True
```

Soit un entier positif n, comment trouver tous ses diviseurs positifs ? Il suffit de s'intéresser, pour chaque entier entre 1 et n, au reste de la division euclidienne de n par cet entier. S'il est nul, alors l'entier est facteur de n. Nous utiliserons la fonction range() pour écrire un programme qui effectuera la vérification pour chacun des nombres compris entre 1 et n. Avant d'écrire le programme dans son intégrité, voyons comment range() fonctionne. Une utilisation classique de cette fonction ressemble à cela :

```
>>> for i in range(1,4):
print(i)
1
2
3
```

Nous avons programmé ici une boucle « for » en donnant deux arguments à la fonction range(). Celle-ci commence par l'entier entré comme premier argument (la « valeur de départ ») et augmente jusqu'à l'entier qui précède le second argument (la « valeur d'arrêt »). Dans le cas précédent, nous avons donné l'ordre à Python d'afficher les nombres contenus dans cette tranche, en commençant par 1 et en stoppant à 4. Veuillez noter que cela signifie que Python n'affiche pas 4, mais arrête au dernier nombre qui précède la valeur d'arrêt (3). Il est aussi important de remarquer que la fonction range() n'accepte que des entiers en arguments.
Vous pouvez aussi utiliser la fonction range() sans préciser la valeur de départ, auquel cas elle sera 0 par défaut :

```
>>> for i in range(5):
print(i)
0
1
2
3
4
```

La différence entre deux entiers consécutifs produits par la fonction range() est appelée le « pas ». Par défaut, ce dernier est de 1. Pour obtenir un pas différent, précisez-le en troisième argument (dans ce cas, il est nécessaire d'entrer aussi la valeur de départ). Par exemple, le programme suivant affiche les nombres impairs inférieurs à 10 :

```
>>> for i in range(1,10,2):
print(i)
1
3
5
7
9
```

Très bien, maintenant que nous avons vu comment la fonction range() fonctionne, nous sommes prêts à écrire un programme pour calculer les facteurs. Comme il sera assez long, il est préférable de le faire sur l'éditeur IDLE. Vous pouvez démarrer l'éditeur en sélectionnant **File>New File** dans IDLE. Notez que nous commençons par commenter notre code en plaçant le commentaire entre trois guillemets simples ('). Aucun texte placé entre ces guillemets ne sera exécuté par Python, contrairement au reste du programme ; ce n'est qu'un commentaire adressé à ceux qui liront votre code.

Le caractère dièse (#) a le même rôle de commentaire pour une seule ligne.

```
# -*- coding: utf-8 -*-
'''
Trouver les facteurs d'un entier
'''
def facteurs(b):
❶   for i in range(1,b+1):
        if b%i==0:
            print(i)
if __name__=='__main__':
    b=input('Veuillez entrer votre nombre : ')
    b=float(b)
❷   if b>0 and b.is_integer():
        facteurs(int(b))
    else:
        print('Veuillez saisir un entier positif.')
```

La fonction `facteurs()` définit une boucle ❶ qui parcourt avec la fonction `range()` les entiers compris entre 1 et le nombre entré par l'utilisateur. Ici, nous voulons que la boucle s'arrête à l'entier `b` saisi par l'utilisateur ; c'est pourquoi la valeur d'arrêt est indiquée comme `b+1`. Pour chaque entier `i`, le programme vérifie s'il divise le nombre entré et, si oui, l'affiche.

Lorsque vous exécutez le programme (en allant sur **Run>Run module**), celui-ci vous demande d'entrer un nombre. Si votre nombre est un entier positif, ses facteurs sont affichés :

```
Veuillez entrer votre nombre : 25
1
5
25
```

Si le nombre saisi n'est pas un entier, ou s'il est négatif, le programme affiche un message d'erreur demandant de saisir un autre nombre :

```
Veuillez entrer votre nombre : 15.5
Veuillez saisir un entier positif.
```

Ceci illustre comment écrire des programmes plus ergonomiques qui vérifient la validité de chaque saisie. Comme notre programme ne fonctionne qu'avec les entiers positifs, nous vérifions en ❷ si le nombre saisi est supérieur à 0 et s'il est entier (avec la méthode `is_integer()`). Si la saisie n'est pas valide, le programme affiche une instruction explicite plutôt qu'un long message d'erreur.

NOTE *Vous pouvez voir que nous avons inséré l'expression* `# -*- coding: utf-8 -*-` *en première ligne de notre programme, avec le symbole # signifiant que cette ligne est un commentaire et qu'elle ne doit pas être exécutée dans le programme. Cependant, à l'inverse des autres commentaires que vous pourriez saisir dans vos codes, celui-ci a* *un impact sur l'exécution du programme. En effet, Python est un langage de programmation dont la langue première est l'anglais. Contrairement au Français, l'Anglais écrit ne contient pas d'accents ni d'apostrophes et Python ne reconnait donc pas ces caractères, ce qui mène à une erreur lors de l'exécution du programme. Pour que vous puissiez néanmoins les utiliser, il faut signifier à Python que vous utilisez des caractères codés en utf-8. C'est pourquoi nous utilisons cette ligne de commentaire, laquelle devra toujours être placée au début de vos programmes.*

Générer des tables de multiplication

Soient 3 nombres *a*, *b* et *n*, où *n* est un entier tel que :

$$a \times n = b$$

Nous pouvons dire ici que b est le *n*-ième multiple de a. Par exemple, 4 est le deuxième multiple de 2 et 1 024 est le 512e multiple de 2.
La table de multiplication d'un certain nombre liste tous ses multiples. Par exemple, la table de multiplication de 2 ressemble à ceci (pour ses 3 premiers multiples) :

$$2 \times 1 = 2$$

$$2 \times 2 = 4$$

$$2 \times 3 = 6$$

Notre prochain programme génère les 10 premiers multiples d'un nombre saisi par l'utilisateur. Nous allons utiliser la méthode `format()` couplée à la fonction `print()` pour faire en sorte que le résultat retourné par le programme soit plus beau et plus lisible. Au cas où vous ne la connaitriez pas déjà, nous allons rapidement vous expliquer comment elle fonctionne.
La méthode `format()` sert à joindre et organiser des labels dans un texte afin qu'ils soient affichés au sein de celui-ci. Par exemple, si j'ai stocké les noms des fruits que j'ai achetés au marché dans des labels différents et si je veux les insérer au sein d'une phrase cohérente, j'utilise la méthode `format()` de la manière suivante :

```
>>> objet1='pommes'
>>> objet2='bananes'
>>> objet3='raisins'
>>> print('Au marché, j'ai acheté des {0}, des {1} et des {2}'.format(objet1,objet2,objet3))
Au marché, j'ai acheté des pommes, des bananes et des raisins.
```

Nous avons d'abord créé trois labels (`objet1`, `objet2`, `objet3`), référant chacun à une chaîne de caractères (respectivement `'pommes'`, `'bananes'` et `'raisins'`). Puis, dans la fonction `print()`, nous avons composé une chaîne de caractères contenant trois références entre accolades : `{0}`, `{1}` et `{2}`. Nous avons finalement ajouté `.format()` portant nos trois labels. Ceci informe Python qu'il faut remplacer les références par les valeurs stockées dans ces labels dans l'ordre établi, pour afficher le texte en remplaçant `{0}` par le premier label, `{1}` par le deuxième et ainsi de suite.

Il n'est pas nécessaire d'avoir des labels pointant vers les valeurs que nous voulons afficher. Nous pouvons aussi entrer directement les valeurs dans `.format()` :

```
>>> print('Nombre 1 : {0} Nombre 2 : {1} '.format(1,3.578))
Nombre 1 : 1 Nombre 2 : 3.578
```

Notez que le nombre de références et le nombre de labels ou valeurs doivent être égaux.

Maintenant que nous avons vu comment `format()` fonctionne, nous pouvons nous intéresser au programme affichant les tables de multiplication :

```
# -*- coding: utf-8 -*-
'''
Générateur de tables de multiplication
'''
def multi_table(a):
❶    for i in range(1,11):
          print('{0}x{1}={2}'.format(a,i,a*i))
if __name__=='__main__':
    a=input('Entrer un nombre : ')
    multi_table(float(a))
```

La fonction `multi_table()` implémente la fonctionnalité principale du programme. Elle prend en paramètre le nombre `a` de l'utilisateur. Comme nous voulons afficher la table de multiplication de 1 à 10, nous avons une boucle « for » en ❶ qui parcourt tous ces nombres, en affichant à chaque fois le produit dudit nombre par `a`.

Lorsque vous exécutez ce programme, il vous demande d'abord de saisir un nombre, puis affiche la table de multiplication associée :

```
Entrer un nombre : 5
5.0x1=5.0
5.0x2=10.0
5.0x3=15.0
5.0x4=20.0
5.0x5=25.0
5.0x6=30.0
5.0x7=35.0
5.0x8=40.0
5.0x9=45.0
5.0x10=50.0
```

Voyez-vous comme la table est bien ordonnée ? Elle est ainsi parce que nous avons utilisé la méthode `format()` pour afficher les résultats selon un modèle lisible et uniforme.

Cette méthode s'utilise aussi pour choisir la manière d'afficher les nombres. Par exemple, il est possible de les tronquer à leur deuxième décimale :

```
>>> '{0}'.format(1.25456)
'1.25456'
>>> '{0:.2f}'.format(1.25456)
'1.25'
```

La première instruction affiche simplement le nombre comme il a été entré. Dans la seconde instruction, nous changeons la référence en `{0:.2f}`, signifiant que nous ne voulons que les deux premières décimales, avec `f` indiquant qu'il s'agit d'un nombre à virgule flottante. Notez qu'au besoin, le nombre affiché sera arrondi :

```
>>> '{0:.2f}'.format(1.25556)
'1.26'
```

Si vous utilisez `.2f` sur un entier, deux zéros seront ajoutés à la fin de celui-ci :

```
>>> '{0:.2f}'.format(1)
'1.00'
```

Convertir des unités de mesure

Le système international d'unités définit sept « grandeurs de base ». Celles-ci sont ensuite utilisées pour définir les autres quantités, que l'on nomme « grandeurs dérivées ». La longueur (dont font partie la largeur, la hauteur et la profondeur), le temps, la masse et la température sont quatre des sept grandeurs de base. Chacune de ces grandeurs a une unité standard, respectivement le mètre, la seconde, le kilogramme et le kelvin. Toutefois, chacune de ces grandeurs a aussi plusieurs autres unités non standards. Il vous est sûrement plus familier d'entendre que la température est de 30 degrés Celsius ou de 86 degrés Fahrenheit plutôt que de 303,15 kelvins. Or, vous ne pouvez comparer deux mesures d'une grandeur physique que si elles sont exprimées dans la même unité. Les conversions entre différentes unités de mesure sont parfois compliquées, c'est d'ailleurs pourquoi il vous est souvent demandé, surtout au lycée, de résoudre des problèmes qui incluent la conversion entre différentes unités. C'est bon moyen de tester vos compétences mathématiques de base. Mais Python a beaucoup de compétences en mathématiques et, à l'inverse des lycéens, il ne peut se fatiguer de les appliquer à répétition. Voyons comment écrire des programmes qui effectuent ces conversions à votre place.

Nous allons commencer avec la longueur. Aux États-Unis et au Royaume-Uni, les pouces et les miles sont souvent utilisés pour mesurer les longueurs, tandis que les autres pays utilisent généralement les centimètres et les kilomètres.

Un pouce étant égal à 2,54 centimètres, voici comment convertir 25,5 pouces en mètres :

```
>>> (25.5*2.54)/100
0.6476999999999999
```

Par ailleurs, un mile équivaut à peu près à 1,609 kilomètres. Ainsi, si vous apprenez que vous êtes à 650 miles de votre destination, vous êtes à 1 045,85 kilomètres de celle-ci :

```
>>> 650*1.609
1045.85
```

Intéressons-nous maintenant aux conversions de température, de Fahrenheit à Celsius et vice-versa. Pour convertir une température exprimée en Fahrenheit en son équivalent en Celsius, il faut utiliser la formule :

$$C = (F - 32) \times \frac{5}{9}.$$

F représente la température en Fahrenheit et C est son équivalent en Celsius. Convertissons avec Python la température normale du corps humain, de 98,6 degrés Fahrenheit à sa valeur en degrés Celsius :

```
>>> F=98.6
>>> (F-32)*(5/9)
37.0
```

Nous créons d'abord un label `F`, pointant vers la température en Fahrenheit, `98.6`. Ensuite, nous évaluons la formule pour convertir cette température en son équivalent en Celsius, qui s'avère être de `37.0` degrés Celsius.

Pour convertir une température de Celsius en Fahrenheit, il faut utiliser la formule :

$$F = \left(C \times \frac{9}{5}\right) + 32$$

Vous pouvez évaluer cette formule de manière similaire :

```
>>> C=37
>>> C*(9/5)+32
98.60000000000001
```

Nous créons un label, `C`, avec la valeur `37` (la température normale du corps humain en Celsius). Puis nous la convertissons en Fahrenheit en utilisant la formule, ce qui nous donne `98.6` degrés.

Ce serait une corvée de devoir écrire ces formules à chaque conversion. Écrivons un programme qui les fera à notre place. Il présente un menu à l'utilisateur pour lui permettre de choisir la conversion qu'il désire effectuer, lui demande de saisir un nombre, puis affiche le résultat de la conversion :

```
# -*- coding: utf-8 -*-
'''

Convertisseur d'unités : Miles et Kilomètres
'''
```

```
def affiche_menu():
    print('1. Kilomètres en Miles')
    print('2. Miles en Kilomètres')
def km_miles():
    km=float(input('Entrer la distance en kilomètres : '))
    miles=km/1.609
    print('Distance en miles : {0}'.format(miles))
def miles_km():
    miles=float(input('Entrer la distance en miles : '))
    km=miles*1.609
    print('Distance en kilomètres : {0}'.format(km))
if __name__=='__main__':
❶   affiche_menu()
❷   choix=input('Quelle conversion voudriez-vous effectuer ? ')
        if choix=='1':
            km_miles()
        if choix=='2':
            miles_km()
```

Ce programme est un peu plus long que les précédents, mais reste assez simple. En ❶, on appelle la fonction `affiche_menu()` qui affiche les deux choix de conversion. En ❷, on demande à l'utilisateur d'en sélectionner un. Si 1 est saisi, `km_miles()` est appelée ; si 2 est saisi, c'est `miles_km()` qui est appelée. Dans chacune de ces fonctions, on demande d'abord à l'utilisateur de saisir une distance. Le programme exécute ensuite la conversion avec la formule adéquate, puis affiche le résultat.
Voici un exemple d'utilisation de ce programme :

```
1. Kilomètres en Miles
2. Miles en Kilomètres
Quelle conversion voudriez-vous effectuer ? 2
Entrer la distance en miles : 100
Distance en kilomètres : 160.900000
```

Ce programme ne fait que les conversions de longueur entre miles et kilomètres. Amusez-vous à le compléter pour d'autres grandeurs et d'autres unités.

Trouver les racines d'une équation quadratique

Que faites-vous lorsque vous devez résoudre une équation comme $x + 500 - 79 = 10$ et trouver la valeur de l'inconnue x ? Vous faites passer les termes constants (500, −79 et 10) d'un côté de l'équation et laissez la variable (x) de l'autre. Vous obtenez alors l'équation suivante : $x = 10 - 500 + 79$.
Calculer le résultat de l'expression de la partie droite de l'équation vous donne la valeur de x, solution de l'équation, appelée aussi la « racine » de l'équation. En Python, vous pouvez le faire comme ci-après :

```
>>> x=10-500+79
>>> x
-411
```

Ceci est un exemple d'« équation linéaire ». Une fois les termes du bon côté de l'expression, celle-ci est simple à évaluer.

Par ailleurs, pour les équations dites « quadratiques », exprimées par $ax^2 + bx + c = 0$ (où a, b et c sont des constantes), trouver les racines de $x^2 + 2x + 1 = 0$ implique l'évaluation d'une expression appelée « formule quadratique » :

$$x_1 = \frac{-b + \sqrt{b^2 - 4ac}}{2a} \text{ et } x_2 = \frac{-b - \sqrt{b^2 - 4ac}}{2a}.$$

Une équation quadratique a au plus deux racines x_1 et x_2 – deux valeurs de x pour lesquelles les deux côtés de l'équation sont égaux (bien que, parfois, ces deux racines soient les mêmes).

Prenons l'équation $x^2 + 2x + 1$; on voit que $a = 1$, $b = 2$ et $c = 1$. Nous pouvons insérer ces valeurs directement dans la formule quadratique pour calculer les valeurs de x_1 et x_2. En Python, on stocke d'abord les valeurs de a, b et c dans des labels `a`, `b` et `c` :

```
>>> a=1
>>> b=2
>>> c=1
```

Puis, étant donné que dans les deux formules on retrouve le terme $b^2 - 4ac$, nous définissons un nouveau label `D`, tel que : $D = \sqrt{b^2 - 4ac}$:

```
>>> D=(b**2-4*a*c)**0.5
```

Comme vous pouvez le voir, nous calculons la racine carrée de $b^2 - 4ac$ en mettant l'expression à la puissance 0,5. Maintenant, nous pouvons écrire les instructions pour calculer x_1 et x_2 :

```
>>> x_1=(-b+D)/(2*a)
>>> x_1
-1.0
>>> x_2=(-b-D)/(2*a)
>>> x_2
-1.0
```

Dans cet exemple, les valeurs des racines sont les mêmes. En les injectant dans l'équation $x^2 + 2x + 1$, vous obtiendrez 0.

Notre prochain programme combine toutes ces étapes dans une fonction `racines()`, qui prend en paramètres les valeurs de a, b et c, calcule les racines puis les affiche :

```
# -*- coding: utf-8 -*-
'''
solveur d'équations quadratiques
'''

def racines(a,b,c):
    D=(b*b-4*a*c)**0.5
    x_1=(-b+D)/(2*a)
    x_2=(-b-D)/(2*a)
```

```
    print('x1 : {0}'.format(x_1))
    print('x2 : {0}'.format(x_2))
if __name__=='__main__':
    a=input('Entrer a : ')
    b=input('Entrer b : ')
    c=input('Entrer c : ')
    racines(float(a), float(b), float(c))
```

Dans un premier temps, nous utilisons les labels *a*, *b* et *c* pour référencer les trois constantes de l'équation quadratique. Puis, nous appelons la fonction `racines()` avec ces trois valeurs en arguments (après les avoir convertis en nombres à virgule flottante). Cette fonction insère *a*, *b* et *c* dans la formule quadratique, trouve les racines de l'équation et les affiche.

Lorsque vous exécutez ce programme, celui-ci demande à l'utilisateur de saisir les valeurs des trois constantes *a*, *b* et *c* correspondant à l'équation quadratique qu'il souhaite résoudre.

```
Entrer a : 1
Entrer b : 2
Entrer c : 1
x1 : -1.000000
x2 : -1.000000
```

Vous pouvez essayer d'autres équations quadratiques avec différentes valeurs, le programme les résoudra.

Vous savez peut-être que ces équations quadratiques peuvent aussi avoir des nombres complexes comme racines. Par exemple, celles de l'équation $x^2 + x + 1 = 0$ sont toutes deux des nombres complexes. Le programme ci-avant est aussi capable de les calculer. Testons cela en exécutant le programme une nouvelle fois (les constantes sont a=1, b=1 et c=1) :

```
Entrer a : 1
Entrer b : 1
Entrer c : 1
x1 : (-0.49999999999999994+0.8660254037844386j)
x2 : (-0.5-0.8660254037844386j)
```

Les racines affichées en résultat sont des nombres complexes (indiqués par `j`) et le programme n'a eu aucun problème à les calculer et les afficher.

Ce que vous avez appris

Vous avez appris à écrire des programmes qui peuvent reconnaître des entiers, des réels, des fractions (exprimées comme des réels ou comme des fractions) et des nombres complexes. Vous avez écrit des programmes qui génèrent des tables de multiplication, convertissent des unités et trouvent les racines d'une équation quadratique. Vous êtes certainement très enthousiaste à l'idée d'avoir fait les premiers pas dans la découverte de la programmation en Python. Avant d'aller plus loin, voici quelques défis de programmation qui vous donneront la possibilité d'appliquer ce que vous venez d'apprendre.

Défis de programmation

Voici quelques défis qui vous donneront l'occasion de mettre en application les concepts appris dans ce chapitre. Chaque problème peut être résolu de plusieurs façons, mais vous trouverez des exemples de solutions sur le site *http://www.editions-eyrolles.com/dl/14364*.

#1 - Le distributeur automatique de pairs et d'impairs

Essayez d'écrire un code représentant un distributeur automatique de nombres pairs et impairs, qui prend un nombre entier puis effectue deux tâches :

- dire si le nombre est pair ou impair ;
- afficher le nombre saisi suivi des 9 nombres pairs ou impairs suivants.

Par exemple, si le nombre saisi est `2`, le programme doit afficher `pair` puis `2, 4, 6, 8, 10, 12, 14, 16, 18, 20`. De façon similaire, si le chiffre saisi est `1`, le programme doit afficher `impair` puis les nombres `1, 3, 5, 7, 9, 11, 13, 15, 17, 19`.
Vous devrez aussi utiliser la méthode `is_integer()` pour afficher un message si la saisie de l'utilisateur n'est pas l'équivalent d'un entier.

#2 - Générateur de tables de multiplication amélioré

Notre générateur de tables de multiplication est bien, mais il n'affiche que les dix premiers multiples. Améliorez-le afin que l'utilisateur puisse aussi spécifier le nombre de multiples qu'il veut. Par exemple, nous devons pouvoir obtenir une table listant les 15 premiers multiples de 9.

#3 - Convertisseur d'unités amélioré

Le programme convertisseur d'unités que nous avons écrit se limite à faire les conversions entre kilomètres et miles. Essayez de l'agrandir avec les unités de masse (kilogrammes et livres) et de température (Celsius et Fahrenheit).

#4 - Calculateur sur fractions

Programmez un calculateur capable de résoudre les opérations mathématiques de base entre deux fractions. Le programme doit demander à l'utilisateur de saisir deux fractions puis l'opération à réaliser entre celles-ci. Pour vous aiguiller, voici comment vous pourriez écrire un programme pouvant gérer l'addition :

```
# -*- coding: utf-8 -*-
'''
Opérations sur les fractions
'''
from fractions import Fraction
def addition(a,b):
    print('Résultat de l'addition : {0}'.format(a+b))
if __name__=='__main__':
    a=Fraction(input('Entrer la première fraction : '))
    b=Fraction(input('Entrer la seconde fraction : '))
    op=input('Opération à effectuer - addition, soustraction, division,
multiplication : ')
    if op == 'addition':
    addition(a,b)
```

Voici un exemple d'exécution :

```
Entrer la première fraction : 3/4
Entrer la seconde fraction : 1/4
Opération à effectuer - addition, soustraction, division,
multiplication : addition
Résultat de l'addition : 1.0
```

Essayez d'agrandir ce programme pour qu'il propose les autres opérations. Par exemple, voici comment votre programme devrait être capable de calculer la différence entre deux fractions :

```
Entrer la première fraction : 3/4
Entrer la seconde fraction : 1/4
Opération à effectuer - addition, soustraction, division,
multiplication : soustraction
Résultat de la soustraction : 2/4
```

Dans le cas de la division, vous devrez avertir l'utilisateur si la première fraction divise la seconde ou inversement.

#5 - Donner à l'utilisateur le choix d'arrêter, ou non, le programme

Tous les programmes que nous avons écrits jusqu'ici ne fonctionnent que pour une seule répétition de l'action qu'ils effectuent. Par exemple, si on considère le programme qui génère une table de multiplication, l'utilisateur lance le programme et saisit un nombre, puis le programme affiche la table de multiplication et s'arrête. Si l'utilisateur veut afficher la table de multiplication d'un autre nombre, le programme doit être relancé.
Cela serait plus commode si l'utilisateur pouvait choisir de sortir ou pas du programme. L'idée est de créer une boucle infinie ou une boucle qui ne s'arrête que si elle en reçoit l'ordre. Vous voyez ci-après un exemple dans lequel nous mettons en place une telle boucle :

```
# -*- coding : utf-8 -*-
'''
   S'exécute jusqu'à ordre contraire de l'utilisateur
'''
```

```
def fun():
    print('Je suis une boucle infinie.')
if __name__=='__main__':
❶   while True:
        fun()
❷       reponse=input('Voulez-vous quitter ? (o) pour oui ')
        if reponse=='o':
            break
```

Nous définissons une boucle infinie en utilisant `while True` en ❶. Une boucle `while` (tant que) continue de se répéter jusqu'à ce que la condition soit évaluée comme étant fausse (`False`). Étant donné que nous mettons en condition de boucle la valeur constante égale à `True`, celle-ci se répètera indéfiniment jusqu'à ce qu'elle soit interrompue d'une certaine manière. Dans la boucle, nous appelons la fonction `fun()`, qui affiche le message « `Je suis une boucle infinie.` ». En ❷, il est demandé à l'utilisateur s'il veut quitter. S'il saisit « `o` », le programme quitte via l'instruction `break` (qui a pour effet de quitter la boucle la plus intérieure en ignorant toute instruction postérieure de cette boucle). Si l'utilisateur saisit quoi que ce soit d'autre (ou même rien du tout, en pressant la touche **Entrée**), la boucle `while` se répète. Voici un exemple d'utilisation de ce programme :

```
Je suis une boucle infinie.
Voulez-vous quitter ? (o) pour oui n
Je suis une boucle infinie.
Voulez-vous quitter ? (o) pour oui n
Je suis une boucle infinie.
Voulez-vous quitter ? (o) pour oui n
Je suis une boucle infinie.
Voulez-vous quitter ? (o) pour oui o
```

En se basant sur cet exemple, réécrivons le générateur de tables de multiplication afin qu'il continue et se répète jusqu'à ce que l'utilisateur veuille l'arrêter. La nouvelle version de ce programme est montrée ci-dessous :

```
# -*- coding: utf-8 -*-
'''
Générateur de tables de multiplication avec choix de l'arrêt par
l'utilisateur
'''
def multi_table(a):
    for i in range(1,11):
        print('{0}x{1}={2}'.format(a,i,a*i))
if __name__=='__main__':
    while True:
        a=input('Entrer un nombre : ')
        multi_table(float(a))
        reponse=input('Voulez-vous quitter ? (o) pour oui ')
        if reponse=='o':
            break
```

Si vous comparez ce programme à celui que nous avons écrit plus tôt, vous verrez que nous avons juste ajouté la boucle `while`, contenant l'appel à la saisie d'un nombre par l'utilisateur et l'exécution de la fonction `multi_table()`.

Lorsque vous exécutez ce programme, celui-ci demande de saisir un nombre et affiche sa table de multiplication comme auparavant. Toutefois, il demandera aussi si l'utilisateur veut, ou pas, quitter le programme. Si l'utilisateur ne désire pas quitter, le programme sera de nouveau prêt à afficher la table d'un autre nombre.

Voici un exemple d'utilisation :

```
Entrer un nombre : 2
2.000000x1.000000=2.000000
2.000000x2.000000=4.000000
2.000000x3.000000=6.000000
2.000000x4.000000=8.000000
2.000000x5.000000=10.000000
2.000000x6.000000=12.000000
2.000000x7.000000=14.000000
2.000000x8.000000=16.000000
2.000000x9.000000=18.000000
2.000000x10.000000=20.000000
Voulez-vous quitter ? (o) pour oui n
Entrer un nombre :
```

Essayez de réécrire quelques-uns des autres programmes de ce chapitre afin qu'ils répètent leur exécution jusqu'à ce que l'utilisateur demande l'arrêt.

2

VISUALISER DES DONNÉES À L'AIDE D'UN GRAPHIQUE

Dans ce chapitre, vous allez découvrir un moyen efficace pour présenter des données numériques : dessiner des graphiques avec Python. Nous commencerons par présenter la droite des nombres ainsi que le plan cartésien. Puis nous apprendrons, pour créer ces graphiques, à nous servir de la puissante bibliothèque graphique matplotlib. Nous verrons ensuite quelques outils aidant à présenter les données de façon claire et intuitive. Finalement, nous utiliserons les graphiques pour découvrir la loi universelle de la gravitation de Newton et le mouvement des projectiles. Commençons !

Comprendre le plan de coordonnées cartésiennes

Considérons une droite de nombres, comme celle présentée dans la figure 2-1. Seuls les entiers de –3 à 3 sont marqués sur la droite mais, entre chaque paire de nombres, (disons 1 et 2) se trouvent aussi tous les autres nombres compris dans cet intervalle : 1,1, 1,2, 1,3, etc.

Figure 2-1 : Droite de nombres

La représentation sous forme de droite de nombres rend certaines propriétés visuellement intuitives. Par exemple, tous les nombres à droite de 0 sont positifs et tous ceux à sa gauche sont négatifs. Quand un nombre *a* se trouve à droite d'un autre nombre *b*, *a* est toujours plus grand que *b* et *b* est toujours plus petit que *a*.

Les flèches aux extrémités de la droite de nombres indiquent qu'elle s'étend à l'infini et qu'à chaque nombre réel, aussi grand qu'il puisse être, correspond un point de cette droite. Un seul nombre suffit à décrire un point de la droite.

Maintenant, considérons deux droites de nombres placées comme illustré sur la figure 2-2. Elles se coupent à angle droit et se croisent en leur 0 respectif. Ceci forme le plan de coordonnées cartésiennes, ou plan O*xy*, avec la droite horizontale appelée axe O*x* et la droite verticale appelée axe O*y*.

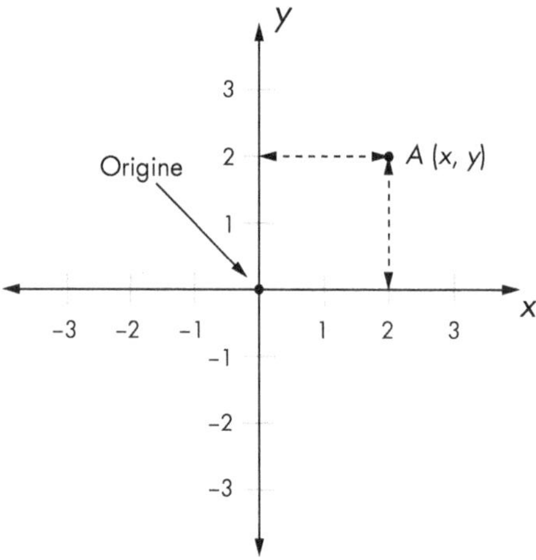

Figure 2-2 : Le plan cartésien

Comme sur la droite de nombres, il existe une infinité de points dans le plan. Nous décrivons un point avec deux nombres *x* et *y*, habituellement notés (*x*,*y*) et appelés coordonnées du point. Comme on peut le voir dans la figure 2-2, *x* est la distance du point A depuis l'origine le long de l'axe O*x* et *y* est la distance le long de l'axe O*y*. Le point où les deux axes se croisent est appelé l'origine et a pour coordonnées (0,0).

Le plan cartésien nous permet de visualiser la relation entre deux ensembles de nombres. Nous utilisons ici le terme « ensemble » au sens large pour parler d'une collection de nombres. Nous en apprendrons davantage au chapitre 4 à propos de ces ensembles mathématiques et des méthodes pour travailler avec en Python. Peu importe ce que les deux ensembles de nombres représentent – la température, un score de baseball, ou les résultats des élèves d'une classe à un examen – vous n'avez besoin que des nombres eux-mêmes. Vous pouvez alors les arranger sous forme de graphique, sur un papier quadrillé ou bien sur votre ordinateur à l'aide d'un programme écrit en Python. Par la suite, nous utiliserons le terme « graphique » pour décrire le résultat d'un tracé, que ce soit une ligne, une courbe, ou simplement un ensemble de points du plan cartésien.

Travailler avec les listes et les tuples

Pour tracer des graphiques, nous allons nous servir de listes et de tuples. En Python, ces derniers représentent deux façons différentes de stocker des ensembles de valeurs. Les tuples et les listes sont très similaires avec toutefois une différence majeure : après avoir créé une liste, on peut encore y ajouter des valeurs ou en changer l'ordre. À l'inverse, les valeurs dans un tuple sont immédiatement fixées et ne peuvent pas être modifiées. Nous utiliserons des listes pour stocker les coordonnées *x* et *y* des points que nous voudrons tracer.

Vous pouvez créer une liste en entrant des valeurs séparées par des virgules, le tout entre crochets. La déclaration suivante crée une liste qui sera référencée par le nom `listesimple` :

```
>>> listesimple = [1, 2, 3]
```

Vous pouvez maintenant faire appel aux différentes valeurs de cette liste –1, 2 et 3 – en vous servant du nom de la liste ainsi que de la position du nombre dans cette liste, cette dernière étant appelée l'index du nombre. Ainsi, `listesimple[0]` correspond au premier nombre, `listesimple[1]` correspond au deuxième, et `listesimple[2]` correspond au troisième nombre :

```
>>> listesimple[0]
1
>>> listesimple[1]
2
>>> listesimple[2]
3
```

Notez que le premier élément de la liste est à l'index `0`, le deuxième à l'index 1 et ainsi de suite. Ainsi, les positions dans la liste se comptent en commençant par 0, et non pas par 1.

Les listes peuvent aussi contenir des chaînes de caractères :

```
>>> listecaractere=['chaîne a','chaîne b','chaîne c']
>>> listecaractere[0]
'chaîne a'
>>> listecaractere[1]
'chaîne b'
>>> listecaractere[2]
'chaîne c'
```

Un des avantages de la liste est de ne pas avoir à créer un nom pour chacune de ses valeurs ; il suffit de nommer la liste puis d'utiliser l'index de l'élément auquel vous voulez vous référer. Aussi, si vous avez besoin de stocker de nouvelles valeurs, vous pouvez toujours les ajouter à une liste déjà existante. La liste est donc le meilleur choix pour stocker des données lorsque vous ne savez pas d'avance combien d'éléments vous aurez.
Une *liste vide* n'est rien d'autre qu'une liste sans élément et peut être créée de la manière suivante :

```
>>> listevide=[]
```

Les listes vides sont surtout utiles lorsque vous n'en connaissez pas à l'avance les éléments et que vous planifiez de la remplir pendant l'exécution du programme. Dans ce cas, vous créez votre liste vide ❶, puis utilisez la fonction `append()` ❷ pour y ajouter des éléments :

```
❶ >>> listevide
  []
❷ >>> listevide.append(1)
  >>> listevide
  [1]
❸ >>> listevide.append(2)
  >>> listevide
❹ [1,2]
```

En ❶, on déclare `listevide` comme une liste vide. On lui ajoute ensuite, en ❷, le chiffre `1` et puis le chiffre `2` en ❸. A la ligne ❹, la liste a pour valeur `[1,2]`. Notons que quand on utilise `.append()`, la valeur en argument est ajoutée à la fin de la liste. Ceci n'est qu'une des multiples façons d'ajouter des valeurs dans une liste, mais nous n'en présenterons pas d'autres dans ce chapitre.
Créer un tuple se fait de la même manière qu'avec une liste, à la différence qu'à la place des crochets vous devrez utiliser des parenthèses :

```
>>> simpletuple=(1,2,3)
```

Vous pouvez faire appel à un élément contenu dans `simpletuple` en écrivant son index entre crochets, exactement comme avec les listes :

```
>>> simpletuple[0]
1
>>> simpletuple[1]
2
>>> simpletuple[2]
3
```

À l'instar des listes, les tuples peuvent contenir des suites de caractères et vous créez un tuple vide en écrivant `tuplevide=()`. Cependant, la méthode append() ne peut pas être utilisée ici, car vous ne pouvez pas ajouter de valeurs à un tuple vide ; une fois que vous l'aurez créé, il ne pourra plus être modifié.

Interagir avec les listes et les tuples

Vous pouvez parcourir une liste ou un tuple en utilisant une boucle « for » comme suit :

```
>>> liste=[1,2,3]
>>> for objet in liste:
        print(objet)
1
2
3
```

Vous aurez parfois besoin de connaître la position ou l'index d'un élément de votre liste ou tuple. Utilisez pour cela la fonction enumerate().

Créer des graphiques avec matplotlib

Dans cette partie, nous allons utiliser matplotlib pour tracer des graphiques. Il s'agit d'une bibliothèque de Python, ce qui signifie que c'est une collection de modules contenant chacun plusieurs fonctions. Dans notre cas, ces modules vont nous aider à organiser les nombres sous forme de graphiques. matplotlib ne fait pas partie des bibliothèques standards de Python ; vous devrez donc l'installer avant de vous en servir. Les instructions d'installation sont décrites dans l'annexe A. Une fois la bibliothèque installée, démarrez l'interpréteur Python. Comme il est expliqué dans les instructions d'installation, vous pouvez soit continuer d'utiliser l'interpréteur IDLE, soit lancer Python dans votre invite de commande.

Commençons par un graphique simple ne comportant que trois points : (1,2), (2,4) et (3,6). Pour créer ce graphique, nous allons commencer par définir deux listes de nombres : l'une contenant les coordonnées en x (abscisses) et l'autre avec les coordonnées en y (ordonnées) :

```
>>> nombres_x=[1,2,3]
>>> nombres_y=[2,4,6]
```

À partir de ces listes, nous pouvons créer un graphique :

```
>>> from pylab import plot, show
>>> plot(nombres_x,nombres_y)
[<matplotlib.lines.Line2D object at 0x7f83ac60df10>]
```

La première ligne sert à importer les fonctions plot() et show() depuis le module pylab qui fait partie de la bibliothèque matplotlib. Nous appelons ensuite la fonction plot() en lui donnant comme arguments la liste des abscisses et celle des ordonnées. La fonction plot() retourne un objet – ou, plus précisément, une liste contenant un objet. Ce dernier contient les informations relatives au graphique que nous avons demandé à Python de créer. À ce niveau-là, vous pouvez encore lui ajouter des informations, par exemple un titre. Pour le moment, nous allons juste tracer le graphique. La fonction `plot()` ne fait que configurer le graphique. Pour l'afficher, nous devons appeler la fonction `show()` :

```
>>> show()
```

Vous voyez s'afficher le graphique dans une fenêtre `matplotlib` comme celle de la figure 2-3.
La fenêtre peut être légèrement différente en fonction de votre système d'exploitation, mais le graphique sera le même.

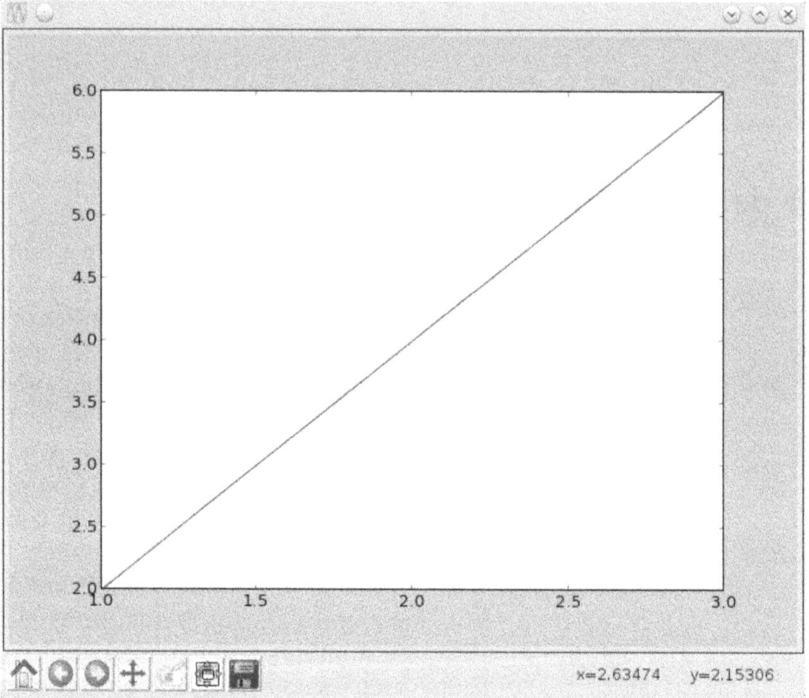

Figure 2-3 : Un graphique montrant la droite passant par les points (1,2), (2,4) et (3,6)

Notez que les axes O*x* et O*y* ne commencent pas à l'origine (0,0) mais respectivement aux nombres 1 et 2. Ceux-ci sont les plus petits nombres de chaque liste. De plus, vous pouvez voir des graduations sur chaque axe ; dans la section « Personnaliser les graphiques » page 40, nous apprendrons à manipuler l'aspect du graphique, nommer ses axes et lui donner un titre.
Vous remarquerez que vous ne pouvez plus saisir de commande dans l'interpréteur tant que vous n'avez pas fermé la fenêtre `matplotlib`. Fermez donc la fenêtre du graphique pour pouvoir continuer à programmer.

Repérer des points sur votre graphique

Si vous voulez que votre graphique affiche clairement les points que vous avez entrés pour le créer, donnez un argument supplémentaire à la fonction `plot()` :

```
>>> plot(nombres_x,nombres_y,marker='o')
```

En entrant `marker='o'`, nous signifions à Python que nous souhaitons mettre en évidence les points de notre liste par de petits points noirs en forme de o. Lorsque vous utiliserez `show()` de nouveau, vous verrez que chaque point sera marqué d'un point noir (figure 2-4).

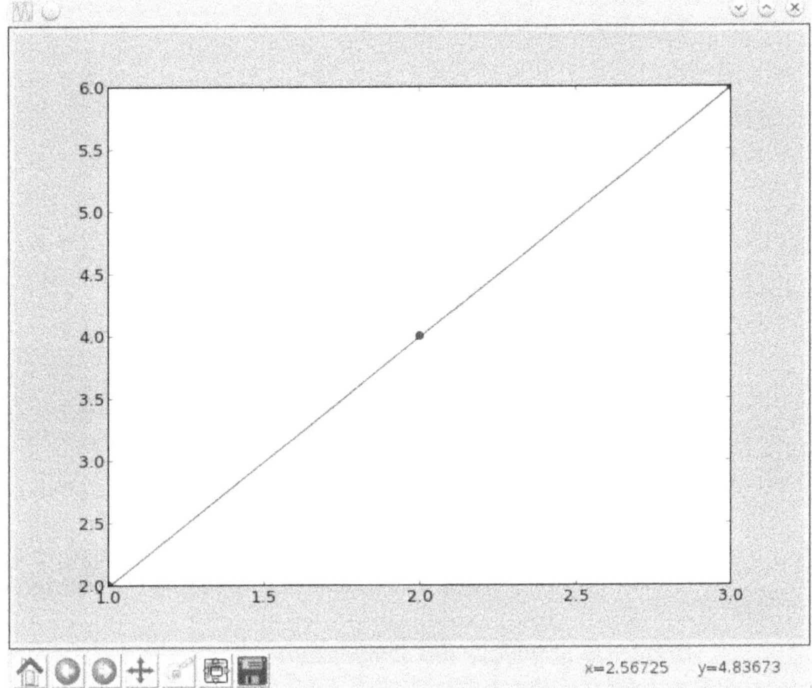

Figure 2-4 : Un graphique montrant la droite qui passe par les points (1,2), (2,4) et (3,6) marqués en noir. Le deuxième marqueur est bien visible, tandis que les deux autres sont cachés dans les coins du graphique.

Vous pouvez choisir parmi plusieurs marqueurs différents via, entre autres, les options `'o'`, `'*'`, `'x'` et `'+'`. Utiliser l'expression `marker=` implique le tracé de la droite reliant les points (la droite est tracée par défaut). En enlevant l'expression `marker=`, vous dessinez un graphique ne contenant que les points, sans droite les reliant :

```
>>> plot(nombres_x,nombres_y,'o')
[<matplotlib.lines.Line2D object at 0x7f2549bc0bd0>]
```

Ici, 'o' indique que chaque coordonnée que vous avez entrée sera marquée d'un point, mais ne sera pas reliée aux autres par une droite. Utilisez la fonction show() pour afficher le graphique. Il ressemblera à peu près à celui de la figure 2-5.

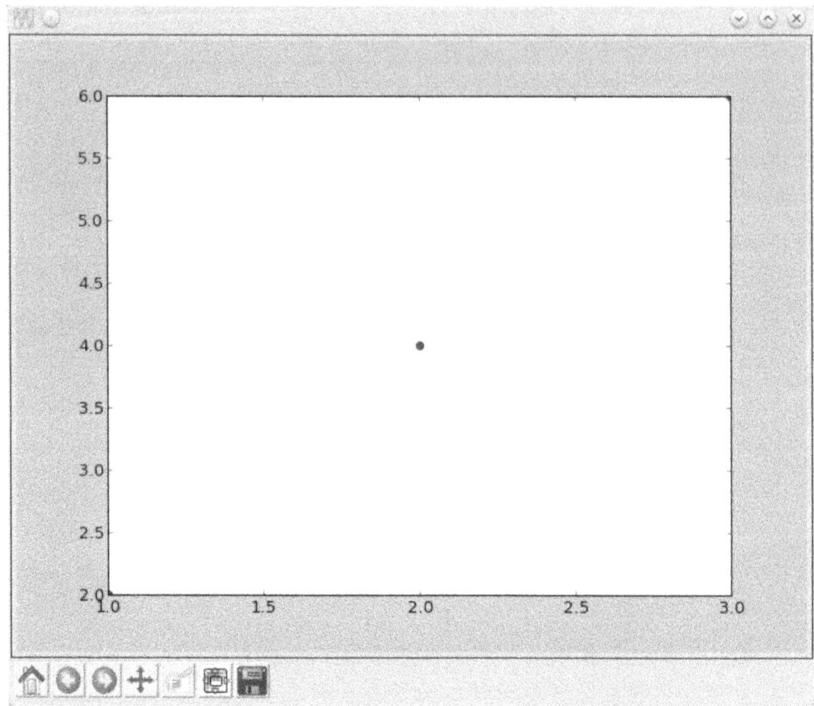

Figure 2-5 : Un graphique montrant les points (1,2), (2,4) et (3,6) sans droite de liaison

Comme dans le graphique précédent, le premier et le dernier point ne restent que peu visibles ; nous allons apprendre à changer cela.

Dresser le graphique des températures moyennes de la ville de New York

Prenons une situation impliquant un plus grand nombre de données, afin d'explorer les fonctionnalités de matplotlib plus en profondeur. Les températures annuelles moyennes de la ville de New York, mesurées à Central Park entre 2000 et 2012, sont les suivantes : 53,9 56,3 56,4 53,4 54,5 55,8 56,8 55,0 55,3 54,0 56,7 56,4 et 57,3 degrés Fahrenheit. Pour le moment, cela ne ressemble qu'à un ensemble de nombres plus ou moins aléatoires, mais nous pouvons les organiser sous forme de graphique pour rendre plus évidentes les hausses et les baisses de la température d'une année à l'autre :

```
>>> nyc_temp=[53.9,56.3,56.4,53.4,54.5,55.8,56.8,55.0,55.3,54.0,56.7,56.4,57.3]
>>> plot(nyc_temp,marker='o')
[<matplotlib.lines.Line2D object at 0x7f2549d52f90>]
```

Nous stockons les températures moyennes dans une liste, nyc_temp. Puis nous utilisons la fonction plot() avec cette liste comme seul argument (et l'option de marqueur). Lorsque vous utilisez plot() sur une seule liste, les nombres de celle-ci sont automatiquement placés sur l'axe O*y*. Les valeurs correspondantes sur l'axe O*x* sont déterminées par la position de chacune des ordonnées dans la liste. Ainsi, à la première température (53,9) correspond la valeur 0 sur l'axe O*x* (souvenez-vous que les positions de la liste commencent à 0, pas 1). Les valeurs sur l'axe O*x* sont donc les entiers de 0 à 12, représentant les treize années de mesure.
Tapez show() pour afficher le graphique de la figure 2-6.

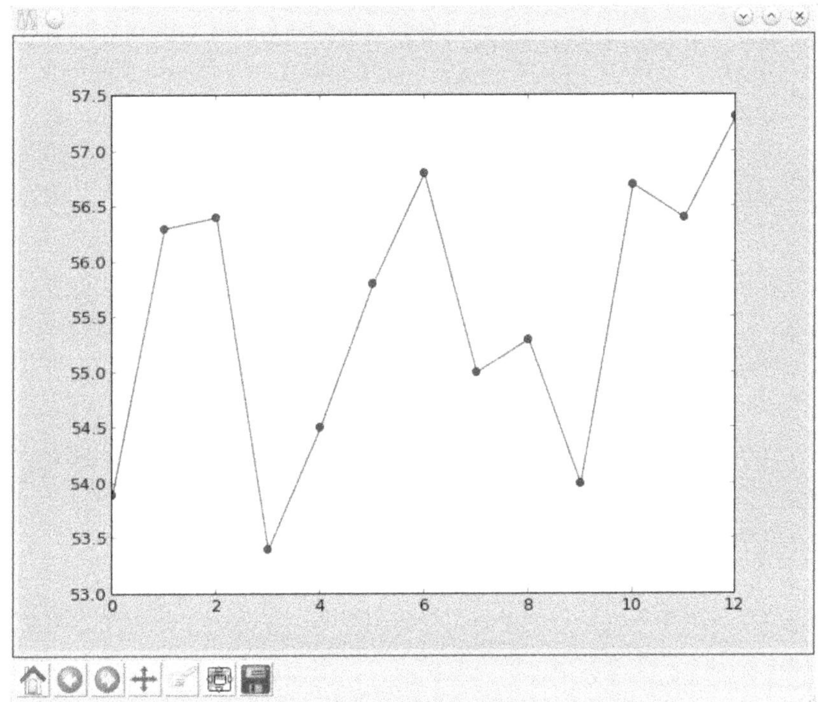

Figure 2-6 : Un graphique montrant les températures annuelles moyennes de la ville de New York de 2000 à 2012

On peut voir que la température moyenne a eu des hausses et des baisses d'une année à l'autre. Si vous regardez bien les nombres que nous avons entrés, vous verrez qu'ils sont très proches les uns des autres. Sur le graphique en revanche, il semble que les variations soient très grandes. Pourquoi cette différence ? La raison est que matplotlib délimite l'axe O*y* de sorte qu'il soit juste assez haut pour contenir toutes les données. Ainsi, dans ce graphique, l'axe O*y* commence à 53,0 et s'étend jusqu'à 57,5. Du fait de cet intervalle étroit, les différences paraissent très grandes. Nous apprendrons comment redéfinir les intervalles de chaque axe dans la section « Personnaliser les graphiques ».

Vous remarquerez que les nombres sur l'axe O*y* sont à virgule flottante (comme ceux entrés en données) alors que ceux de l'axe O*x* sont des entiers. `matplotlib` fonctionne très bien avec ces deux types de nombres.

Tracer le graphique des températures de cette façon est une manière simple et rapide de mettre en évidence leur variation dans le temps. Cependant, si vous vouliez présenter ce graphique à quelqu'un, il serait préférable de le rendre plus clair, en faisant correspondre les années aux températures. Pour cela, il suffit de créer une liste contenant les années et de la fournir en argument de la fonction `plot()` :

```
>>> nyc_temp=[53.9,56.3,56.4,53.4,54.5,55.8,56.8,55.0,55.3,54.0,56.7,56.4,57.3]
>>> mois=range(2000,2013)
>>> plot(mois,nyc_temp,marker='o')
[<matplotlib.lines.Line2D object at 0x7f2549a616d0>]
>>> show()
```

Nous utilisons la fonction `range()` que nous avons vue au chapitre 1 pour créer la liste contenant les nombres allant de 2000 à 2012. Les années sont maintenant affichées sur l'axe O*x* (figure 2-7).

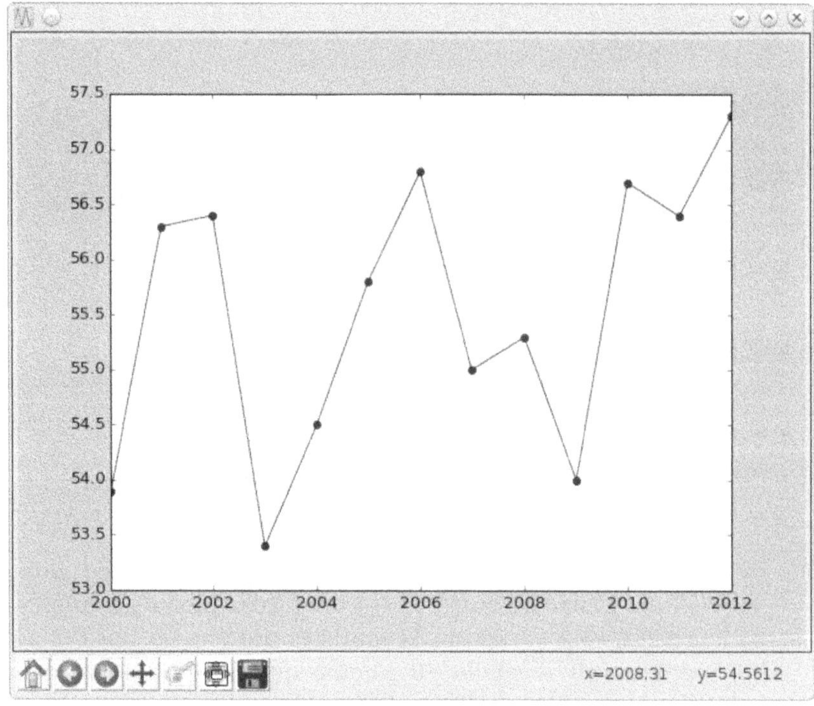

Figure 2-7 : Un graphique montrant les températures annuelles moyennes de la ville de New York avec les années affichées sur l'axe Ox

Comparer les tendances mensuelles des températures de la ville de New York

En s'intéressant toujours à la ville de New York, voyons comment les températures mensuelles moyennes ont varié au cours des années. Ceci nous donnera l'occasion de comprendre comment tracer plusieurs courbes dans un même graphique. Nous choisissons les trois années que sont 2000, 2006 et 2012. Pour chacune, nous allons tracer la courbe des températures moyennes de ses douze mois.

Tout d'abord, il faut créer les trois listes contenant les températures (en Fahrenheit). Chaque liste contient douze nombres correspondant aux températures de janvier à décembre de chaque année :

```
>>> nyc_temp_2000=[31.3,37.3,47.2,51.0,63.5,71.3,72.3,72.7,66.0,57.0,45.3,31.1]
>>> nyc_temp_2006=[40.9,35.7,43.1,55.7,63.1,71.0,77.9,75.8,66.6,56.2,51.9,43.6]
>>> nyc_temp_2012=[37.3,40.9,50.9,54.8,65.1,71.0,78.8,76.7,68.8,58.0,43.9,41.5]
```

Nous pourrions tracer les courbes de ces trois jeux de données dans trois graphiques différents, mais il serait alors plus difficile de les comparer. Essayez quand même !

La façon la plus claire de comparer ces températures entre elles est de toutes les insérer dans un même graphique, comme suit :

```
>>> mois=range(1,13)
>>> plot(mois,nyc_temp_2000,mois,nyc_temp_2006,mois,nyc_temp_2012)
[<matplotlib.lines.Line2D object at 0x7f2549c1f0d0>, <matplotlib.lines.Line2D object at
0x7f2549a61150>, <matplotlib.lines.Line2D object at 0x7f2549c1b550>]
```

Nous créons d'abord une liste (`mois`) contenant les entiers de 1 à 12, à l'aide de la fonction `range()`. Puis nous appelons `plot()` avec les trois paires de listes. Chaque paire consiste en une liste de mois représentés en abscisses et une liste de températures mensuelles moyennes représentées en ordonnées. Jusqu'ici, nous n'avons utilisé `plot()` qu'avec une seule paire de listes à la fois, mais il est possible de l'utiliser avec plusieurs paires simultanément. Ce faisant, `plot()` crée une courbe différente pour chaque couple et retourne alors trois objets. `matplotlib` considère les trois courbes individuellement et les dessine superposées sur le même graphique lorsque vous appelez la fonction `show()` (figure 2-8).

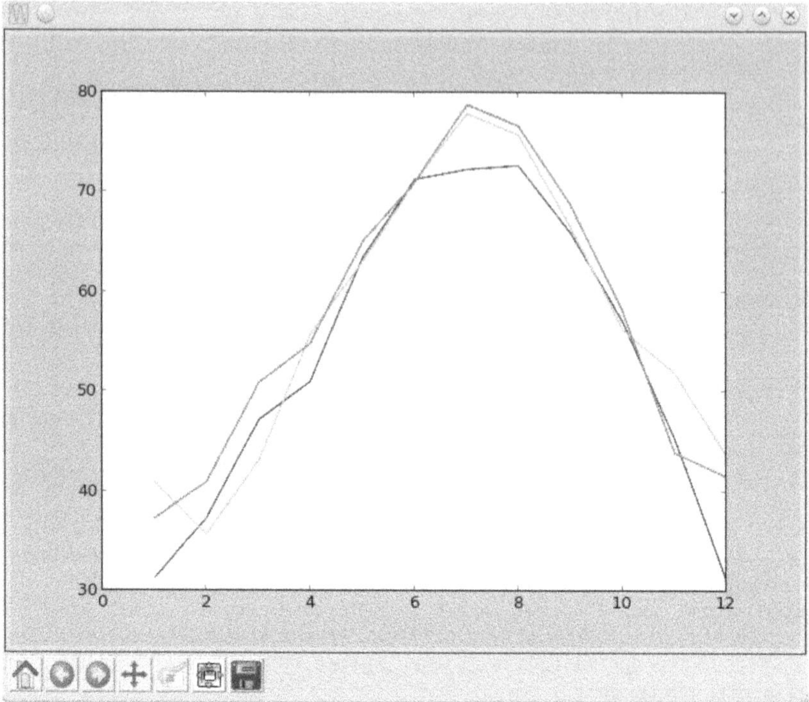

Figure 2-8 : Un graphique montrant les températures mensuelles moyennes de la ville de New York pour les années 2000, 2006 et 2012

Nous avons maintenant trois courbes dans un seul graphique. Python choisit automatiquement des couleurs différentes pour chacune. Plutôt que d'appeler une fois la fonction `plot()` avec les trois paires de listes, nous aurions pu l'appeler trois fois avec une seule paire :

```
>>> plot(mois,nyc_temp_2000)
[<matplotlib.lines.Line2D object at 0x7f1e51351810>]
>>> plot(mois,nyc_temp_2006)
[<matplotlib.lines.Line2D object at 0x7f1e5ae8e390>]
>>> plot(mois,nyc_temp_2012)
[<matplotlib.lines.Line2D object at 0x7f1e5136ccd0>]
>>> show()
```

`matplotlib` garde en mémoire les données qui n'ont pas encore été affichées. Ainsi, il suffit d'attendre d'avoir programmé les trois commandes `plot()` avant d'utiliser la fonction `show()` pour que nos courbes soient affichées sur le même graphique.
Cependant, nous ne pouvons pas savoir à quelle année correspond quelle courbe. Pour remédier à cela, utilisons la fonction `legend()` pour annoter notre graphique. Une légende s'affiche sous la forme d'un petit cadre dans lequel il est indiqué à quelle couleur correspond quelle courbe.

Nous devons d'abord utiliser la fonction `plot()` comme précédemment :

```
>>> plot(mois,nyc_temp_2000,mois,nyc_temp_2006,mois,nyc_temp_2012)
[<matplotlib.lines.Line2D object at 0x7f2549d6c410>, <matplotlib.lines.Line2D object at
0x7f2549d6c9d0>, <matplotlib.lines.Line2D object at 0x7f2549a86850>]
```

Puis, il faut importer la fonction `legend()` depuis le module `pylab` et l'appeler de la manière suivante :

```
>>> from pylab import legend
>>> legend([2000,2006,2012])
<matplotlib.legend.Legend object at 0x7f2549d79410>
```

Nous appelons la fonction `legend()` avec en argument une liste de labels auxquels nous voulons identifier les courbes du graphique. Ces labels doivent être placés dans le même ordre que les données correspondantes dans la fonction `plot()`. Dans notre cas, la courbe tracée à partir de la première liste de données sera appelée 2000, la suivante sera appelée 2006 et la troisième 2012. Vous pouvez aussi entrer un deuxième argument à la fonction pour définir la position de la légende. Par défaut, celle-ci sera toujours placée en haut à droite du graphique. Vous changez cela en spécifiant un autre emplacement pour votre légende, par exemple `'lower center'` (en bas au centre), `'center left'` (au centre à gauche) ou `'upper left'` (en haut à gauche). Vous pouvez aussi définir la position `'best'` pour que la légende soit positionnée de sorte à ne pas interférer avec les tracés. Enfin, nous appelons `show()` pour afficher le graphique. Comme vous pouvez le voir sur la figure 2-9, une légende est maintenant présente dans le coin en haut à droite.

De ce graphique, nous pouvons tirer deux informations intéressantes : les températures les plus hautes de chaque année sont aux alentours de juillet (qui correspond à la valeur 7 de l'axe O*x*) et celles-ci ont augmenté depuis 2000 avec, notamment, un important accroissement entre 2000 et 2006. Avoir ces trois courbes dans le même graphique rend ces comparaisons plus simples à effectuer. Ce graphique-ci est beaucoup plus explicite que de simples listes de nombres ou que trois courbes dans trois graphiques différents.

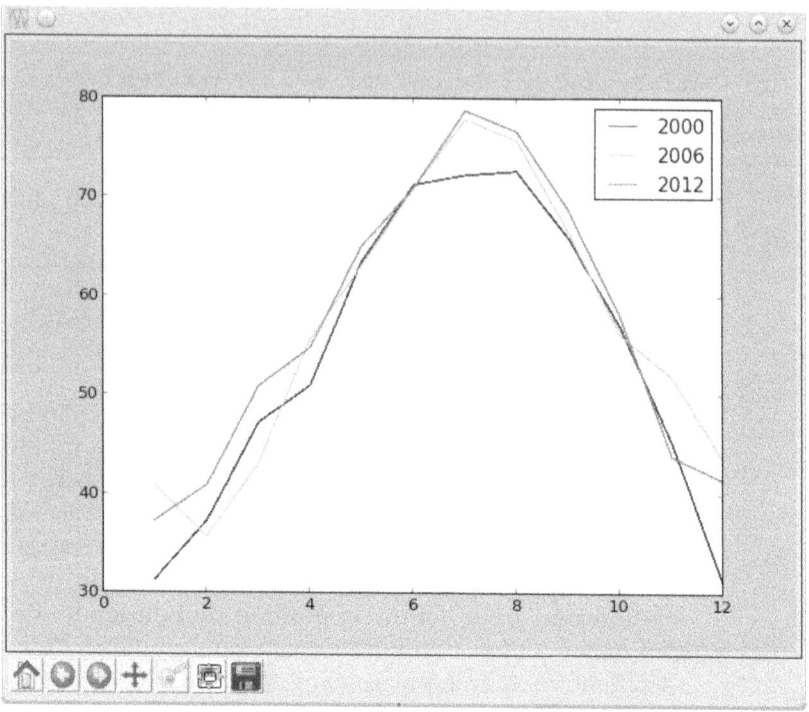

Figure 2-9 : Un graphique montrant les températures mensuelles moyennes, doté d'une légende précisant le lien entre années et couleurs

Personnaliser les graphiques

Nous avons déjà abordé une manière de personnaliser son graphique : en y ajoutant une légende. Nous allons maintenant voir d'autres méthodes pour rendre le graphique plus clair, en ajoutant, par exemple, des noms à ses axes, un titre ou encore en redéfinissant les intervalles représentés sur ses axes.

Ajouter un titre et des noms d'axe

Ajoutons un titre à notre graphique à l'aide de la fonction `title()` et nommons ses axes avec `xlabel()` et `ylabel()` :

```
>>> from pylab import plot, show, title, xlabel, ylabel, legend
>>> plot(mois,nyc_temp_2000,mois,nyc_temp_2006,mois,nyc_temp_2012)
[<matplotlib.lines.Line2D object at 0x7f2549a9e210>, <matplotlib.lines.Line2D object at
0x7f2549a4be90>, <matplotlib.lines.Line2D object at 0x7f2549a82090>]
>>> title(u'Températures mensuelles moyennes de New York')
<matplotlib.text.Text object at 0x7f25499f7150>
>>> xlabel('Mois')
<matplotlib.text.Text object at 0x7f2549d79210>
>>> ylabel(u'Température')
<matplotlib.text.Text object at 0x7f2549b8b2d0>
>>> legend([2000,2006,2012])
<matplotlib.legend.Legend object at 0x7f2549a82910>
```

Les trois fonctions `title()`, `xlabel()` et `ylabel()` sont appelées avec en arguments, respectivement, le titre du graphique et les noms des axes O*x* et O*y*. En utilisant la fonction `show()`, nous affichons le nouveau graphique (figure 2-10).

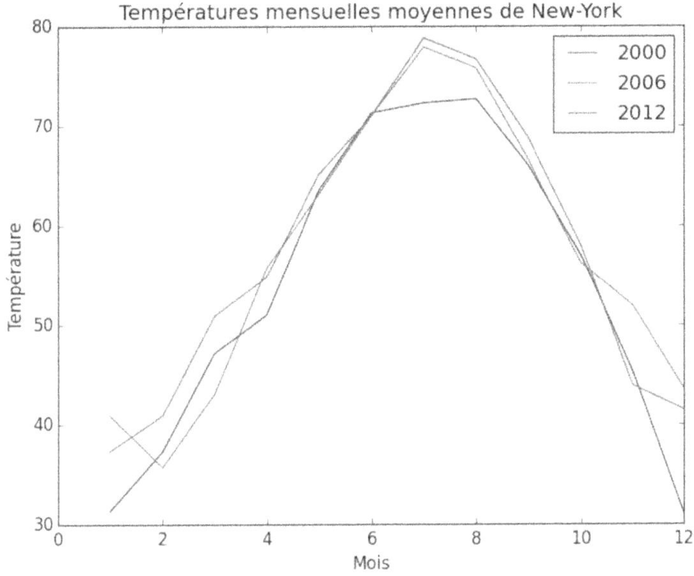

Figure 2-10 : Des noms d'axe et un titre ont été ajoutés au graphique.

Ces trois nouvelles informations ajoutées au graphique le rendent plus compréhensible.

NOTE *Vous aurez peut être remarqué que nous avons ajouté un u juste avant notre chaine de caractères lorsque nous avons donné un titre au graphique et lorsque nous avons nommé l'axe* `Oy`. *Comme nous l'avions déjà spécifié au Chapitre 1, Python ne reconnait pas les accents ni les apostrophes en temps normal, et il faut donc ajouter le commentaire* `# -*- coding: utf-8 -*-` *en début de programme pour pallier ce problème. Cependant, cela ne suffit pas lorsque l'on souhaite insérer un tel caractère dans le titre d'un graphique ou d'un de ses axes. Il faut alors ajouter un u avant notre chaine de caractères pour spécifier que celle-ci contient des caractères codés en utf-8, sans quoi un message d'erreur apparaitra lors de l'exécution du programme.*

Personnaliser les axes

Jusqu'ici, nous avons laissé Python se baser sur nos données pour déterminer automatiquement les graduations des axes. Cela nous convient souvent, mais il se peut que cette manière de présenter les données ne soit que peu claire, comme dans le cas précédent (figure 2-7), où de très légères variations de température semblaient importantes à cause des intervalles choisis pour les axes O*x* et O*y*. Nous pouvons les réajuster à l'aide de la fonction `axis()`. Cette fonction peut être utilisée pour retrouver les valeurs limites actuelles des axes ou pour en définir de nouvelles.

Reprenons l'exemple précédent et recréons le graphique :

```
>>> nyc_temp=[53.9,56.3,56.4,53.4,54.5,55.8,56.8,55.0,55.3,54.0,56.7,56.4,57.3]
>>> plot(nyc_temp)
<matplotlib.lines.Line2D object at 0x7f3ae5b767d0>]
```

Maintenant, importons la fonction `axis()` et utilisons-la :

```
>>> from pylab import axis
>>> axis()
(0.0,12.0,53.0,57.5)
```

La fonction retourne un tuple contenant quatre nombres correspondant aux domaines des axes O*x* (0,0 à 12,0) et O*y* (53,0 à 57.3). Changeons maintenant le domaine des ordonnées afin qu'il commence à 0 plutôt qu'à 53.0 :

```
>>> axis(ymin=0)
(0.0,12.0,0,57.5)
```

Appeler la fonction `axis()` avec une nouvelle valeur minimum pour l'axe O*y* (précisée par `ymin=0`) retourne un tuple confirmant le changement de domaine. Si vous affichez le graphique en utilisant la fonction `show()`, vous verrez que l'axe O*y* commence maintenant en 0 et que l'écart entre les différentes valeurs paraît moins important (figure 2-11).

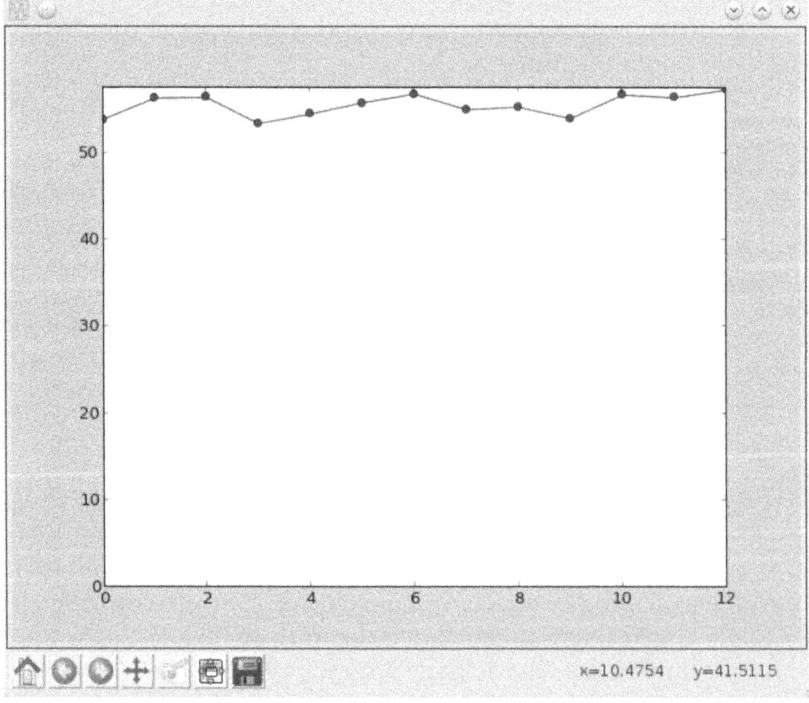

Figure 2-11 : Un graphique montrant les températures annuelles moyennes de la ville de New York entre les années 2000 et 2012. L'axe Oy a été réadapté pour commencer en 0.

De la même manière, vous pouvez utiliser `xmin`, `xmax` et `ymax` pour définir respectivement les valeurs minimale et maximale de l'axe O*x* et la valeur maximale de l'axe O*y*. Si vous désirez changer chacune de ces valeurs, il sera plus simple d'utiliser la fonction `axis()` sur la liste contenant ces quatre valeurs. Par exemple, `axis([0,10,0,20])` fixera l'intervalle des abscisses à [0,10] et celui des ordonnées à [0,20].

Tracer des graphiques à l'aide de pyplot

Le module `pylab` est très utile pour tracer des graphiques dans un interpréteur, comme nous l'avons fait jusqu'ici. Cependant, lorsqu'on souhaite utiliser `matplotlib` autre part que dans IDLE – par exemple, au sein d'un long programme – le module `pyplot` est plus efficace. Ne vous inquiétez pas, toutes les méthodes que nous avons abordées en utilisant `pylab` fonctionnent de la même manière avec `pyplot`.
Le programme suivant recrée le premier graphique du chapitre en utilisant le module `pyplot` :

```
'''
Graphique simple utilisant pyplot
'''
❶ import matplotlib.pyplot
❷ def creer_graph():
    nombres_x=[1,2,3]
    nombres_y =[2,4,6]
    matplotlib.pyplot.plot(nombres_x,nombres_y)
    matplotlib.pyplot.show()
if __name__=='__main__':
    creer_graph()
```

Nous importons tout d'abord le module `pyplot` tout entier depuis la bibliothèque `matplotlib` ❶. Pour se référer à une fonction ou une classe quelconque définie dans ce module, vous devez écrire `matplotlib.pyplot.objet`, où `objet` est remplacé par le nom de la fonction ou de la classe que vous désirez utiliser.
Cette procédure est différente de celle utilisée jusqu'ici, qui consiste à importer une seule fonction ou classe à la fois. Par exemple, dans le premier chapitre, nous avons importé la classe `Fraction` via la commande `from fractions import Fraction`. Importer un module entier est utile lorsque vous utilisez plusieurs de ses fonctions, car cela évite de toutes les importer l'une après l'autre.
Dans la fonction `creer_graph()` ❷, nous créons les deux listes de nombres dont nous voulons tracer le graphique, puis nous les donnons comme arguments de la fonction `plot()`, comme nous le faisions avec `pylab`. Cette fois-ci, toutefois, nous appelons la fonction via l'expression `matplotlib.pyplot.plot()`, qui signifie que nous appelons la fonction `plot()` définie dans le module `pyplot` de la bibliothèque `matplotlib`. Nous appelons ensuite la fonction `show()` pour afficher le graphique, qui est exactement le même que celui que nous avons tracé plus tôt.

Pour écrire des expressions plus courtes, nous pouvons importer le module pyplot en entrant import matplotlib.pyplot as plt. Ainsi, nous n'aurons plus qu'à écrire plt à la place de matplotlib.pyplot :

```
'''
Graphique simple utilisant pyplot
'''
import matplotlib.pyplot as plt
def creer_graph():
    nombres_x=[1,2,3]
    nombres_y=[2,4,6]
    plt.plot(nombres_x,nombres_y)
    plt.show()
if __name__=='__main__':
    creer_graph()
```

Pour le reste du livre, nous n'utiliserons pylab que dans l'interpréteur interactif et pyplot dans les autres cas.

Sauvegarder les graphiques

Pour sauvegarder votre graphique, utilisez la fonction savefig(). Elle enregistre votre tracé sous la forme d'une image dont vous pourrez vous servir dans vos rapports ou présentations. Vous disposez de plusieurs formats d'images (PNG, PDG, SVG, etc.) ; il suffit de nommer le fichier avec l'extension correspondante, par exemple, mongraphique.png.
Voici un exemple :

```
>>> from pylab import plot, savefig
>>> x=[1,2,3]
>>> y=[2,4,6]
>>> plot(x,y)
>>> savefig('mongraphique.png')
```

Ce programme sauvegarde votre graphique en un fichier image, mongraphique.png, dans votre répertoire courant. Sous Microsoft Windows, celui-ci est habituellement C:\Python33 (là où Python a été installé). Sous Linux, le répertoire courant est habituellement votre répertoire personnel (/home/<nom d'utilisateur>). Sur un Mac, IDLE sauvegarde par défaut les fichiers dans /Documents. Si vous voulez les sauvegarder dans un répertoire différent, vous devez écrire le nom complet. Par exemple, pour sauvegarder l'image sur C:/ sous Windows et la nommer mongraphique.png, vous devez appeler la fonction savefig() comme suit :

```
>>> savefig('C:\mongraphique.png')
```

Si vous ouvrez l'image dans un programme d'aperçu, vous voyez le même graphique qu'après avoir appelé la fonction show(). Vous remarquerez que le fichier image ne contient que le graphique, pas la fenêtre entière. Pour enregistrer l'image sous un autre format, il suffit de nommer le fichier avec l'extension correspondante. Par exemple, `mongraphique.svg` créé une image au format SVG.

Une autre manière de sauvegarder une figure est d'utiliser le bouton **Save** de la fenêtre qui apparaît lorsque vous appelez `show()`.

Tracer des graphiques à partir de formules

Jusqu'ici, nous avons tracé des graphiques à partir de points basés sur des observations scientifiques. Nous avions déjà explicitement les valeurs de *x* et *y*. Dans cette section, nous allons créer des graphiques à partir de formules mathématiques.

La loi de la gravitation universelle de Newton

Selon la loi de la gravitation universelle de Newton, un corps de masse m_1 exerce sur un autre corps de masse m_2 une force dont la norme est donnée par la formule suivante :

$$F = \frac{Gm_1m_2}{r^2}$$

où r est la distance entre les deux corps et G est la constante de gravitation. Nous voulons savoir comment varie cette force lorsque la distance entre ces deux corps augmente.

Prenons les masses de deux corps : m_1=0,5 kg et m_2= 1,5 kg. La constante de gravitation vaut 6 674 × 10^{-11} $N \cdot m^2 \cdot kg^{-2}$. Sachant cela, nous sommes prêts à calculer la force gravitationnelle entre ces deux corps pour 19 distances différentes : 100 m, 150 m, 200 m, 250 m, 300 m et ainsi de suite jusqu'à 1000 m. Le programme suivant effectue ces calculs et affiche le graphique :

```
# -*- coding: utf-8 -*-
'''
La relation entre la force gravitationnelle et la distance séparant deux
corps
'''

import matplotlib.pyplot as plt

# Dessine le graphique
def dessine_graphique(x,y):
    plt.plot(x,y,marker='o')
    plt.xlabel(u'Distance en mètres')
    plt.ylabel('Force gravitationnelle en newton')
    plt.title('Force gravitationnelle et distance')
    plt.show()

def genere_F_r():
    # Genère les valeurs de r
❶   r=range(100,1001,50)
    # Liste vide pour stocker les valeurs de F
    F=[]
```

```
    # La constante G
    G=6.674*(10**-11)
    # Deux masses
    m1=0.5
    m2=1.5
    # Calcule la force et l'ajoute à la liste F
❷   for dist in r:
        force=G*(m1*m2)/(dist**2)
        F.append(force)
    # Appelle la fonction dessine_graphique
❸   dessine_graphique(r,F)
if __name__=='__main__':
    genere_F_r()
```

La fonction `genere_F_r()` effectue l'essentiel des opérations du programme. À la ligne ❶, nous utilisons la fonction `range()` pour créer la liste `r` des distances allant de 100 à 1000 avec un pas de 50. L'argument de valeur finale est 1001 car nous voulons que 1000 soit inclus à la liste. Nous créons ensuite la liste vide `F`, dans laquelle nous allons stocker les forces gravitationnelles correspondant à ces distances. Puis nous définissons les labels `G`, `m1` et `m2` se référant respectivement à la constante gravitationnelle et aux deux masses. À l'aide de ces dernières et d'une boucle « for » ❷, nous calculons la force pour chacune des distances et nous l'ajoutons à la fin de la liste `F`. Enfin, nous appelons la fonction `dessine_graphique()` en ❸ avec en argument les listes des distances et de leur force associée. L'axe O*x* du graphique représente la force et l'axe O*y* représente la distance (voir figure 2-12).

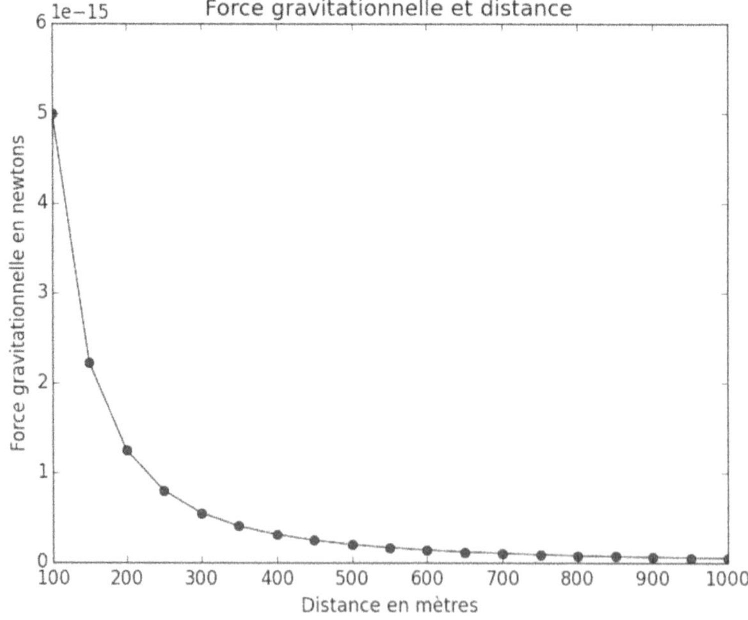

Figure 2-12 : Visualisation de la relation entre la force gravitationnelle et la distance

Lorsque la distance r augmente, la force gravitationnelle décroît. Nous disons, dans ce cas, que la force de gravitation est inversement proportionnelle à la distance séparant les deux corps. Notez, de plus, que lorsque l'une des deux variables est modifiée, l'autre ne varie pas de manière proportionnelle, la relation est non-linéaire. Cela explique le fait que notre fonction soit incurvée et non pas une ligne droite.

Mouvement d'un projectile

Programmons maintenant le graphique d'un phénomène familier : si vous lancez une balle dans l'air, elle suit une trajectoire ressemblant à celle de la figure 2-13.

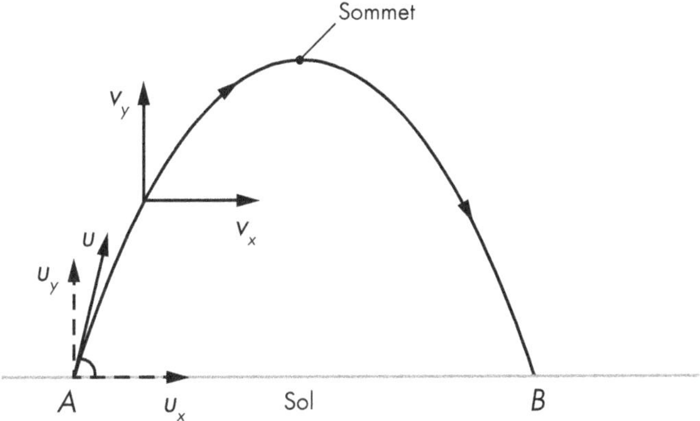

Figure 2-13 : Trajectoire d'une balle lancée du point A, avec un angle θ (thêta) et une vitesse u, qui atteint le sol au point B

Dans la figure, la balle est lancée du point *A* et atterrit au point *B*. Ce type de déplacement est appelé mouvement de chute libre d'un projectile. Notre but ici est d'utiliser les équations décrivant ce mouvement afin de tracer sous forme de graphique la trajectoire de la balle jusqu'à ce qu'elle touche le sol.

Lorsque la balle est lancée, elle a une vitesse initiale dont la direction est orientée selon un certain angle avec le sol. Appelons la vitesse initiale u et l'angle θ (thêta). La vitesse de la balle a deux composantes : l'une sur l'axe Ox, de valeur $u_x = u\cos\theta$, l'autre sur l'axe Oy, de valeur $u_y = u\sin\theta$.

Pendant le déplacement de la balle, la vitesse change. Nous utiliserons la variable pour la représenter, dont les composantes horizontale et verticale sont respectivement v_x et v_y. Pour simplifier, supposons que la composante horizontale v_x ne varie pas au cours du déplacement, tandis que la composante verticale v_y décroît sous l'effet de la force de gravité selon l'équation $v_y = u_y - gt$. Dans cette équation, g représente l'accélération gravitationnelle et t représente l'instant auquel la vitesse est mesurée. Comme $u_y = u\sin\theta$, nous obtenons :

$$v_y = u\sin\theta - gt.$$

Du fait que la composante horizontale soit constante, la distance horizontale parcourue S_x est donnée par $S_x = u\cos\theta t$. La composante horizontale, elle, varie et est donnée par la formule :

$$S_y = u(\sin\theta)t - \frac{1}{2}gt^2.$$

En d'autres mots, S_x et S_y nous donnent les coordonnées *x* et *y* de la balle à un instant *t* de son vol. Pour utiliser ces équations, il faut exprimer le temps *t* en secondes, la vitesse *u* en m/s, l'angle de projection θ en degrés et l'accélération gravitationnelle g en m/s^2.

Avant d'écrire notre programme, nous devons calculer le temps de vol de la balle avant qu'elle n'atteigne le sol, afin de définir les valeurs limites de la courbe. Pour ce faire, nous allons d'abord calculer le temps que la balle prend pour atteindre son point culminant. Elle atteint ce point lorsque la composante verticale de sa vitesse (v_y) est égale à 0, ce qui revient à résoudre $v_y = u\sin\theta - gt = 0$. Nous cherchons donc la valeur *t* donnée par la formule :

$$t = \frac{u\sin\theta}{g}.$$

Appelons cet instant `t_sommet`. Après qu'elle ait atteint ce point, la balle restera en l'air pendant encore `t_sommet` secondes, ce qui donne comme temps de vol total :

$$t_{\text{vol}} = 2t_{\text{sommet}} = 2\frac{u\sin\theta}{g}.$$

Considérons une balle lancée avec une vitesse initiale *u* de 5 m/s à un angle de 45 degrés. La constante g vaut 9,8 m/s^2. Le temps total de vol est donc :

$$t_{\text{vol}} = 2\frac{5\sin 45}{9{,}8}.$$

La balle sera en l'air pendant le temps total trouvé, soit 0,72154 secondes (arrondi à la cinquième décimale). Pour tracer le graphique de sa trajectoire, il faut calculer ses coordonnées *x* et *y* à des intervalles réguliers de cette période de temps. Idéalement, il faudrait la découper en autant d'intervalles que possible. Dans ce chapitre, nous calculerons les coordonnées de la balle toutes les 0,001 s.

Générer des réels également espacés

Jusqu'ici, nous avons utilisé la fonction `range()` pour générer des entiers également espacés (lorsqu'on veut des entiers compris entre 1 et 10 et distants de 1, nous écrivons `range(1,10)`). Si nous voulions un pas différent, nous pourrions le placer en troisième argument de la fonction `range`. Malheureusement, il n'existe pas de fonction équivalente pour les réels. Nous pouvons créer notre propre fonction dans ce but à l'aide d'une boucle « while » :

```
'''
Génère une liste de nombres également espacés entre deux valeurs données
'''
def frange(debut,fin,incrementation):
    nombres=[]
❶   while debut<fin:
❷       nombres.append(debut)
        debut=debut+incrementation
    return nombres
```

Nous avons défini la fonction `frange()` *(« flottant » range)*, qui prend en entrée trois paramètres : `debut` et `fin` se réfèrent aux nombres de début et de fin de notre intervalle, et `incrementation` se réfère à la différence que l'on veut entre deux nombres consécutifs. Nous démarrons une boucle « while » en ❶, qui continuera de s'exécuter tant que le nombre représenté par `debut` sera plus petit que `fin`. À chaque itération de la boucle, nous stockons le nombre `debut` dans la liste `nombres` puis nous lui ajoutons `incrementation`. Finalement, nous retournons la liste `nombres`.
Nous utiliserons cette fonction dans le prochain programme pour générer des valeurs de temps également espacées.

Tracer une trajectoire

Le programme suivant trace la trajectoire d'une balle lancée à une certaine vitesse initiale et un certain angle qui seront saisis par l'utilisateur :

```
# -*- coding: utf-8 -*-
'''
Trace la trajectoire de la chute libre d'un corps
'''

from matplotlib import pyplot as plt
import math

def trace_graph(x,y):
    plt.plot(x,y)
    plt.xlabel(u'coordonnée x')
    plt.ylabel(u'coordonnée y')
    plt.title(u'Chute libre d'un corps')

def frange(debut,fin,incrementation):
    nombres=[]
    while debut<fin:
        nombres.append(debut)
        debut=debut+incrementation
    return nombres

def trace_trajectoire(u,theta):
❶   theta=math.radians(theta)
    g=9.8

    # Temps de vol
❷   t_vol=2*u*math.sin(theta)/g
```

```
    # Crée des intervalles de temps
    intervalles=frange(0,t_vol,0.001)
    # Liste de coordonnées x et y
    x=[]
    y=[]
❸   for t in intervalles:
        x.append(u*math.cos(theta)*t)
        y.append(u*math.sin(theta)*t-0.5*g*t*t)

    trace_graph(x,y)

if __name__=='__main__':
❹   try:
        u=float(input('Entrer la vitesse initiale (m/s) : '))
        theta=float(input('Entrer l'angle de projection (degrés) : '))
    except ValueError:
        print('Vous avez saisi une entrée invalide.')
    else:
        trace_trajectoire(u,theta)
        plt.show()
```

Dans ce programme, nous utilisons les fonctions `radians()`, `cos()` et `sin()` définies dans le module `math` de la bibliothèque standard, que nous devons donc importer au début du code. La fonction `trace_trajectoire()` prend deux arguments, `u` et `theta`, correspondant à la vitesse et à l'angle initiaux de la balle. Les fonctions `sinus` et `cosinus` du module `math` fonctionnent avec des angles exprimés en radians. Nous convertissons donc en ❶ l'angle `theta` en radians. Nous créons ensuite un label `g` contenant la valeur de l'accélération gravitationnelle.

En ❷, nous calculons le temps de vol puis appelons la fonction `frange()` avec les valeurs `0` pour `debut`, `t_vol` pour `fin` et `0.001` pour `incrementation`. De là, nous calculons les coordonnées x et y de la trajectoire pour chacun de ces temps et les stockons dans deux listes différentes `x` et `y` ❸. Pour calculer ces coordonnées, nous utilisons les formules pour les distances S_x et S_y dont nous avons parlé plus tôt.

Finalement, nous appelons la fonction `trace_graph()` avec les listes de coordonnées `x` et `y` en arguments. Notez que, dans la fonction `trace_graph()`, nous n'appelons pas la fonction `show()` (nous verrons pourquoi dans le prochain programme). Nous utilisons un bloc `try...except` ❹ pour signaler lorsque l'utilisateur saisit une entrée invalide. Les entrées valides pour ce programme sont les entiers et les nombres à virgule flottante. Lorsque vous lancez le programme, celui-ci vous demande de saisir deux valeurs puis trace la trajectoire correspondante (voir figure 2-14) :

```
Entrer la vitesse initiale (m/s) : 25
Entrer l'angle de projection (degrés) : 60
```

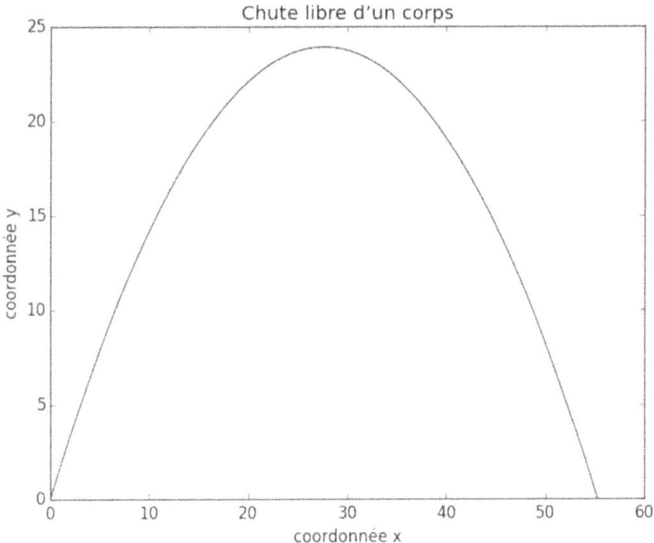

Figure 2-14 : Trajectoire d'une balle lancée à une vitesse de 25 m/s avec un angle de 60 degrés

Comparer les trajectoires pour différentes vitesses initiales

Le programme précédent nous permet d'effectuer des expériences intéressantes. Par exemple, à quoi ressembleraient les trajectoires de trois balles lancées à des vitesses différentes mais avec le même angle initial ? Pour tracer ces trois trajectoires dans un même graphique, nous pouvons remplacer la fonction `main()` de notre programme précédent par la suivante :

```
if __name__=='__main__':
    # Liste de trois vitesses initiales
❶   u_liste=[20,40,60]
    theta=60
    for u in u_liste:
        trace_trajectoire(u,theta)

    # Ajoute une légende et trace le graphique
❷   plt.legend(['20','40','60'])
    plt.show()
```

Ici, au lieu de demander à l'utilisateur d'entrer la vitesse et l'angle de projection, nous créons une liste (`u_liste`) avec les vitesses 20, 40 et 60 en ❶ et nous définissons l'angle de projection à 60 degrés (dans le label `theta`). Nous appelons ensuite la fonction `trace_trajectoire()` avec chacune des valeurs de `u_liste` et en utilisant, à chaque fois, la même valeur de `theta`, ce qui a pour effet de calculer les coordonnées x et y des trajectoires et de configurer les courbes via la fonction `trace_graph()`. Nous utilisons ensuite la fonction `show()` qui vient tracer les trois courbes dans le même graphique. Étant donné que notre graphique comporte plusieurs courbes, nous y ajoutons une légende en ❷. Lorsque vous lancez ce programme vous obtenez le graphique de la figure 2-15.

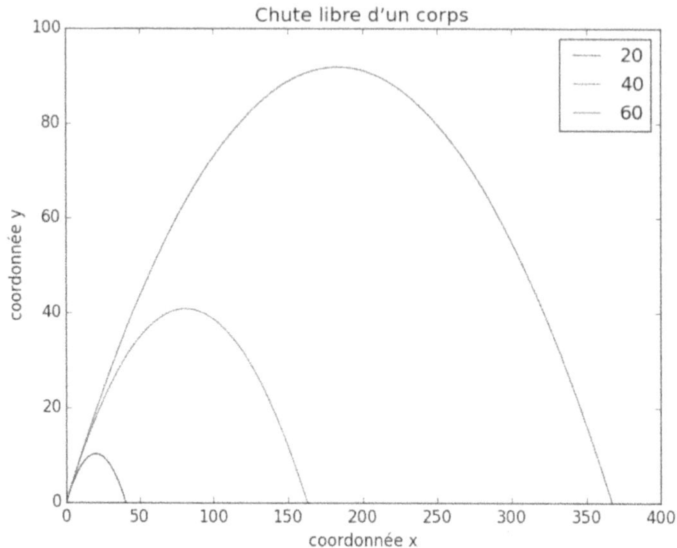

Figure 2-15 : Les trajectoires de balles lancées à un angle de 60 degrés avec des vitesses initiales de 20, 40 et 60 m/s

Ce que vous avez appris

Dans ce chapitre, nous avons appris les bases de la création de graphiques avec `matplotlib`. Nous avons vu comment paramétrer un graphique avec un seul jeu de données, créer des graphiques contenant plusieurs courbes et ajouter des indications écrites aux différentes parties de ceux-ci. Nous avons aussi utilisé les graphiques pour analyser les variations de température d'une ville et étudier la loi universelle de gravitation de Newton ainsi que le mouvement d'un corps en chute libre. Dans le prochain chapitre, nous utiliserons Python pour commencer l'exploration des statistiques et nous verrons comment le fait de dessiner un graphique peut nous aider à mettre en évidence certaines relations entre plusieurs jeux de nombres. Commençons d'abord par relever quelques défis de programmation.

Défis de programmation

Voici quelques défis mettant en œuvre ce que vous avez appris dans ce chapitre.Vous trouverez des exemples de solution à :
http://www.editions-eyrolles.com/dl/14364.

#1 - Étudier la variation de la température au cours de la journée

Si vous cherchez, par exemple, « température New York » sur un moteur de recherche, vous verrez, parmi d'autres résultats, un graphique de la température à différents moments de la journée. Votre but ici sera de recréer un tel graphique.

Pour la ville de votre choix, cherchez les températures à différents moments de la journée. Utilisez ensuite deux listes contenant ces données afin de créer un graphique dont l'axe Ox représentera l'heure de la journée et l'axe Oy la température correspondante. Le graphique devra informer sur les variations de température au cours de la journée. Faites de même pour une ville différente puis comparez les variations de température pour ces deux villes en les programmant dans le même graphique. L'heure devra être indiquée par des chaînes de caractères comme `'10:11 AM'` ou `'09:21 PM'`.

#2 - Observer graphiquement une fonction quadratique

Dans le chapitre 1, vous avez appris à calculer les racines d'une équation quadratique comme $x^2 + 2x + 1 = 0$. Nous pouvons transformer cette équation en une fonction en l'écrivant $y = x^2 + 2x + 1$. Pour chaque valeur de x, la fonction fait correspondre une valeur y ; par exemple, lorsque $x = 1$, $y = 4$. Voici un programme qui calcule la valeur de y pour six différentes valeurs de x :

```
'''
Calculateur de fonctions quadratiques
'''

# Valeurs de x
❶ valeurs_x=[-1,1,2,3,4,5]
❷ for x in valeurs_x:
    # Calcule la valeur de la fonction quadratique
    y=x**2+2*x+1
    print('x={0} y={1}'.format(x,y))
```

En ❶, nous créons une liste avec six valeurs différentes de x. La boucle « for » commençant en ❷ calcule les valeurs y correspondantes avec la fonction présentée plus haut. Nous affichons ensuite les valeurs de x et du y correspondant. Lorsque vous lancez le programme, vous devriez voir s'afficher le résultat suivant :

```
x=-1  y=0
x=1   y=4
x=2   y=9
x=3   y=16
x=4   y=25
x=5   y=36
```

Notez que le x de la première ligne est une racine de l'équation quadratique car c'est une valeur pour laquelle la fonction est égale à 0.

Votre défi de programmation est d'améliorer ce programme afin qu'il trace le graphique de la fonction. Essayez d'utiliser au moins dix valeurs pour x. Calculez ensuite les valeurs *y* correspondantes en utilisant la fonction, puis créez un graphique avec ces deux jeux de valeurs.
Une fois le graphique tracé, passez un peu de temps à voir comment la valeur de *y* varie en fonction de *x*. La variation est-elle linéaire ?

#3 - Programme amélioré de comparaison de trajectoires

Votre défi ici sera d'améliorer sur plusieurs points le programme qui compare des trajectoires. Premièrement, votre programme devra afficher le temps de vol, la distance totale parcourue horizontalement et la hauteur maximale du projectile, pour chacun des vitesses initiales et des angles de projection entrés par l'utilisateur. Par exemple, voici comment votre programme devra demander à l'utilisateur de saisir les entrées :

```
Combien de trajectoires désirez-vous ? 3
Entrer la vitesse initiale pour la trajectoire n°1 (m/s) : 45
Entrer l'angle de projection pour la trajectoire n°1 (degrés) : 45
Entrer la vitesse initiale pour la trajectoire n°2 (m/s) : 60
Entrer l'angle de projection pour la trajectoire n°2 (degrés) : 45
Entrer la vitesse initiale pour la trajectoire n°3 (m/s) : 45
Entrer l'angle de projection pour la trajectoire n°3 (degrés) : 90
```

Votre programme devra aussi comporter un bloc `try...except` pour s'assurer que les saisies invalides soient gérées exactement comme dans le programme original.

#4 - Visualiser vos dépenses

Il arrive parfois de se demander à la fin du mois « Où est donc passé tout cet argent ? ».
Pour ce défi, vous écrirez un programme qui crée un diagramme en bâtons vous aidant à comparer vos dépenses hebdomadaires. Le programme devra d'abord demander le nombre de catégories que vous souhaitez avoir, puis les dépenses totales de la semaine dans chaque catégorie et, enfin, il devra créer le diagramme de ces dépenses. Voici un exemple d'exécution de ce programme :

```
Entrer le nombre de catégories : 4
Entrer la catégorie : Nourriture
dépenses : 70
Entrer la catégorie : Transport
dépenses : 35
Entrer la catégorie : Divertissement
dépenses : 30
Entrer la catégorie : Téléphone/Internet
dépenses : 30
```

La figure 2-16 vous montre le diagramme que devra créer votre programme afin de comparer vos dépenses. Si, chaque semaine, vous sauvegardez le nouveau diagramme, vous pourrez, à la fin du mois, voir comment vos dépenses ont varié au cours des semaines dans chaque catégorie.

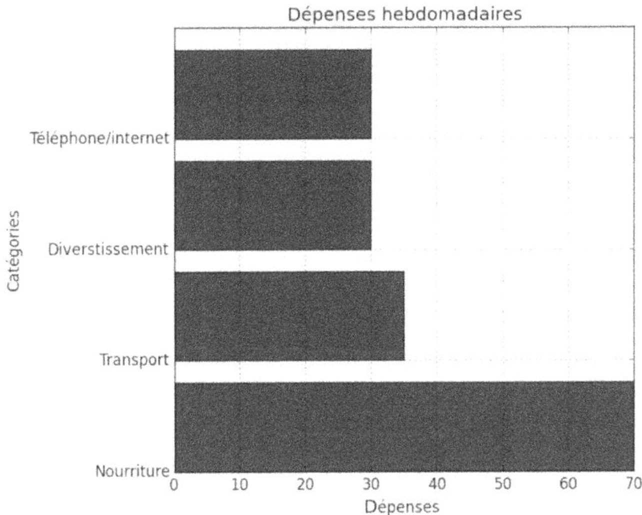

Figure 2-16 : Un diagramme de vos dépenses hebdomadaires par catégorie

Nous n'avons pas encore vu comment créer un diagramme à bâtons à l'aide de `matploli b`. Essayons ensemble.
Un diagramme peut être créé en utilisant la fonction `barh()` de la bibliothèque `matplotlib` qui est aussi définie dans le module `pyplot`.

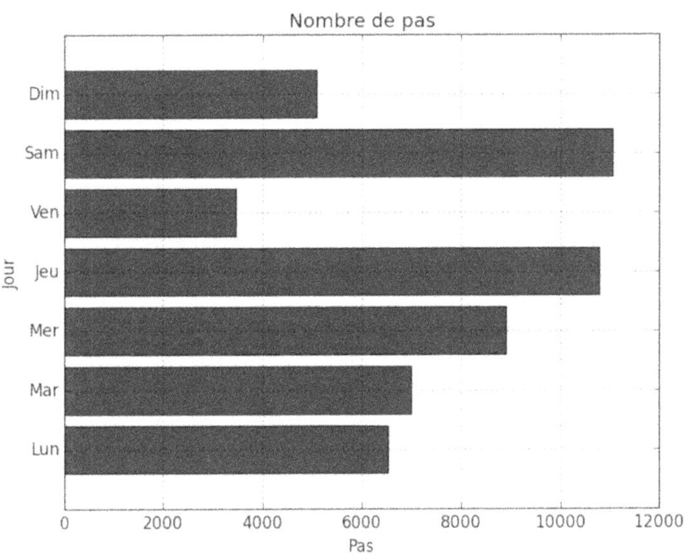

Figure 2-17 : Un diagramme montrant le nombre de pas effectués sur une semaine

La figure 2-17 est un diagramme montrant le nombre de pas que j'ai parcourus durant la semaine dernière. Les jours de la semaine – lundi, mardi, mercredi, etc. – sont appelés les étiquettes. Chaque barre horizon-

tale démarre sur l'axe O*y* centrée sur un point de coordonnée y que nous devons définir. La longueur de chaque barre correspond au nombre de pas que nous avons entrés.
Le programme suivant crée le diagramme :

```
# -*- coding: utf-8 -*-
'''
Exemple de programme dessinant un diagramme en bâtons
'''
import matplotlib.pyplot as plt
def creer_diagramme(donnees,etiquettes):
    # Nombre de barres
    nomb_barres=len(donnees)
    # La liste des points de l'axe Oy sur lesquels chaque barre est
    # centrée
❶   positions=range(1,nomb_barres+1)
❷   plt.barh(positions,donnees,align='center')
    # Définit le nom (étiquettes) de chaque barre
    plt.yticks(positions,etiquettes)
    plt.xlabel('Pas')
    plt.ylabel('Jour')
    plt.title('Nombre de pas')
    # Active la grille nous aidant à faire une estimation visuelle
    plt.grid()
    plt.show()

if __name__=='__main__':
    # Nombre de pas que j'ai parcourus durant la semaine dernière
    pas=[6534,7000,8900,10786,3467,11045,5095]
    # Jour correspondant
    etiquettes=['Lun','Mar','Mer','Jeu','Ven','Sam','Dim']
    creer_diagramme(pas,etiquettes)
```

La fonction `creer_diagramme()` prend deux arguments en entrée : `donnees`, qui est la liste de nombres que nous voulons représenter dans le diagramme, et la liste des étiquettes correspondantes. Nous devons définir le centre de chaque barre. Ici, nous utilisons arbitrairement 1, 2, 3, 4, etc. comme centres des barres, nombres créés à l'aide de la fonction `range()` en ❶.
Nous appelons ensuite, en ❷, la fonction `barh()` avec en arguments `positions` et `donnees` puis l'option `align='center'`. Cette option spécifie que les barres doivent être centrées sur les points y de la première liste. Nous définissons ensuite l'étiquette associée à chaque barre à l'aide de la fonction `yticks()`. Nous appelons aussi la fonction `grid()` pour activer la grille en arrière-plan, qui nous sert à estimer visuellement la valeur des barres. Finalement, nous appelons la fonction `show()`.

#5 - Découvrir la relation entre la suite de Fibonacci et le nombre d'or

La suite de Fibonacci (1, 1, 2, 3, 5...) est une série de nombres dont le *i*-ème est la somme des deux précédents, c'est-à-dire des nombres de position (*i*-2) et (*i*-1). Une des relations entre les nombres de cette suite

est particulièrement intéressante. En avançant dans cette suite vers des nombres de rang important, on se rend compte que les rapports entre deux nombres consécutifs deviennent de plus en plus proches. La valeur de ces rapports tend vers une valeur spécifique appelée le « nombre d'or ». Numériquement, le nombre d'or est 1,618033988... Il a fait l'objet de beaucoup d'études en rapport avec la musique, l'architecture ou encore la nature. Pour ce défi, vous devrez écrire un programme traçant le graphique des rapports entre deux nombres consécutifs de la suite de Fibonacci pour cent nombres de celle-ci, lequel nous montrera que ces rapports tendent bien vers le nombre d'or.
Voici une fonction retournant la liste des *n* premiers nombres de la suite de Fibonacci ; elle vous sera utile pour réussir le défi :

```
def fibo(n):
    if n==1:
        return [1]
    if n==2:
        return [1,1]
    # n>2
    a=1
    b=1
    # Les deux premiers nombres de la suite
    suite=[a,b]
    for i in range(n):
        c=a+b
        suite.append(c)
        a=b
        b=c
    return suite
```

Votre fonction doit afficher le graphique de la figure 2-18.

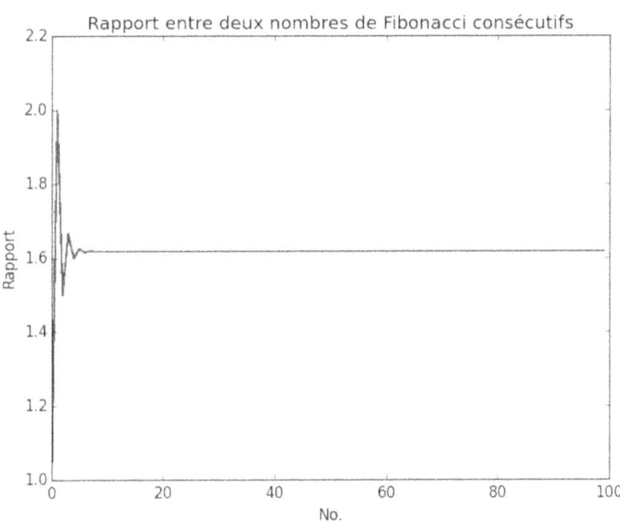

Figure 2-18 : Le rapport entre deux nombres consécutifs de la suite de Fibonacci tend vers le nombre d'or

3

DÉCRIRE DES DONNÉES À L'AIDE DES STATISTIQUES

Dans ce chapitre, nous allons utiliser Python et ses fonctionnalités statistiques afin d'étudier, de décrire et de mieux comprendre les jeux de données. Après avoir énoncé quelques notions statistiques de base – la moyenne, la médiane, le mode et les intervalles – nous étudierons d'autres notions plus avancées comme la variance ou l'écart-type. Nous verrons ensuite comment calculer le coefficient de corrélation, lequel nous permettra de quantifier les diverses relations entre deux jeux de données. Nous apprendrons enfin comment créer des diagrammes de dispersion. Nous aurons l'occasion, tout au long du chapitre, d'explorer plus en profondeur le langage Python et les modules de sa bibliothèque standard. Commençons par une des plus courantes notions statistiques : la moyenne.

NOTE *En statistique, certaines mesures sont calculées de manière légèrement différente selon que vous traitiez une population entière ou un simple échantillon. Pour rester simple, nous n'utiliserons dans ce chapitre que des méthodes relatives à des populations.*

Trouver la moyenne

Étudier la moyenne d'un jeu de nombres est un moyen familier et intuitif de le résumer. Bien qu'il existe plusieurs types de moyennes, on parle ici de la moyenne que chacun utilise couramment. Prenons un échantillon de nombres et calculons sa moyenne.

Supposons qu'une œuvre caritative ait reçu des dons durant les douze derniers jours (que nous appellerons « période A »). Les montants, en euros, perçus chaque jour sont les suivants : 100, 60, 70, 900, 100, 200, 500, 500, 503, 600, 1 000 et 1 200. Nous pouvons calculer la moyenne en additionnant ces valeurs puis en divisant la somme obtenue par le nombre de jours, soit 5 733/12=477,75 euros. Ce nombre nous donne une idée générale sur le montant des dons reçus chaque jour.

Comme nous venons de le voir, pour calculer la moyenne nous aurons besoin de faire la somme des nombres de la liste et de diviser cette somme par le nombre d'éléments dans la liste. Jetons un coup d'œil à deux fonctions de Python qui réalisent justement ces opérations : `sum()` et `len()`.

Lorsque vous utilisez la fonction `sum()` sur une liste de nombres, elle calcule la somme de tous les éléments et retourne le résultat :

```
>>> courteliste=[1,2,3]
>>> sum(courteliste)
6
```

De son côté, la fonction `len()` indique la longueur de la liste, c'est-à-dire le nombre d'éléments :

```
>>> len(courteliste)
3
```

Lorsque nous utilisons la fonction `len()` sur cette liste, elle retourne `3`, ce qui signifie que `courteliste` contient trois éléments. Nous sommes maintenant prêts à écrire un programme qui calcule la moyenne de notre liste de dons.

```
  def calcule_moyenne(nombres):
❶     s=sum(nombres)
❷     N=len(nombres)
      # Calcule la moyenne
❸     moyenne=s/N
      return moyenne
  if __name__=='__main__':
❹     dons=[100,60,70,900,100,200,500,500,503,600,1000,1200]
❺     moyenne=calcule_moyenne(dons)
      N=len(dons)
❻     print(La moyenne des dons durant les {0} derniers jours est
      de {1} euros.'.format(N,moyenne))
```

Premièrement, nous créons la fonction `calcule_moyenne()` qui prend la liste `nombres` en arguments. En ❶, nous utilisons la fonction `sum()` pour additionner les nombres de la liste, somme que nous stockons dans le label s. De façon similaire, nous utilisons la fonction len() en ❷ pour obtenir la longueur de la liste et la stocker dans le label N. Nous calculons ensuite en ❸ la moyenne en divisant la somme s par le nombre d'éléments N. En ❹, nous créons une liste, dons, contenant les valeurs des dons dont nous parlions plus tôt. Nous appelons alors la fonction calcule_moyenne() avec cette liste en argument (❺). Finalement, nous affichons en ❻ la moyenne que nous venons de calculer.

Lorsque vous lancez le programme, vous devez voir s'afficher le résultat suivant :

```
La moyenne des dons durant les 12 derniers jours est de 477.75 euros.
```

La fonction calcule_moyenne() s'applique à n'importe quelle liste de nombres ; nous pourrons donc nous en resservir pour calculer la moyenne d'autres jeux de données.

Nous venons de voir que le montant moyen quotidien des dons est de 477,75 euros. Toutefois, il est intéressant de remarquer que les montants ont été bien moins importants les premiers jours qu'à la fin de la période. La moyenne nous apporte une indication globale sur les données, qui reste néanmoins assez vague. D'autres notions statistiques peuvent, ajoutées à la moyenne, nous renseigner plus en détail sur notre échantillon de nombres.

Trouver la médiane

La médiane d'une collection de nombres est un autre type de moyenne. Pour trouver la médiane, nous rangeons les nombres par ordre croissant. Si notre liste est de longueur impaire, le nombre situé au centre de celle-ci est la médiane. Si elle est de longueur paire, il faudra faire la moyenne entre les deux nombres du centre.

Trouvons la médiane de notre liste de dons. Après avoir été ordonnée, la liste devient 60, 70, 100, 100, 200, 500, 500, 503, 600, 900, 1 000 et 1 200. Sa longueur étant paire (12), sa médiane est la moyenne entre les deux nombres situés au milieu, dans notre cas les sixième et septième nombres – 500 et 500. La médiane est donc 500.

Supposons maintenant, à titre d'exemple, que nous ayons un nouveau don (de 800 euros) pour un treizième jour. Nous ordonnons la liste, ce qui aboutit à 60, 70, 100, 100, 200, 500, 500, 503, 600, 800, 900, 1 000 et 1 200. Il y a maintenant treize nombres dans notre liste (longueur impaire) et la médiane est alors le nombre situé au milieu de celle-ci : 500.

Avant d'écrire un programme pour trouver la médiane d'une liste de nombres, réfléchissons d'abord à la manière de trouver systématiquement les éléments du milieu de la liste dans chacun des cas. Si la longueur N de la liste est impaire, l'élément du milieu est celui de position (N+1)/2. Si N est paire, les deux éléments du milieu sont ceux de position N/2 et (N/2)+1.

Dans le premier exemple de cette section, N=12, les deux éléments du milieu étaient les 12/2 (sixième) et 12 /2+1 (septième) éléments. Dans le second exemple, N=13, le septième élément (N+1)/2 était le milieu de notre liste.
Afin d'écrire une fonction qui calcule la médiane d'une liste, nous allons aussi devoir ordonner les listes par ordre croissant. C'est justement ce que fait la méthode `sort()` :

```
>>> listeexemple=[4,1,3]
>>> listeexemple.sort()
>>> listexemple
[1,3,4]
```

Nous pouvons maintenant écrire notre programme calculant la médiane d'une liste de nombres :

```
# -*- coding: utf-8 -*-
'''
Calculer la médiane
'''
def calcule_mediane(nombres):
❶    N=len(nombres)
❷    nombres.sort()
     # Trouve la médiane
     if N%2==0:
         # Si N est pair
         m1=N/2
         m2=(N/2)+1
         # Convertir en entiers, faire correspondre la position dans la liste
❸        m1=int(m1)-1
❹        m2=int(m2)-1
❺        mediane=(nombres[m1]+nombres[m2])/2
else:
         m=(N+1)/2
         # Convertir en entiers, faire correspondre la position dans la liste
❻        m=int(m)-1
         mediane=nombres[m]
return mediane
if __name__=='__main__':
    dons=[100,60,70,900,100,200,500,500,503,600,1000,1200]
    mediane=calcule_mediane(dons)
    N=len(dons)
    print('La médiane des dons pour les {0} derniers jours est
    {1} euros.'.format(N,mediane))
```

La structure globale est similaire à celle du programme calculant la moyenne. La fonction `calcule_mediane()` prend en entrée une liste de nombres et retourne la médiane. En ❶, nous calculons la longueur de la liste et nous créons le label `N` y référant. Puis, en ❷, nous ordonnons la liste par ordre croissant à l'aide de la méthode `sort()`.
Ensuite, nous regardons si le nombre `N` est pair. Dans ce cas, nous trouvons les éléments du milieu, `m1` et `m2`, respectivement aux positions `N/2` et `(N/2)+1` dans la liste ordonnée. Les deux lignes de commande suivantes (❸ et ❹) réajustent `m1` et `m2` sur deux aspects. Premièrement, nous

utilisons la fonction `int()` pour les convertir en entiers. En effet, nous ne pouvons pas utiliser un nombre à virgule flottante comme index d'une liste. La conversion en entiers est nécessaire car le résultat d'une division est toujours un nombre à virgule flottante, même s'il équivaut à un entier (par exemple, 3.0).

Nous soustrayons aussi 1 à `m1` et `m2` car les positions dans une liste en Python commencent en 0. Ceci signifie que pour obtenir le sixième et le septième nombre d'une liste nous devons choisir les nombres d'index 5 et 6. En ❺, nous calculons la médiane en prenant la moyenne des deux nombres du milieu de la liste.

Si la liste comporte un nombre impair d'éléments, le programme prend le nombre du milieu en ❻ et, une fois encore, utilise `int()` et soustrait 1 pour avoir l'index de la médiane. Finalement, le programme calcule la médiane de la liste de dons et la retourne. Lorsque vous l'exécutez, celui-ci trouve que la médiane est 500 :

```
La médiane des dons pour les 12 derniers jours est 500.0 euros.
```

Comme vous pouvez le voir, la moyenne (477,75) et la médiane (500) sont assez proches dans ce cas particulier, mais la médiane est un peu plus élevée.

Trouver le mode et créer une table de fréquence

Cherchons maintenant le nombre ayant le plus d'occurrences, appelé le *mode*. Par exemple, considérons les résultats d'une classe de 20 élèves à une interrogation notée sur 10 points : 7, 8, 9, 2, 10, 9, 9, 9, 9, 4, 5, 6, 1, 5, 6, 7, 8, 6, 1 et 10. Depuis la liste, vous pouvez facilement voir que la note la plus fréquente est 9 ; c'est donc le mode de cette liste.

Il n'y a pas de formule explicite pour calculer le mode ; il suffit simplement de compter les occurrences de chaque nombre. En Python, la classe `Counter` du module `collections` faisant partie de la bibliothèque standard nous rend la tâche simple.

Trouver l'élément le plus fréquent

Trouver l'élément le plus fréquent dans un jeu de données peut être vu comme un sous-problème du problème qui consiste à trouver un nombre arbitraire d'éléments les plus fréquents. Par exemple, plutôt que de calculer la note la plus fréquente, pourquoi ne pas trouver les cinq notes les plus fréquentes ? La méthode `most_common()` de la classe `Counter` permet de résoudre ce problème. Voyons un exemple :

```
>>> simpleliste=[4,2,1,3,4]
>>> from collections import Counter
>>> c=Counter(simpleliste)
>>> c.most_common()
[(4,2),(1,1),(2,1),(3,1)]
```

Nous commençons par prendre une liste de cinq éléments puis nous importons Counter depuis le module collections. Nous créons ensuite un objet Counter référencé par c et nous appelons enfin la méthode most_common qui retourne une liste ordonnée par ordre de fréquence des éléments. Chaque membre de la liste est un tuple. Le premier élément du premier tuple est le nombre ayant la plus forte occurrence et le second élément correspond au nombre de ses occurrences. Les deuxième, troisième et quatrième tuples contiennent les autres nombres et leur nombre d'occurrences. Dans l'exemple, ceci nous apprend que 4 est le nombre le plus fréquent (2 occurrences), tandis que tous les autres n'apparaissent qu'une seule fois. Notons que les nombres ayant des occurrences équivalentes sont retournés par la méthode most_common() dans un ordre arbitraire.

Lorsque vous appelez la méthode most_common(), vous pouvez aussi ajouter un argument pour signifier combien d'éléments les plus fréquents vous voulez obtenir. Par exemple, si nous voulons n'avoir que l'élément le plus fréquent, il nous faudrait appeler la fonction avec 1 comme argument :

```
>>> c.most_common(1)
[(4,2)]
```

Si vous appelez de nouveau la méthode avec 2 en argument, vous obtenez ceci :

```
>>> c.most_common(2)
[(4,2),(1,1)]
```

Le résultat retourné par la méthode most_common() est alors une liste avec deux tuples. Le premier correspond à l'élément le plus fréquent et le second correspond au deuxième plus fréquent. Bien sûr, dans notre cas, il y a plusieurs résultats possibles comme deuxième élément le plus fréquent et le fait que la fonction retourne 1 (et pas 2 ou 3) est totalement arbitraire.

La méthode most_common() retourne la valeur et son nombre d'occurrences. Si vous voulez uniquement la valeur, voici comment extraire cette information :

```
❶ >>> mode=c.most_common(1)
>>> mode
[(4,2)]
❷ >>> mode[0]
(4,2)
❸ >>> mode[0][0]
4
```

En ❶, nous utilisons le label mode pour nous référer au résultat de la méthode most_common(). Nous récupérons le premier (et seul) élément de cette liste en écrivant mode[0] en ❷, ce qui nous renvoie un tuple. Nous extrayons ensuite, en ❸, le premier élément du tuple en écrivant mode[0][0]. Ceci retourne 4, l'élément le plus fréquent ou mode.

Maintenant que nous avons vu comment la méthode most_common() fonctionne, nous pouvons nous en servir pour résoudre les deux prochains problèmes.

Trouver le mode

Nous sommes prêts à écrire un programme qui trouve le mode d'une liste de nombres :

```
# -*- coding: utf-8 -*-
'''
Calculer le mode
'''
from collections import Counter
def calcule_mode(nombres):
❶    c=Counter(nombres)
❷    mode=c.most_common(1)
❸    return mode[0][0]
if __name__=='__main__':
     notes=[7,8,9,2,10,9,9,9,9,4,5,6,1,5,6,7,8,6,1,10]
     mode=calcule_mode(notes)
     print('Le mode de votre liste est : {0}.'.format(mode))
```

La fonction calcule_mode() trouve et retourne le mode de la liste passée en paramètre. Pour calculer le mode, nous importons d'abord la classe Counter depuis le module collections et nous l'utilisons pour créer un objet de type Counter en ❶. Ensuite, en ❷, nous utilisons la méthode most_common() qui, comme nous l'avons vu plus tôt, nous donne une liste contenant un tuple avec la valeur la plus fréquente et son nombre d'occurrences. Nous affectons cette liste au label mode. Finalement, nous utilisons mode[0][0] ❸ pour obtenir l'élément le plus fréquent de la liste, c'est-à-dire le mode.
La suite du programme applique la fonction calculate_mode() à la liste des notes de l'interrogation que nous avons présentée plus tôt. Lorsque vous lancez le programme, vous devez voir le message suivant s'afficher :

```
Le mode de votre liste est : 9.
```

Que si passe-t-il si votre liste de nombre contient plusieurs nombres de plus grande occurrence ? Par exemple, pour la liste 5, 5, 5, 4, 4, 4, 9, 1 et 3, les nombres 4 et 5 sont présents trois fois chacun. Dans un tel cas, la liste de nombres est à modes multiples et notre programme doit pouvoir afficher tous les modes. Il doit être modifié comme suit :

```
# -*- coding: utf-8 -*-
'''
Calcule le(s) mode(s) d'une liste de nombres
'''
from collections import Counter
def calcule_mode(nombres):
     c=Counter(nombres)
❶    nombres_freq=c.most_common()
❷    occur_max=nombres_freq[0][1]
```

```
        modes=[]
        for num in nombres_freq:
❸           if num[1]==occur_max:
                modes.append(num[0])
    return modes
    if __name__=='__main__':
        notes=[5,5,5,4,4,4,9,1,3]
        modes=calcule_mode(notes)
        print('Le(s) mode(s) de la liste est(sont) : ')
❹       for mode in modes:
            print(mode)
```

En ❶, nous récupérons la liste des valeurs associées à leur nombre d'occurrences, plutôt que le seul élément le plus fréquent. Ensuite, en ❷, nous trouvons le nombre maximal d'occurrences. Nous vérifions ensuite, pour chaque valeur, si son nombre d'occurrences est égal au maximum ❸. Chaque nombre remplissant cette condition est un mode et nous l'ajoutons donc à la liste `modes`, que nous retournons.

En ❹, nous parcourons la liste retournée par la fonction `calcule_mode()` et affichons chacun de ses éléments.

Lorsque vous exécutez le programme, vous devez voir s'afficher le résultat suivant :

```
Le(s) mode(s) de la liste est(sont) :
4
5
```

Comment ferions-nous si nous voulions trouver le nombre d'occurrences de chaque élément de la liste ? Une table de fréquences, comme son nom l'indique, est un tableau dans lequel sont mis en relation les nombres de la liste et leur fréquence.

Créer une table de fréquences

Considérons une nouvelle fois la liste des notes obtenues à une interrogation. La table de fréquences de cette liste est affichée dans le tableau 3-1. À chaque note est associé son nombre d'occurrences dans la seconde colonne.

Notez que si nous additionnons les occurrences de la seconde colonne, nous trouvons le nombre total de notes (20 dans ce cas).

Nous allons utiliser la méthode `most_common()` une fois encore pour afficher la table de fréquences d'une liste de nombres donnée. Rappelez-vous que lorsque nous ne donnons pas d'argument à cette méthode, elle retourne une liste de tuples contenant toutes les valeurs associées à leur nombre d'occurrences.

Tableau 3-1. Table de fréquences

Note	Nombre d'occurrences
1	2
2	1
4	1
5	2
6	3
7	2
8	2
9	5
10	2

Nous pouvons simplement afficher chaque élément de cette liste pour obtenir une table de fréquences :

```
# -*- coding: utf-8 -*-
'''
Table de fréquences d'une liste de notes
'''
from collections import Counter
def table_frequences(nombres):
❶    table=Counter(nombres)
     print('Note\tOccurrences')
❷    for nombre in table.most_common():
         print('{0}\t{1}'.format(nombre[0],nombre[1]))
if __name__=='__main__':
    notes=[7,8,9,2,10,9,9,9,9,4,5,6,1,5,6,7,8,6,1,10]
    table_frequences(notes)
```

La fonction `table_frequences()` affiche la table de fréquences de la liste de nombre entrée en argument. En ❶, nous créons un objet `Counter` et le label `table` attaché à celui-ci. Ensuite, à l'aide d'une boucle « for » en ❷, nous affichons le premier membre de chaque tuple (la note) et le second membre (son nombre d'occurrences). Nous utilisons `\t` pour que les valeurs soient séparées par un large espace. Lorsque vous lancez le programme, vous devez voir s'afficher ceci :

```
Note	Occurrences
9	5
6	3
1	2
5	2
7	2
8	2
10	2
2	1
4	1
```

Vous constatez ici que les nombres sont triés par ordre décroissant de leur fréquence car la fonction most_common() retourne les nombres dans cet ordre. Si vous voulez que votre programme affiche les notes par ordre croissant, comme dans le tableau 3-1, vous devrez réorganiser la liste de tuples. Il suffit pour cela d'utiliser la méthode sort() vue précédemment :

```
# -*- coding: utf-8 -*-
'''
Table de fréquences d'une liste de notes
avec les notes affichées par ordre croissant
'''
from collections import Counter
def table_frequences(nombres):
    table=Counter(nombres)
❶   nombres_freq=table.most_common()
❷   nombres_freq.sort()
    print('Note\tOccurrences')
❸   for nombre in nombres_freq:
        print('{0}\t{1}'.format(nombre[0],nombre[1]))
if __name__=='__main__':
    notes=[7,8,9,2,10,9,9,9,9,4,5,6,1,5,6,7,8,6,1,10]
    table_frequences(notes)
```

Nous commençons par stocker la liste retournée par la méthode most_common() dans le label nombres_freq en ❶, puis nous classons cette liste par ordre croissant avec la méthode sort() ❷. Finalement, nous utilisons une boucle « for » qui parcourt la liste ordonnée des tuples et affiche chaque note ainsi que son nombre d'occurrences ❸. Désormais, lorsque vous lancez le programme, vous voyez le résultat suivant s'afficher, identique au tableau 3-1 :

```
Note    Occurrences
1       2
2       1
4       1
5       2
6       3
7       2
8       2
9       5
10      2
```

Dans cette section, nous avons parlé de la moyenne, de la médiane et du mode. Ce sont trois mesures basiques décrivant une liste de nombres. Elles sont toutes trois utiles mais ne dévoilent pas tous les aspects de certains jeux de données. Par la suite, nous allons présenter d'autres mesures statistiques qui nous aident à mettre en évidence certains aspects plus subtils de nos collections de nombres.

Mesurer la dispersion

Les prochaines notions que nous allons aborder sont des mesures de dispersion. Elles nous renseignent sur la distance entre les nombres de notre liste et leur moyenne. Nous allons apprendre à calculer trois différentes mesures de dispersion : l'intervalle, la variance et l'écart-type.

Trouver l'intervalle d'un jeu de nombres

Considérons à nouveau la liste des dons pendant une période A : 100, 60, 70, 900, 100, 200, 500, 500, 503, 600, 1 000 et 1 200. Nous avons trouvé que la moyenne quotidienne des dons était de 477,75 euros. Cependant, cette simple information ne nous dit pas si l'intervalle contenant nos nombres est étroit – par exemple, entre 400 et 500 – ou s'il est plus large – entre 60 et 2 000, comme dans notre cas. L'intervalle est la différence entre le plus grand nombre et le plus petit de la liste. Deux listes de nombres peuvent avoir exactement la même moyenne, mais des intervalles très différents. Ainsi, connaître l'intervalle nous donne une nouvelle information sur notre jeu de nombres, différente de celles apportées par la moyenne, la médiane ou le mode.
Trouvons l'intervalle de la précédente liste de dons :

```
# -*- coding: utf-8 -*-
'''
Trouve l'intervalle
'''
def trouve_inter(nombres):
❶    mini=min(nombres)
❷    maxi=max(nombres)
    # Trouve l'intervalle
    r=maxi-mini
❸    return mini,maxi,r
if __name__=='__main__':
    dons=[100,60,70,900,100,200,500,500,503,600,1000,1200]
❹    mini,maxi,r=trouve_inter(dons)
    print('Minimum : {0} Maximum : {1} Intervalle : {2}'.format(mini,maxi,r))
```

La fonction `trouve_inter()` prend une liste en argument et trouve son intervalle. Elle cherche d'abord les nombres maximum et minimum via les fonctions `min()` et `max()` en ❶ et ❷. Nous calculons ensuite l'intervalle comme la différence entre le maximum et le minimum, puis nous le stockons dans le label `r`. Pour la première fois dans ce livre, nous écrivons une fonction retournant plusieurs valeurs : en ❸, nous retournons le maximum, le minimum et l'intervalle. Logiquement, nous utilisons trois labels en ❹ pour recevoir les trois valeurs de la fonction `trouve_inter()`. Finalement, nous affichons ces valeurs. Lorsque vous lancez le programme, vous devez voir s'afficher ceci :

```
Minimum : 60 Maximum : 1200 Intervalle : 1140
```

Nous apprenons ici que les dons ont beaucoup varié, dans un intervalle de 1 140, car les montants étaient faibles certains jours (60) et plus élevés d'autres jours (1 200).

Trouver la variance et l'écart-type

L'intervalle nous renseigne sur la différence entre les deux extrêmes d'un jeu de nombres, mais que faire si nous voulons savoir comment chaque nombre varie par rapport à la moyenne ? Sont-ils tous égaux, proches de la moyenne, ou tous différents, plus proche des extrêmes ?

Il existe deux mesures statistiques capables de nous informer davantage : la variance et l'écart-type. Pour les calculer, nous devons d'abord trouver la différence entre chaque nombre et la moyenne. La variance est la moyenne des carrés de ces différences. Une variance élevée signifie que les nombres sont globalement éloignés de la moyenne et une faible variance signifie qu'ils sont proches de la moyenne. Nous calculons la variance en utilisant la formule :

$$\text{variance} = \frac{\Sigma(x_i - x_{\text{moyenne}})^2}{n}.$$

Dans cette formule, x_i représente chaque nombre (dans notre cas, les dons), x_{moyenne} est la moyenne de ces nombres et n est le nombre de valeurs contenues dans la liste (le nombre de jours pour lesquels des dons ont été faits). Pour chaque valeur de la liste, nous prenons la différence entre ce nombre et la moyenne et mettons cette différence au carré. Ensuite, nous additionnons tous ces carrés et, finalement, divisons le tout par n pour trouver la variance.

Pour calculer l'écart-type, nous n'avons qu'à prendre la racine carrée de la variance. Les valeurs qui sont à moins d'un écart-type de la moyenne peuvent être considérées comme étant typiques, tandis que les nombres éloignés de la moyenne de plus de trois fois l'écart-type sont des extrêmes.

La variance et l'écart-type sont utiles dans des situations différentes. Dans la formule, vous constatez que la variance est exprimée en unités de population au carré. Dans certaines formules mathématiques, il est plus aisé de travailler avec ces carrés qu'avec la racine de leur somme (l'écart-type). De plus, l'écart-type est exprimé dans la même unité que les éléments de la population. Par exemple, si vous calculez la variance de la liste de dons, le résultat est exprimé en « euros carrés », ce qui n'a pas de sens, alors que l'écart-type est exprimé en euros, comme les dons.

Le programme suivant trouve la variance et l'écart-type de notre liste de dons :

```
# -*- coding: utf-8 -*-
'''
Calcule la variance et l'écart type d'une liste de dons
'''

def calcule_moyenne(nombres):
    s=sum(nombres)
    N=len(nombres)
    # Calcule la moyenne
```

```
    moyenne=s/N
    return moyenne
def trouve_differences(nombres):
    # Trouve la moyenne
    moyenne=calcule_moyenne(nombres)
    # Calcule les différences à la moyenne
    diff=[]
    for num in nombres:
        diff.append(num-moyenne)
    return diff
def calcule_variance(nombres):
    # Trouve la liste des différences
❶   diff=trouve_differences(nombres)
    # Trouve le carré des différences
    carre_diff=[]
❷   for d in diff:
        carre_diff.append(d**2)
    # Trouve la variance
    somme_carre_diff=sum(carre_diff)
❸   variance=somme_carre_diff/len(nombres)
    return variance
if __name__=='__main__':
    dons=[100,60,70,900,100,200,500,500,503,600,1000,1200]
    variance=calcule_variance(dons)
    print('La variance de la liste de dons est {0}'.format(variance))
❹   ecarttype=variance**0.5
    print('L'écart-type de la liste de dons est {0}'.format(ecarttype))
```

La fonction `calcule_variance()` commence par appeler la fonction `trouve_differences()` en ❶, pour calculer la différence entre chaque nombre et la moyenne, et retourne ces différences sous forme de liste. Dans cette dernière, nous utilisons la fonction `calcule_moyenne()` déjà écrite. En ❷, nous calculons les carrés des différences et les plaçons dans une liste appelée `carre_diff`. Nous utilisons ensuite la fonction `sum()` pour additionner ces carrés, puis nous calculons la variance en ❸. En ❹, nous trouvons l'écart-type en calculant la racine carrée de la variance.

Lorsque vous lancez ce programme, vous devez voir s'afficher le résultat suivant :

```
La variance de la liste de dons est 141047.35416666666
L'écart-type de la liste de dons est 375.5627166887931
```

La variance et l'écart-type de la liste de dons sont toutes deux élevées, ce qui nous informe que les dons quotidiens ont beaucoup varié d'un jour à l'autre. Comparons ces résultats à ceux d'une autre liste de nombres de même moyenne : 482, 484, 477, 477, 488, 468, 469, 482, 480, 467, 473 et 486. Dans ce dernier cas, la variance est 47.0208333333 et l'écart-type est 6.85717385906, ce qui nous indique que les valeurs de cette liste sont, de manière générale, plus proches de la moyenne. La figure 3-1 nous donne un aperçu de la situation.

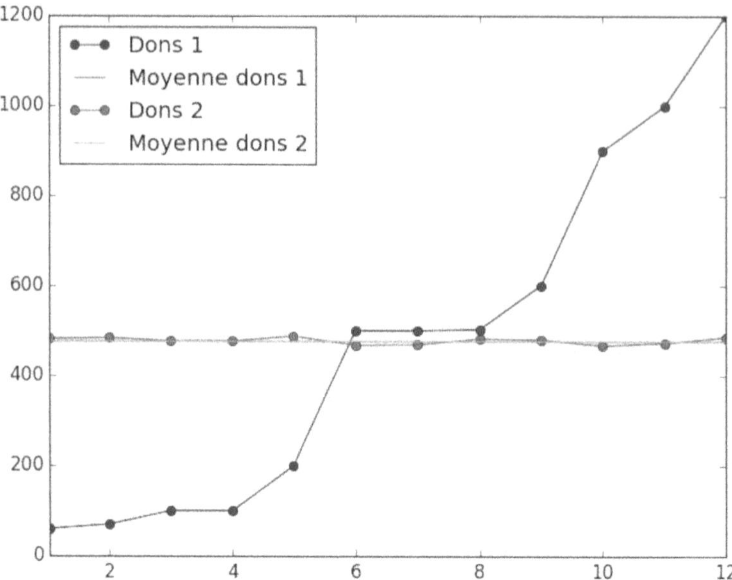

Figure 3-1 : Variation des dons autour de leur moyenne

Les moyennes des deux listes sont similaires et les deux lignes les représentant dans la figure se fondent donc en une seule. Cependant, on voit que les dons de la première courbe sont globalement éloignés de la moyenne, tandis que ceux de la seconde courbe restent très proches de leur moyenne.

Calculer le taux de corrélation entre deux jeux de données

Dans cette section, nous allons apprendre à calculer une mesure statistique nous informant sur la nature et la force d'une relation entre deux jeux de nombres : le coefficient de corrélation de Pearson, que nous appellerons simplement le coefficient de corrélation. Notez que ce coefficient mesure la force d'une relation linéaire. Il faudra utiliser d'autres mesures (dont on ne parlera pas ici) pour calculer ce coefficient entre deux jeux lorsque la relation n'est pas linéaire. Le coefficient peut être négatif ou positif et son amplitude est comprise entre -1 et 1 (inclus).

Un coefficient de 1 indique qu'il existe une forte corrélation positive entre les quantités et est appelé *corrélation positive parfaite*. Similairement, un coefficient de -1 indique une forte corrélation négative et est appelé *corrélation négative parfaite*.

Un coefficient de 0 indique qu'il n'y a pas de relation linéaire entre les deux quantités. Ceci ne veut pas dire pour autant que les deux quantités sont totalement indépendantes l'une de l'autre ; une relation non linéaire peut exister entre elles.

CORRÉLATION ET CAUSALITÉ

En statistiques, on vous dira souvent que « une forte corrélation n'implique pas une relation de causalité » : le fait que deux jeux de nombres soient en forte corrélation ne veut pas dire qu'une des variables est cause de la seconde. Lorsque deux variables ont une forte corrélation, elles peuvent être toutes deux causées par un tiers facteur expliquant cette corrélation. Un exemple classique est la corrélation entre les ventes de glaces et le taux de crimes ; si vous comparez ces variables dans une ville banale, vous voyez une corrélation entre elles, mais ceci ne veut pas dire que la vente des glaces est cause des crimes ou vice versa. Les ventes de glaces et les crimes sont en relation car ils augmentent tous deux lorsque le temps devient plus chaud en été. Bien sûr, ceci ne signifie pas non plus qu'une température élevée implique un haut taux de crimes ; il y a derrière cette relation d'autres causes plus complexes.

Calculer le coefficient de corrélation

Le coefficient de corrélation se calcule par la formule :

$$\text{corrélation} = \frac{n\sum xy - \sum x \sum y}{\sqrt{\left(n\sum x^2 - \left(\sum x\right)^2\right)\left(n\sum y^2 - \left(\sum y\right)^2\right)}}.$$

Dans cette formule, `n` est le nombre total de valeurs présentes dans chaque jeu (ceux-ci doivent être de longueur égale). Les deux jeux de nombres sont appelés x et y (l'ordre ne compte pas). Les autres termes sont décrits ci-après :

- Σxy : somme des produits entre les éléments des deux jeux de nombres ;
- Σx : somme des nombres de la liste x ;
- Σy : somme des nombres de la liste y ;
- $(\Sigma x)^2$: carré de la somme des nombres de la liste x ;
- $(\Sigma y)^2$: carré de la somme des nombres de la liste y ;
- Σx^2 : somme des carrés des nombres de la liste x ;
- Σy^2 : somme des carrés des nombres de la liste y.

Une fois ces termes calculés, vous pouvez les combiner selon la formule précédente pour trouver le coefficient de corrélation. Pour les petites listes, ce calcul est réalisable à la main sans trop d'efforts, mais cela devient de plus en plus compliqué lorsque la longueur des listes augmente.

Nous allons maintenant écrire un programme qui calcule ce coefficient pour nous. Nous allons utiliser la fonction `zip()` pour nous aider à calculer la somme des produits des deux jeux de nombres. Voici un exemple d'utilisation de cette fonction :

```
>>> simple_liste1=[1,2,3]
>>> simple_liste2=[4,5,6]
>>> for x,y in zip(simple_liste1,simple_liste2):
        print(x,y)
1 4
2 5
3 6
```

La fonction zip() retourne les couples d'éléments correspondants de *x* et *y*, couples que vous pouvez réutiliser par la suite dans une boucle pour les soumettre à des opérations (pour les afficher, par exemple, comme dans le code précédent). Si les deux listes sont de longueurs inégales, la fonction termine lorsque le dernier élément de la plus petite liste a été lu. Nous sommes maintenant prêts à écrire notre programme pour calculer le coefficient de corrélation :

```
  def trouve_corr_x_y(x,y):
      n=len(x)
      # Calcule la somme des produits
      prod=[]
❶     for xi,yi in zip(x,y):
          prod.append(xi*yi)
❷     somme_prod_x_y=sum(prod)
❸     somme_x=sum(x)
❹     somme_y=sum(y)
      carre_somme_x=sum_x**2
      carre_somme_y=sum_y**2
      x_carre=[]
❺     for xi in x:
          x_carre.append(xi**2)
      # Calcule la somme
      x_carre_somme=sum(x_carre)
      y_carre=[]
      for yi in y:
          y_carre.append(yi**2)
      # Calcule la somme
      y_carre_somme=sum(y_carre)
      # Utilise la formule pour calculer la corrélation
❻     numerateur=n*somme_prod_x_y-somme_x*somme_y
      denominateur_terme1=n*x_carre_somme-carre_somme_x
      denominateur_terme2=n*y_carre_somme-carre_somme_y
❼     denominateur=(denominateur_terme1*denominateur_terme2)**0.5
❽     correlation=numerateur/denominateur
      return correlation
```

La fonction trouve_corr_x_y() prend deux arguments en entrée, x et y, qui sont les deux listes de nombres pour lesquelles nous voulons calculer le coefficient de corrélation. Au début de cette fonction, nous créons un label n pour se référer à la longueur des listes. Ensuite, en ❶, une boucle « for » utilisant la fonction zip() calcule le produit des valeurs correspondantes de chaque liste. Nous utilisons la méthode append() pour ajouter ces produits à la liste nommée prod.

En ❷, nous calculons la somme des produits stockés dans `prod` à l'aide de la fonction `sum()`. Dans les lignes ❸ et ❹, nous calculons la somme des nombres contenus dans `x` puis de ceux dans `y` (en utilisant là encore la fonction `sum()`). Nous calculons ensuite le carré de ces sommes, que nous stockons dans les labels `carre_somme_x` et `carre_somme_y`.

Dans la boucle commençant en ❺, nous calculons le carré de chaque élément de `x` et additionnons ces carrés, puis nous faisons de même pour `y`.

Nous avons maintenant tous les termes nécessaires pour calculer le coefficient de corrélation, calcul que nous effectuons aux lignes ❻, ❼ et ❽.

Puis, finalement, nous retournons le coefficient de corrélation. Cette mesure statistique est souvent utilisée dans des études – dans les médias populaires et les articles scientifiques, par exemple. Il arrive que nous sachions déjà qu'il y a corrélation et que nous voulions juste en calculer la force. Nous en verrons un exemple dans la section « Lire les données depuis un fichier CSV » page 82. D'autres fois, nous supposons seulement qu'il puisse y avoir une corrélation et nous devons décortiquer les données pour vérifier si c'est bien le cas (comme dans le prochain exemple).

Notes de lycée et réussite à l'examen d'entrée à l'université

Dans cette section, nous allons considérer un groupe fictif de dix élèves d'un lycée anglais (*high school*) pour lesquels on analysera s'il y a, ou non, une corrélation entre leurs notes de lycée et leur réussite à l'examen d'entrée à l'université. Le tableau 3-2 liste les données que nous allons utiliser dans notre étude. Les résultats des élèves sont notés sur 100.

Tableau 3-2. Notes de lycée et résultats à l'examen d'entrée à l'université

Notes de lycée	Résultats à l'examen d'admission
90	85
92	87
95	86
96	97
87	96
87	88
90	89
95	98
98	98
96	87

Pour analyser ces données, jetons un œil à leur diagramme de dispersion (figure 3-2).

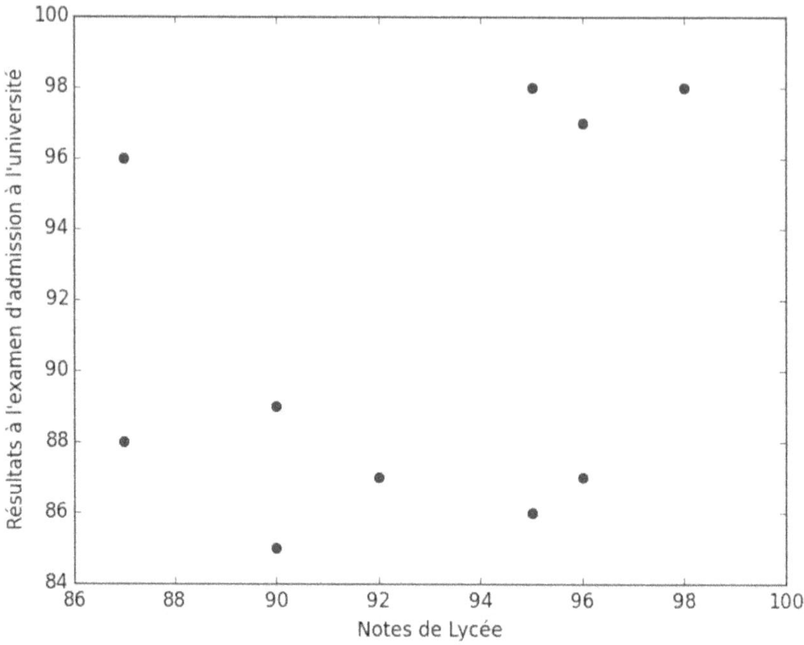

Figure 3-2 : Diagramme de dispersion des notes de lycée et des résultats à l'examen d'admission à l'université

Ce graphique nous montre que les étudiants ayant les meilleures notes au lycée n'ont pas toujours les meilleurs résultats à l'examen d'admission et vice versa. Si nous calculons le coefficient de corrélation pour ces deux jeux de données (en utilisant notre programme), nous voyons que celui-ci est approximativement de 0,32. Ceci signifie qu'il y a corrélation, mais que celle-ci est assez faible. Si la corrélation était proche de 1, les points du diagramme seraient organisés autour d'une ligne diagonale.

Supposons que les notes de lycée du tableau 3-2 soient une moyenne entre les notes en mathématiques, sciences, langues et sciences sociales. Imaginons aussi que l'examen d'entrée à l'université soit centré sur les mathématiques plus que sur les autres matières. Au lieu de regarder les moyennes générales des étudiants, prenons leur moyenne en mathématiques (tableau 3-3) et regardons s'il y a une corrélation avec leur réussite à l'examen d'admission. Le diagramme de dispersion correspondant est montré à la figure 3-3.

Tableau 3-3. Notes en mathématiques et résultats à l'examen d'entrée à l'université

Notes de lycée (mathématiques)	Résultats à l'examen d'admission
83	85
85	87
84	86
96	97
94	96
86	88
87	89
97	98
97	98
85	87

Sur le diagramme de dispersion, on peut maintenant voir que les données s'organisent presque parfaitement le long d'une diagonale. Ceci indique une forte corrélation entre la moyenne en mathématiques au lycée et les résultats à l'examen d'admission. Dans ce cas, le coefficient de corrélation est approximativement de 1. Avec l'aide du diagramme et du coefficient de corrélation, nous pouvons conclure qu'il y a, en effet, une relation forte entre ces deux ensembles de données.

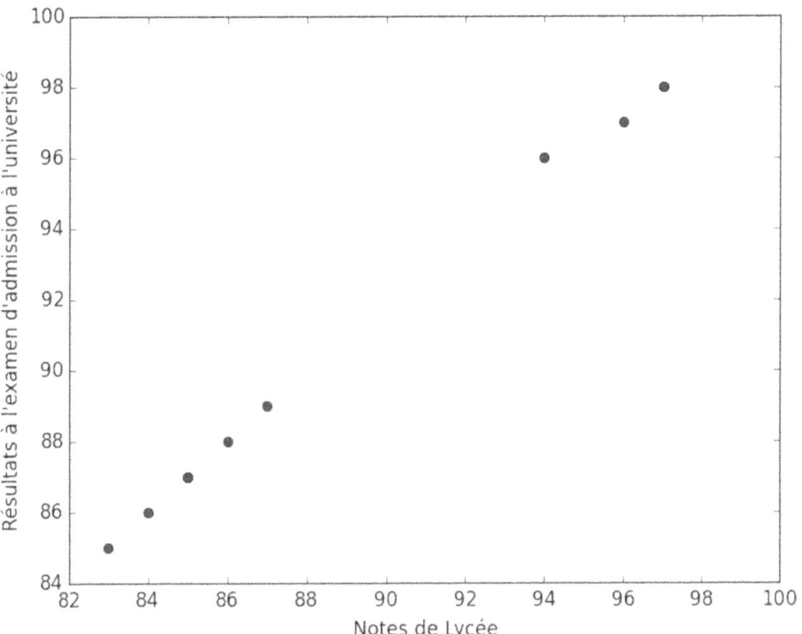

Figure 3-3 : Diagramme de dispersion des moyennes en mathématiques et des résultats à l'examen d'entrée en université

Diagrammes de dispersion

Dans la section précédente, nous avons vu en quoi un diagramme de dispersion était un outil utile et intuitif pour déceler une corrélation entre deux ensembles de données. Dans cette section, nous allons travailler sur un ensemble de quatre jeux de données, ce qui nous permettra de comprendre toute l'importance de l'analyse des diagrammes de dispersion. Pour ces quatre jeux de données, les mesures statistiques basiques sont toutes égales, mais les diagrammes de dispersion révèlent d'importantes différences.
Voyons d'abord comment créer un diagramme de dispersion avec Python :

```
>>> x=[1,2,3,4]
>>> y=[2,4,6,8]
>>> import matplotlib.pyplot as plt
❶ >>> plt.scatter(x,y)
<matplotlib.collections.PathCollection object at 0x7f351825d550>
>>> plt.show()
```

Nous utilisons la fonction `scatter()` pour créer le diagramme de dispersion entre deux listes de nombres `x` et `y` ❶. La seule différence entre ce diagramme et les graphiques étudiés au chapitre 2 est l'appel de la fonction `scatter()` à la place de `plot()` pour les créer. Nous devons cependant encore appeler la fonction `show()` pour afficher le graphique.
Pour en apprendre davantage sur les diagrammes de dispersion, jetons un œil à une importante étude statistique : « Graphs in Statistical Analysis » réalisée par le statisticien Francis Anscombe. L'étude se base sur quatre ensembles de données – que l'on appelle le quartet d'Anscombe – avec des propriétés statistiques identiques : la moyenne, l'écart-type et le coefficient de corrélation.
Les données sont montrées dans le tableau 3-4 (reproduit depuis l'étude originale).

Tableau 3-4. Le quartet d'Anscombe – quatre ensembles de données avec des mesures statistiques quasi-identiques

A		B		C		D	
X1	Y1	X2	Y2	X3	Y3	X4	Y4
10.0	8.04	10.0	9.14	10.0	7.46	8.0	6.58
8.0	6.95	8.0	8.14	8.0	6.77	8.0	5.76
13.0	7.58	13.0	8.74	13.0	12.73	8.0	7.71
9.0	8.81	9.0	8.77	9.0	7.11	8.0	8.84
11.0	8.33	11.0	9.26	11.0	7.81	8.0	8.47
14.0	9.96	14.0	8.10	14.0	8.84	8.0	7.04
6.0	7.24	6.0	6.13	6.0	6.08	8.0	5.25
4.0	4.26	4.0	3.10	4.0	5.39	19.0	12.50
12.0	10.84	12.0	9.13	12.0	8.15	8.0	5.56
7.0	4.82	7.0	7.26	7.0	6.42	8.0	7.91
5.0	5.68	5.0	4.74	5.0	5.73	8.0	6.89

Nous allons nous référer aux couples (X1,Y1), (X2,Y2), (X3,Y3), et (X4,Y4) respectivement par A, B, C et D. Le tableau 3-5 présente les mesures statistiques de ces ensembles de données arrondies au centième.

Tableau 3-5. Le quartet d'Anscombe – mesures statistiques

Jeu de données	X		Y		Corrélation
	Moyenne	Écart-type	Moyenne	Écart-type	
A	9.00	3.32	7.50	2.03	0.82
B	9.00	3.32	7.50	2.03	0.82
C	9.00	3.32	7.50	2.03	0.82
D	9.00	3.32	7.50	2.03	0.82

Les diagrammes de dispersion de ces données sont représentés dans la figure 3-4.

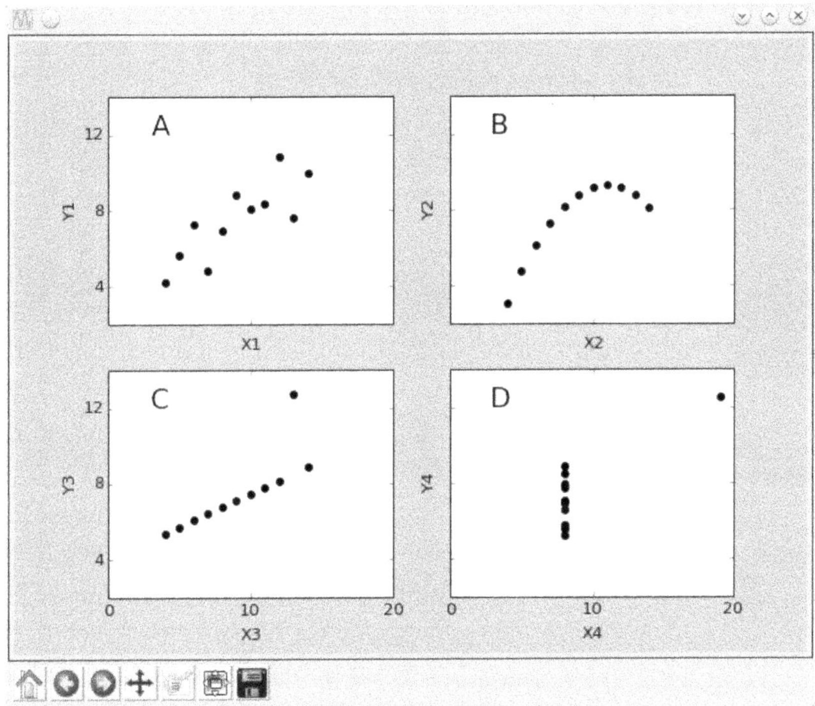

Figure 3-4 : Diagrammes de dispersion du quartet d'Anscombe

Si nous ne regardons que les mesures statistiques usuelles (tableau 3-5) que sont la moyenne, l'écart-type et le coefficient de corrélation, ces données semblent quasiment identiques. Pourtant, lorsqu'on regarde leurs diagrammes de dispersion, on s'aperçoit que ces jeux de données sont très différents les uns des autres. Cela prouve que les diagrammes de dispersion sont des outils indispensables à l'analyse de données et devraient toujours être analysés, en complément des autres mesures statistiques, avant que des conclusions soient tirées au sujet d'un ensemble de données.

Lire des données depuis un fichier

Dans tout ce chapitre, les listes de nombres que nous avons utilisées pour nos calculs étaient explicitement écrites au sein de nos programmes. Pour calculer les mesures statistiques d'un autre ensemble de données, vous devez modifier vos programmes. Vous savez aussi maintenant écrire des codes demandant à l'utilisateur d'entrer lui-même ses données, mais il ne serait pas commode pour lui de devoir saisir de longues listes de nombres. Une meilleure alternative consiste à importer les données depuis un fichier. Voyons, dans un exemple simple, comment lire des nombres, d'abord depuis un fichier texte contenant une seule donnée par ligne, puis lorsque les données sont stockées sous un certain format CSV bien connu. Ceci nous donnera de nombreuses nouvelles possibilités, étant donné qu'il existe beaucoup de jeux de données très utiles téléchargeables depuis Internet dans ce format CSV.
Si vous n'êtes pas familier avec la gestion des fichiers en Python, voyez l'annexe B pour une brève introduction.

Lire des données depuis un fichier texte

Prenons un fichier `mesdonnees.txt` contenant la liste des dons (un par ligne) durant la période A vue au début du chapitre :

```
100
60
70
900
100
200
500
500
503
600
1000
1200
```

Le programme suivant lit ce fichier et affiche la somme des dons :

```
# -*- coding: utf-8 -*-
# Trouve la somme des nombres stockés dans un fichier
def somme_donnees(nomfichier):
    s=0
❶   with open(nomfichier) as f:
        for ligne in f:
❷           s=s+float(ligne)
    print('Somme des nombres : {0}'.format(s))
if __name__=='__main__':
    somme_donnees('mesdonnees.txt')
```

La fonction `somme_donnees()` ouvre le fichier spécifié par l'argument `nomfichier` en ❶ puis le lit ligne par ligne (`f` est ici un objet de type `fichier`, qui pointe vers le fichier ouvert). En ❷, nous convertissons chaque don en un nombre à virgule flottante via la fonction `float()` et nous calculons la somme `s`, qui est finalement affichée.

Avant de lancer le programme, vous devez d'abord créer un fichier appelé `mesdonnees.txt` contenant les données précédentes et l'enregistrer dans le même dossier que votre programme. Vous pouvez créer ce fichier dans IDLE en sélectionnant **File>New Window** : entrez les nombres (un par ligne) dans la fenêtre qui s'ouvre, puis sauvegardez le fichier sous `mesdonnees.txt` dans le dossier contenant votre programme. Désormais, si vous lancez le programme, vous voyez s'afficher le message suivant :

```
Somme des nombres : 5733
```

Dans tous les programmes de ce chapitre, nous supposions que l'entrée était une liste. Pour utiliser ces programmes avec des données tirées d'un fichier, nous devons d'abord créer une liste de ces données.

Le programme suivant calcule la moyenne des nombres stockés dans le fichier `mesdonnees.txt` :

```
# -*- coding: utf-8 -*-
'''
Calcule la moyenne des nombres stockés dans un fichier
'''
def extr_donnees(nomfichier):
    nombres=[]
    with open(nomfichier) as f:
        for ligne in f:
❶           nombres.append(float(ligne))
    return nombres
def calcule_moyenne(nombres):
    s=sum(nombres)
    N=len(nombres)
    moyenne=s/N
    return moyenne
if __name__=='__main__':
❷   donnees=extr_donnees('mesdonnees.txt')
    moyenne=calcule_moyenne(donnees)
    print('Moyenne : {0}'.format(moyenne))
```

Avant d'appeler la fonction `calcule_moyenne()`, nous devons lire les nombres depuis le fichier et les organiser sous forme de liste. Pour ce faire, nous utilisons la fonction `extr_donnees()` qui lit le fichier ligne par ligne, convertit en nombres à virgule flottante et ajoute le résultat à la liste `nombres` ❶. La fonction retourne la liste stockée dans le label `donnees` ❷. Nous appelons ensuite la fonction `calcule_moyenne()` et affichons la moyenne qu'elle retourne :

```
Moyenne : 477.75
```

Bien sûr, vous aurez une moyenne différente si les nombres de votre fichier sont différents de ceux de cet exemple.

Pour plus d'information sur comment demander à l'utilisateur d'entrer le nom du fichier sur lequel le programme va fonctionner, voir l'annexe B. Ceci permettra à l'utilisateur d'utiliser ce programme sur n'importe quel fichier contenant des données.

Lire des données depuis un fichier CSV

Un fichier à valeurs séparées par des virgules (*Comma-Separated Value*), ou fichier CSV, est constitué de lignes et de colonnes où les colonnes sont délimitées par des virgules. Vous ouvrez un fichier CSV avec l'éditeur de texte de votre système d'exploitation ou un programme spécialisé comme Microsoft Excel, OpenOffice Calc ou LibreOffice Calc.

Voici un exemple de fichier CSV contenant quelques nombres et leur carré :

```
Nombre,carré
10,100
9,81
22,484
```

La première ligne se nomme l'en-tête (*header*) et nous informe que les entrées de la première colonne sont des nombres et ceux de la seconde sont leur carré. Les trois lignes suivantes contiennent toutes un nombre et son carré séparés par une virgule. Il est possible de lire des données depuis ce fichier via une méthode similaire à celle utilisée pour les fichiers `.txt`. Cependant, nous allons préférer utiliser le module `csv` de la bibliothèque standard de Python, qui facilite la lecture (et l'écriture) de fichiers CSV.

Sauvegardez les nombres et leur carré dans un fichier `nombres.csv` placé dans le dossier contenant vos programmes. Le programme suivant vous montre comment lire ce fichier pour créer un diagramme de dispersion des nombres et de leur carré :

```
import csv
import matplotlib.pyplot as plt
def diag_disp(x,y):
    plt.scatter(x,y)
    plt.xlabel('Nombre')
    plt.ylabel('Carré')
    plt.show()
def lire_csv(nomfichier):
    nombres=[]
    carres=[]
    with open(nomfichier) as f:
❶       lecteur=csv.reader(f)
❷       next(lecteur)
❸       for ligne in lecteur:
            nombres.append(int(ligne[0]))
            carres.append(int(ligne[1]))
        return nombres,carres
if __name__=='__main__':
    nombres,carres=lire_csv('nombres.csv')
    diag_disp(nombres,carres)
```

La fonction `lire_csv()` lit le fichier CSV à l'aide de la fonction `reader()` définie dans le module `csv` (lui-même importé au début du programme). Cette fonction est appelée avec l'objet fichier `f` en argument ❶. Elle retourne ensuite un pointeur référant à la première ligne du fichier CSV. Nous savons que la première ligne du fichier est un en-tête à ignorer ; c'est pourquoi nous déplaçons immédiatement le pointeur vers la deuxième ligne en utilisant la fonction `next()` ❷. Nous lisons ensuite les lignes du fichier une par une en les enregistrant tour à tour dans le label `ligne` ❸, où `ligne[0]` est la première colonne et `ligne[1]` la seconde. Dans notre fichier, chaque nombre est un entier ; nous utilisons donc la fonction `int()` pour les convertir d'une liste de caractères en un nombre de type entier, puis nous les stockons dans deux listes différentes, que nous retournons – l'une contient les nombres et l'autre contient leur carré.

Nous appelons ensuite la fonction `diag_disp()` sur ces deux listes pour créer le diagramme de dispersion. La fonction `trouve_corr_x_y()` que nous avions écrite plus tôt pourrait aussi être utilisée pour trouver le coefficient de corrélation.

Essayons maintenant de travailler avec un fichier CSV plus complexe. Ouvrez *https://www.google.com/trends/correlate/* dans votre explorateur, entrez la recherche de votre choix et cliquez sur le bouton **Search correlations**. Vous allez voir s'afficher plusieurs résultats sous l'en-tête **Correlated with summer** ; le premier est celui qui a le plus grand coefficient de corrélation (affiché à sa gauche). Sélectionnez l'option **Scatter plot** au dessus du graphique pour voir le diagramme de dispersion contenant la recherche « summer » sur l'axe Ox et le premier résultat sur l'axe Oy. Inutile de se demander ce que représentent les nombres sur l'axe, nous ne sommes intéressés que par le coefficient de corrélation et le diagramme de dispersion.

Un peu au-dessus du diagramme, sélectionnez **Export data as CSV** pour télécharger le fichier contenant les données. Sauvegardez-le ensuite sous le nom `correlate-summer.csv` dans le dossier contenant vos programmes.

Ce fichier CSV est légèrement différent de celui que nous avions vu plus tôt. Au début du fichier, vous verrez un certain nombre de lignes vides puis quelques lignes contenant le symbole # et enfin l'en-tête et les données. Les premières lignes ne nous sont pas utiles. Supprimez-les en ouvrant le fichier dans un éditeur de texte de sorte que l'en-tête soit la première ligne. Supprimez aussi toute ligne blanche que vous verrez à la fin du fichier puis sauvegardez ce dernier. L'étape que nous venons d'effectuer est appelée *traitement préliminaire des données.*

L'en-tête possède plusieurs colonnes. La première contient la date à laquelle ont été relevées les données de chaque ligne (la ligne contient les données correspondant à la semaine suivant cette date). La deuxième colonne contient la recherche que vous avez saisie, la troisième montre la recherche ayant le plus haut taux de corrélation avec la vôtre et les autres colonnes contiennent d'autres recherches organisées dans l'ordre décroissant de leur taux de corrélation avec la vôtre. Les nombres contenus dans ces dernières colonnes correspondent à l'écart réduit des recherches correspondantes. L'écart réduit indique la différence entre le nombre de fois qu'un terme a été recherché durant une semaine donnée et la moyenne des recherches par semaine de ce terme. Un écart réduit positif indique que le nombre de recherches a été plus élevé pour cette semaine qu'en moyenne, tandis qu'un écart réduit négatif indique que le nombre de recherches a été moins important qu'habituellement.

Pour le moment, nous ne travaillerons qu'avec la deuxième et la troisième colonne. Vous pouvez utiliser la fonction `lire_csv()` suivante pour lire ces colonnes :

```
def lire_csv(nomfichier):
    with open(nomfichier) as f:
    lecteur=csv.reader(f)
    next(lecteur)
    summer=[]
    top_correlation=[]
❶   for ligne in lecteur:
        summer.append(float(ligne[1]))
        top_correlation.append(float(ligne[2]))
        return summer,top_correlation
```

Cette fonction est très proche de sa version précédente. Le principal changement est dans la manière d'ajouter les nombres aux listes en ❶ : désormais, nous lisons le second et le troisième membre de chaque ligne et nous les stockons en tant que nombres à virgule flottante.

Le programme suivant utilise cette fonction pour calculer le coefficient de corrélation entre les valeurs de notre recherche et celles de la recherche ayant le plus haut taux de corrélation. Le programme crée aussi le diagramme de dispersion de ces valeurs :

```
import matplotlib.pyplot as plt
import csv
if __name__=='__main__':
      summer,top_correlation=lire_csv('correlate-summer.csv')
      corr=trouve_corr_x_y(summer,top_correlation)
      print('Plus haute correlation : {0}'.format(corr))
      diag_disp(summer,top_correlation)
```

Nous lisons les données des deuxième et troisième colonnes avec la fonction `lire_csv()`. Nous appelons ensuite la fonction `trouve_corr_x_y()` précédemment écrite avec, en argument, les deux listes `summer` et `top_correlation`. Cette fonction nous donne le coefficient de corrélation que nous afficherons par la suite. Nous appelons alors la fonction `diag_disp()` précédemment écrite, avec les deux mêmes listes comme arguments. Avant de lancer ce programme, vous aurez besoin d'inclure les fonctions `lire_csv()`, `trouve_corr_x_y()` et `diag_disp()` dans celui-ci.

Une fois le programme lancé, vous voyez s'afficher le coefficient de corrélation et le diagramme de dispersion. Tous deux devraient être similaires aux données du site web Google correlate.

Ce que vous avez appris

Dans ce chapitre, vous avez appris à calculer des mesures statistiques décrivant un jeu de nombres ou les relations entre deux jeux de nombres. Vous avez aussi utilisé des diagrammes pour vous aider à comprendre et à visualiser ces mesures. Tout en écrivant des programmes pour calculer ces mesures, vous avez découvert de nouveaux outils de programmation et de nouveaux concepts.

Défis de programmation

Appliquez maintenant ce que vous avez appris en achevant les prochains défis.

#1 - Améliorer le programme de calcul du coefficient de corrélation

La fonction `trouve_corr_x_y()` que nous avons écrite suppose que ces jeux de nombres sont de même longueur. Améliorez cette fonction de sorte qu'elle ne s'exécute que si les listes sont de même longueur. Sinon, elle devra afficher un message d'erreur indiquant que le coefficient ne peut pas être calculé.

#2 - Calculateur de statistiques

Écrivez un programme pour extraire les données depuis le fichier `mes-donnees.txt` puis calculer et afficher leurs moyennes, médiane, mode, variance et écart-type à l'aide des fonctions de ce chapitre.

#3 - Essayer d'autres données CVS

De nombreuses sources de données intéressantes sont disponibles sur Internet. Le site web *http://www.quandl.com/* est l'une de ces sources. Pour ce défi, téléchargez les données à l'adresse suivante, sous forme d'un fichier CVS : *http://www.quandl.com/WORLDBANK/USA_SP_POP_TOTL*, la population totale des États-Unis à la fin de chaque année pour les années allant de 1960 à 2012. Calculez ensuite la moyenne, la médiane, la variance et l'écart-type de la différence de population d'une année à l'autre et créez un graphique de ces différences.

#4 - Trouver le centile

Le centile est une valeur statistique couramment utilisée qui nous donne la valeur correspondant à un certain pourcentage des observations. Par exemple, dire que la note d'un étudiant à un examen est le 95ᵉ centile signifie que 95 % des élèves ont eu une note inférieure ou égale à la sienne. Prenons comme autre exemple la liste de nombres 5, 1, 9, 3, 14, 9 et 5. Le 50ᵉ centile est 7 et le 25ᵉ centile est 3,5, un nombre qui n'est pas présent dans la liste.

Il existe diverses méthodes pour trouver la valeur correspondant à un centile donné. Voici une des approches.
Disons que nous voulons calculer les valeurs du centile p.

- Ranger les éléments de la liste de nombres par ordre croissant. Nous appellerons la liste `donnees`.
- Calculer

$$i = \frac{np}{100} + 0{,}5,$$

où n est le nombre d'éléments dans `donnees`.

- Si i est un entier, `donnees[i]` est le nombre correspondant au centile p.
- Si i n'est pas un entier, définir k comme étant la partie entière de i et `f` sa partie décimale. Le nombre `(1-f)*donnees[k]+f*donnees[k+1]` est le nombre au centile p.

En utilisant cette méthode, écrivez un programme qui récupère un jeu de nombres depuis un fichier et affiche le nombre correspondant à un certain centile spécifié par l'utilisateur.

#5 - Créer une table de fréquences groupées

Pour ce défi, votre tâche sera d'écrire un programme créant une table de fréquences groupées d'un jeu de nombres. Une telle table affiche la fréquence des données réunies en classes. Par exemple, considérons les notes que nous avions utilisées dans la section « Créer une table de fréquences » : 7, 8, 9, 2, 10, 9, 9, 9, 9, 4, 5, 6, 1, 5, 6, 7, 8, 6, 1 et 10. Une table de fréquences groupées de cet échantillon pourrait être la suivante :

Notes	Occurrences
1-6	6
6-11	14

Dans ce tableau, les notes sont classées en deux groupes : 1-6 (incluant 1 mais pas 6) et 6-11 (incluant 6 mais pas 11). Le nombre d'occurrences de chaque catégorie est affiché à sa droite. Déterminer le nombre de classes et leur intervalle sont deux étapes nécessaires à la création d'un tel tableau. Dans cet exemple, nous avons deux classes de largeur équivalente.
Voici une approche simple pour créer un nombre arbitraire de classes :

```
def creer_classes(nombres,n):
    min=min(nombres)
    max=max(nombres)
    # Largeur de chaque classe
    largeur=(max-min)/n
    classes=[]
    a=min
    b=min+largeur
    classes=[]
    while a<(max-largeur):
        classes.append((a,b))
        a=b
```

```
        b=a+largeur
    # La dernière classe pourrait être de largeur inférieure
    classes.append((a,max+1))
    return classes
```

La fonction `creer_classes()` prend en entrée deux arguments : une liste de valeurs et le nombre de classes à créer. Elle retourne une liste de tuples dont chacun représente une des classes. Par exemple, si on appelle la fonction avec la liste 7, 8, 9, 2, 10, 9, 9, 9, 9, 4, 5, 6, 1, 5, 6, 7, 8, 6, 1, 10 et n=4, elle retourne la liste suivante : `[`(1,3.25),(3.25,5.5),(5.5,7.75),(7.75, 11)`]`. Une fois que vous avez la liste, il faut parcourir ses valeurs et trouver à quelle catégorie appartient chaque nombre.
Votre défi est d'écrire un programme lisant une liste de nombres depuis un fichier puis d'en afficher la table de fréquences groupées à l'aide de la fonction `creer_classes()`.

4

ALGÈBRE ET MATHÉMATIQUES SYMBOLIQUES AVEC SYMPY

Les solutions aux problèmes mathématiques apportées par nos programmes n'impliquaient jusqu'ici que la manipulation de nombres. Toutefois, les mathématiques peuvent aussi être vues en termes d'inconnues et d'opérations entre celles-ci. Pensez simplement aux classiques *x* et *y* des problèmes. Ce type de mathématiques est appelé algèbre. Vous avez certainement déjà eu à résoudre des problèmes du type « factoriser $x^3 + 3x^2 + 3x + 1$ » en cours de mathématiques. Ne les craignez plus, nous allons apprendre à écrire des programmes pour résoudre ces problèmes et bien d'autres. Pour ce faire, nous allons utiliser la bibliothèque de Python nommée `SymPy`, qui permet d'utiliser des expressions contenant des inconnues et de les soumettre à des opérations. Cette bibliothèque n'est pas standard sur Python et vous devez donc l'installer avant de l'utiliser dans vos programmes. Les instructions pour son installation sont détaillées dans l'annexe A.

Définir des variables et des opérations sur les variables

Les variables sont la base de l'algèbre. Le terme « variable » n'est qu'un nom global pour désigner tous les x, y, a ou b utilisés dans les équations et les expressions algébriques. Créer et utiliser de tels objets nous permettra de résoudre des problèmes. Considérons les commandes suivantes :

```
>>> x=1
>>> x+x+1
3
```

Nous créons ici un label x se référant au nombre 1. Ainsi, quand nous écrivons l'expression x+x+1, celle-ci est directement évaluée et nous recevons le résultat 3. Comment faire comprendre à Python que, à la place de 3, nous voulons qu'il nous dise que x+x+1 est égal à $2x + 1$? Vous ne pouvez pas écrire x+x+1 sans avoir défini x=1, sans quoi Python ne sait pas à quoi x fait référence.

La bibliothèque SymPy sert à écrire dans nos programmes des expressions contenant des variables inconnues. Pour insérer une telle variable dans votre code, il vous faut créer un objet de la classe Symbol comme suit :

```
>>> from sympy import Symbol
>>> x=Symbol('x')
```

Nous importons d'abord la classe Symbol depuis la bibliothèque SymPy, puis nous créons un objet de cette classe avec x en paramètre. Notez que 'x' est écrit comme un caractère, entre deux guillemets. Vous pouvez maintenant définir des expressions et des équations contenant des variables. Voici, en exemple, l'expression vue plus tôt :

```
>>> from sympy import Symbol
>>> x=Symbol('x')
>>> x+x+1
2*x+1
```

Le résultat est maintenant exprimé avec la variable x. Dans la ligne de commande x=Symbol('x'), le premier x est un label, du même type que ceux que nous avons utilisés jusqu'ici, à la différence qu'il réfère cette fois-ci à la variable x plutôt qu'à un nombre (ou, plus précisément, à l'objet de type Symbol représentant la variable 'x'). Ce label ne doit pas nécessairement être identique à l'objet de type Symbol. Nous aurions pu, par exemple, nommer le label a ou var1 au lieu de x. Ainsi, vous pouvez tout à fait écrire les instructions suivantes :

```
>>> a=Symbol('x')
>>> a+a+1
2*x+1
```

Utiliser un label avec un nom différent de celui de la variable peut prêter à confusion et il est donc recommandé de toujours faire correspondre le nom du label avec celui de la variable.

RETROUVER LA VARIABLE REPRÉSENTÉE PAR UN LABEL

Chaque objet de type Symbol possède un attribut name contenant, sous la forme d'une chaîne de caractères, la variable qu'il représente :

```
>>> x=Symbol('x')
>>> x.name
'x'
>>> a=Symbol('x')
>>> a.name
'x'
```

Vous pouvez utiliser .name sur un label pour retrouver le nom de la variable qu'il représente.

Attention, la variable que vous souhaitez créer doit être entrée en tant que chaîne de caractères. Par exemple, vous ne pouvez pas créer une variable *x* en écrivant x=Symbol(x) ; il faut écrire x=Symbol('x').

Pour définir plusieurs variables, vous pouvez soit créer séparément plusieurs objets de type Symbol, soit utiliser la fonction symbols() pour les définir de manière plus concise. Par exemple, supposons que vous souhaitiez utiliser trois variables *x*, *y* et *z* dans votre programme. Vous pourriez les définir individuellement comme précédemment :

```
>>> x=Symbol('x')
>>> y=Symbol('y')
>>> z=Symbol('z')
```

Toutefois, la fonction symbols(), importée depuis la bibliothèque sympy, les définit tous ensemble :

```
>>> from sympy import symbols
>>> x,y,z=symbols('x,y,z')
```

Nous appelons cette fonction avec les trois variables en argument, séparées par des virgules, écrites comme une seule chaîne de caractères.

Dès lors que les variables sont définies, vous pouvez les soumettre à des opérations mathématiques en utilisant les mêmes opérateurs que ceux présentés au chapitre 1 (+, -, /, * et **). Par exemple, vous pouvez effectuer l'opération suivante :

```
>>> from sympy import Symbol
>>> x=Symbol('x')
>>> y=Symbol('y')
>>> s=x*y+x*y
>>> s
2*x*y
```

Voyons si nous pouvons trouver le résultat de $x(x + x)$:

```
>>> p=x*(x+x)
>>> p
2*x**2
```

sympy évalue automatiquement les opérations de base mais laisse inchangées les expressions plus complexes. Voyons quel résultat nous obtenons lorsque nous entrons l'expression (x+2)*(x+3) :

```
>>> p=(x+2)*(x+3)
>>> p
(x+2)*(x+3)
```

On aurait pu s'attendre à ce que sympy fasse la multiplication et nous renvoie l'expression x**2+5*x+6. Au lieu de cela, l'expression est affichée telle que nous l'avons entrée. sympy ne simplifie automatiquement que les expressions les plus basiques et laisse le choix à l'utilisateur de spécifier s'il veut qu'une expression comme notre exemple soit simplifiée. Si vous aviez souhaité que l'expression soit développée, vous auriez pu utiliser la fonction expand(), dont nous aller parler dans un instant.

Travailler avec des expressions

Maintenant que nous savons définir des expressions contenant des variables, nous allons voir comment les utiliser dans nos programmes.

Factoriser et développer des expressions

La fonction factor() factorise une expression et la fonction expand() la développe en une somme de termes individuels. Voyons leur effet sur l'identité mathématique suivante : $x^2 - y^2 = (x + y)(x - y)$. La partie de gauche de l'identité est la version développée et celle de droite correspond à sa factorisation. Comme nous avons ici deux variables, nous allons créer deux objets Symbol :

```
>>> from sympy import Symbol
>>> x=Symbol('x')
>>> y=Symbol('y')
```

Nous importons ensuite la fonction factor() et l'utilisons pour convertir la version développée (partie gauche de l'identité) en sa version factorisée (partie de droite) :

```
>>> from sympy import factor
>>> expr=x**2-y**2
>>> factor(expr)
(x-y)*(x+y)
```

Nous obtenons, comme nous l'espérions, la version factorisée de l'expression. Développons maintenant la nouvelle expression pour retrouver l'expression originale :

```
>>> facteurs=factor(expr)
>>> expand(facteurs)
x**2-y**2
```

Nous stockons l'expression factorisée dans un nouveau label, `facteurs`, lequel est ensuite passé en argument de la fonction `expand()`. Lorsque nous faisons ainsi, nous recevons l'expression avec laquelle nous avions commencé. Essayons maintenant avec l'identité $x^3 + 3x^2y + 3xy^2 + y^3 = (x + y)^3$:

```
>>> expr=x**3+3*x**2*y+3*x*y**2+y**3
>>> facteurs=factor(expr)
>>> facteurs
(x+y)**3
>>> expand(facteurs)
x**3+3*x**2*y+3*x*y**2+y**3
```

La fonction `factor()` est capable de factoriser l'expression et la fonction `expand()` de développer l'expression factorisée pour retrouver l'expression originale.

Si vous tentez de factoriser une expression pour laquelle il n'existe pas de factorisation, la fonction `factor()` retourne l'expression originale. Par exemple :

```
>>> expr=x+y+x*y
>>> factor(expr)
x*y+x+y
```

De façon similaire, si vous utilisez `expand()` sur une expression développée, la fonction retournera l'expression telle quelle.

Paramétrer l'affichage

Si vous voulez que l'expression avec laquelle vous travaillez soit affichée dans un style plus proche de celui que nous utilisons à l'écrit, utilisez la fonction `pprint()`. Prenons l'exemple suivant :

```
>>> expr=x*x+2*x*y+y*y
```

Si nous affichons l'expression comme nous le faisions précédemment, elle ressemble à cela :

```
>>> expr
x**2+2*x*y+y**2
```

Utilisons maintenant la fonction pprint() :

```
>>> from sympy import pprint
>>> pprint(expr)
 2        2
x +2xy+y
```

L'expression paraît désormais plus claire et les exposants s'affichent au-dessus des nombres.
Vous pouvez aussi changer l'ordre des termes lorsque vous affichez votre expression. Considérons $1 + 2x + 2x^2$:

```
>>> expr=1+2*x+2*x**2
>>> pprint(expr)
  2
2x +2x+1
```

Les termes sont rangés dans l'ordre décroissant des puissances de x. Si vous voulez que l'expression soit affichée dans l'ordre inverse, utilisez la fonction init_printing() comme suit :

```
>>> from sympy import init_printing
>>> init_printing(order='rev-lex')
>>> pprint(expr)
         2
1+2x+2x
```

La fonction init_printing() est d'abord importée, puis appelée avec l'argument order='rev-lex'. Ceci indique que nous voulons que l'expression soit écrite dans le sens inverse (*REVerse LEXicographical order* ou ordre lexicographique inversé). Ainsi, le terme avec la plus petite puissance est affiché en premier.
La fonction init_printing() peut aussi être utilisée pour définir d'autres options d'affichage. Pour plus d'information sur l'affichage avec SymPy, lisez la documentation à l'adresse suivante :
http://docs.sympy.org/latest/tutorial/printing.html.
Utilisons ce que nous avons vu jusqu'ici pour écrire un programme d'affichage de séries.

Afficher une série

Considérons la série suivante :

$$x + \frac{x^2}{2} + \frac{x^3}{3} + \frac{x^4}{4} + \ldots + \frac{x^n}{n} .$$

Écrivons un programme demandant à l'utilisateur d'entrer un nombre n afin d'afficher la somme partielle de la série. Dans cette série, x est une variable et n un entier saisi par l'utilisateur. Le n-ième terme de la série est : $\frac{x^n}{n}$.

```
'''
Affiche la série:
x + x**2/2 + x**3/3 + ... + x**n/n
'''
```

```
  from sympy import Symbol, pprint, init_printing
  def affiche_serie(n):
      # Initialise l'ordre d'affichage dans l'ordre croissant des puissances
      init_printing(order='rev-lex')
      x=Symbol('x')
❶     serie=x
❷     for i in range(2,n+1):
❸         serie=serie+(x**i)/i
      pprint(serie)
  if __name__=='__main__':
      n=input('Entrer le nombre de termes de la série que vous désirez
  afficher : ')
❹ affiche_serie(int(n))
```

La fonction `affiche_serie()` prend un entier `n` en argument définissant le nombre de termes de la série qui seront affichés. Notez que ce nombre est converti sous forme d'entier à l'aide de la fonction `int()` en ❹. Nous appelons ensuite la fonction `init_printing()` pour que la série soit affichée dans l'ordre croissant des puissances.

En ❶, nous créons le label `serie` et définissons sa valeur initiale comme étant la variable `'x'`. Nous créons ensuite en ❷ une boucle « for » qui parcourra les entiers depuis `2` jusqu'à `n`. À chaque tour de boucle, un terme de la série est ajouté à `serie` comme décrit ci-après :

```
i=2, serie=x+x**2/2
i=3, serie=x+x**2/2+x**3/3
etc.
```

La valeur initiale de `serie` est seulement `x` et, à chaque itération, on lui ajoute `x**i/i` jusqu'à atteindre le résultat désiré. Vous pouvez remarquer que la possibilité d'addition des expressions avec `SymPy` nous est très utile ici. Finalement, la fonction `pprint()` est appelée pour afficher notre suite de termes.

Lorsque vous lancez le programme, celui-ci vous demande d'entrer un nombre, puis affiche les termes de la série :

```
Entrer le nombre de termes de la série que vous désirez afficher : 5
     2    3    4    5
    x    x    x    x
x + -- + -- + -- + --
    2    3    4    5
```

Amusez-vous à tester le programme avec différentes valeurs d'entrée. La prochaine étape sera de calculer la somme de cette série pour une certaine valeur de `x`.

Substituer une valeur à une variable

Voyons maintenant comment nous pouvons utiliser `SymPy` pour évaluer l'expression lorsque la variable prend une certaine valeur. Considérons l'expression mathématique $x^2 + 2xy + y^2$, laquelle peut être définie de la manière suivante :

```
>>> x=Symbol('x')
>>> y=Symbol('y')
>>> x*x+x*y+x*y+y*y
x**2+2*x*y+y**2
```

Pour évaluer cette expression, vous substituez des nombres aux variables via la méthode `subs()` :

```
❶ >>> expr=x*x+x*y+x*y+y*y
>>> res=expr.subs({x:1,y:2})
```

Nous créons d'abord en ❶ un nouveau label contenant l'expression, puis nous appelons la méthode `subs()`. L'argument de la méthode `subs()` est un « dictionnaire » de Python, lequel contient les deux variables liées à la valeur numérique qu'on souhaite leur faire prendre. Voyons le résultat :

```
>>> res
9
```

Vous pouvez aussi exprimer une des valeurs en fonction de la seconde et faire la substitution associée en utilisant ici encore la méthode `subs()`. Par exemple, si vous savez que $x = 1 - y$, voici comment vous pouvez évaluer l'expression précédente :

```
>>> expr.subs({x:1-y})
y**2+2*y*(-y+1)+(-y+1)**2
```

DICTIONNAIRES PYTHON

Un dictionnaire est un type de structure de données (les listes et les tuples en étant d'autres). Les dictionnaires contiennent des couples clé-valeur placés entre deux accolades. Chaque clé est liée à la valeur placée après les deux points. Dans une des précédentes lignes de code, nous avons placé le dictionnaire `{x:1,y:2}` en argument de la méthode `subs()`. Il contient deux couples clé-valeur, `x:1` et `y:2`, où `x` et `y` sont les clés et `1` et `2` sont les valeurs correspondantes. Vous pouvez retrouver une valeur du dictionnaire en entrant sa clé associée entre crochets comme nous le faisons avec les index d'une liste. Par exemple, voici comment créer un dictionnaire simple et retrouver la valeur correspondant à `cle1` :

```
>>> sampledict={"cle1":5,"cle2":20}
>>> sampledict["cle1"]
5
```

Pour en apprendre davantage sur les dictionnaires, voyez l'annexe B.

Si vous voulez que l'expression résultante soit simplifiée, par exemple si vous avez des termes qui s'annulent, utilisez la fonction `simplify()` de `SymPy` comme suit :

```
❶ >>> expr_subs=expr.subs({x:1-y})
  >>> from sympy import simplify
❷ >>> simplify(expr_subs)
  1
```

En ❶, nous créons un nouveau label, `expr_subs`, référant au résultat de la substitution `x=1-y` dans notre expression. Nous importons ensuite la fonction `simplify()` depuis `SymPy` et l'appelons en ❷. Le résultat s'avère être `1` car tous les autres termes de l'expression se sont annulés.

Bien que cette expression résultante soit la simplification de l'expression du dernier exemple, vous avez dû recourir à la fonction `simplify()`. Une fois encore, ceci vient du fait que `SymPy` ne fait aucune simplification par défaut.

La fonction `simplify()` peut aussi simplifier des expressions plus compliquées contenant des fonctions logarithmiques ou trigonométriques, mais nous ne nous intéresserons pas à cela ici.

Calculer la valeur d'une série

En plus d'afficher une série, nous voudrions que notre programme soit capable de trouver sa somme lorsque la variable prend une certaine valeur. Pour ce faire, il faudra demander à l'utilisateur de saisir deux paramètres, le nombre de termes et la valeur de `x` pour laquelle calculer la somme. Le programme suivant inclut ces nouvelles fonctionnalités :

```
'''
    Affiche la série :
    x+x**2/2+x**3/3+...+x**n/n
'''
from sympy import Symbol, pprint, init_printing
def affiche_serie(n,x_valeur):
    # Initialise l'affichage dans l'ordre croissant des puissances
    init_printing(order='rev-lex')
    x=Symbol('x')
    serie=x
    for i in range(2,n+1):
        serie=serie+(x**i)/i
    pprint(serie)
    # Evalue la série pour x=x_valeur
❷   serie_valeur=serie.subs({x:x_valeur})
    print('Valeur de la série pour x={0} : {1}'.format(x_valeur,serie_
    valeur))
if __name__=='__main__':
    n=input('Entrer le nombre de termes de la série que vous désirez
    afficher : ')
    x_valeur=input('Entrer la valeur de x pour laquelle vous souhaitez que
    la série soit évaluée : ')
❶   affiche_serie(int(n),float(x_valeur))
```

La fonction affiche_serie() prend désormais un nouvel argument, x_valeur, qui est la valeur de x (convertie en nombre à virgule flottante ❶) pour laquelle vous souhaitez évaluer la série. En ❷, nous utilisons la méthode subs() pour évaluer l'expression et plaçons le résultat dans le label serie_valeur avant de l'afficher.

Quand vous exécutez le programme, il vous demande de saisir deux nombres et affiche la série et la valeur de la série évaluée :

```
Entrer le nombre de termes de la série que vous désirez afficher : 5
Enter la valeur de x pour laquelle vous souhaitez que la série soit
évaluée : 1.2
     2    3    4    5
    x    x    x    x
x + -- + -- + -- + --
    2    3    4    5
Valeur de la série pour x=1.2 : 3.51206400000000
```

Convertir une chaîne de caractères en une expression mathématique

Jusqu'ici, nous avons dû écrire par nous-mêmes, au sein du programme, chaque expression mathématique que nous désirions utiliser. Comment faire si nous voulions construire un programme plus général manipulant des expressions saisies par l'utilisateur ? Nous avons besoin de convertir une expression saisie par l'utilisateur, qui est sous forme de chaîne de caractères, en une forme manipulable par SymPy. C'est le rôle de la fonction sympify(), qui retourne un objet SymPy. Voyons un exemple :

```
❶ >>> from sympy import sympify
  >>> expr=input('Entrer une expression mathématique : ')
  Entrer une expression mathématique : x**2+3*x+x**3+2*x
❷ >>> expr=sympify(expr)
```

Nous commençons par importer la fonction sympify() ❶. Nous utilisons ensuite la fonction input() pour demander à l'utilisateur de saisir une expression, que nous stockons dans le label expr. L'expression est ensuite convertie par sympify() ❷. Vous pouvez alors la soumettre à diverses opérations. Essayons, par exemple, de la multiplier par 2 :

```
>>> 2*expr
2*x**3+2*x**2+10*x
```

Que se passe-t-il lorsque l'utilisateur saisit une entrée invalide ?

```
>>> expr=input('Entrer une expression mathématique : ')
Entrer une expression mathematique : x**2+3*x+x**3+2x
>>> expr=sympify(expr)
Traceback (most recent call last):
  File "<pyshell#146>", line 1, in <module>
    expr=sympify(expr)
  File "/usr/lib/python3.3/site-packages/sympy/core/sympify.py", line 180,
  in sympify
```

```
    raise SympifyError('could not parse %r' % a)
sympy.core.sympify.SympifyError: SympifyError: "could not parse
'x**2+3*x+x**3+2x'"
```

La dernière ligne nous informe que sympify() ne peut pas convertir l'expression saisie. Le problème vient du fait que l'utilisateur n'a pas placé d'opérateur entre 2 et x ; SymPy ne comprend pas ce que cela signifie. Votre programme doit être paré à ce genre d'éventualités et afficher un message d'erreur explicite. Voyons comment faire cela via la détection des exceptions du type SympifyError :

```
>>> from sympy import sympify
>>> from sympy.core.sympify import SympifyError
>>> expr=input('Entrer une expression mathématique : ')
Entrer une expression mathématique : x**2+3*x+x**3+2x
>>> try:
    expr=sympify(expr)
except SympifyError:
    print('Saisie invalide')
Saisie invalide
```

Les deux changements apportés au programme précédent sont, premièrement, que nous importons la classe d'exception SympifyError depuis le module sympy.core.sympify et, deuxièmement, que nous appelons la fonction sympify() au sein d'un bloc try...except. Désormais, si une exception du type SympifyError apparaît lors de l'exécution, un message d'erreur sera affiché.

Multiplicateur d'expressions

Utilisons maintenant la fonction sympify() pour écrire un programme calculant le produit de deux expressions :

```
'''
Produit de deux expressions
'''
from sympy import expand, sympify
from sympy.core.sympify import SympifyError
def produit(expr1,expr2):
    prod=expand(expr1*expr2)
    print(prod)
if __name__=='__main__':
❶    expr1=input('Entrer la première expression : ')
❷    expr2=input('Entrer la seconde expression : ')
    try:
        expr1=sympify(expr1)
        expr2=sympify(expr2)
    except SympifyError:
        print('Saisie invalide')
    else:
❸        produit(expr1,expr2)
```

En ❶ et ❷, nous demandons à l'utilisateur de saisir les deux expressions. Nous les convertissons alors en une forme compréhensible par SymPy via la fonction sympify(), le tout dans un bloc try...except. Si la conversion réussit (dans le cas du bloc else), nous appelons la fonction produit() ❸. Dans cette fonction, nous calculons le produit des deux expressions et l'affichons. Notez que nous utilisons la fonction expand() quand nous affichons le produit afin que l'expression soit sous sa forme développée.
Voici un exemple d'exécution du programme :

```
Entrer la première expression : x**2+x*2+x
Entrer la seconde expression : x**3+x*3+x
x**5+3*x**4+4*x**3+12*x**2
```

L'expression saisie peut aussi contenir plusieurs variables :

```
Entrer la première expression : x*y+x
Entrer la seconde expression : x*x+y
x**3*y+x**3+x*y**2+x*y
```

Résoudre des équations

La fonction solve() de SymPy sert à résoudre des équations. Lorsque vous lui soumettez une expression contenant une variable, solve() calcule une valeur pour cette variable. La fonction suppose toujours que votre expression est égale à 0 pour trouver la solution. Commençons par une équation simple : $x - 5 = 7$. Nous devons d'abord la transformer de sorte qu'un des côtés soit égal à 0 (x-5-7=0). Nous sommes alors prêts à utiliser solve() comme suit :

```
>>> from sympy import Symbol, solve
>>> x=Symbol('x')
>>> expr=x-5-7
>>> solve(expr)
[12]
```

Lorsque nous utilisons la fonction solve(), celle-ci trouve que 12 est la valeur de x annulant notre expression.
Remarquez que le résultat est retourné dans une liste. En effet, une équation peut avoir plusieurs solutions (deux par exemple pour une équation quadratique) ; dans ce cas, la liste contient toutes les solutions. Vous pouvez aussi demander à ce que solve() retourne les solutions sous la forme d'une liste de dictionnaires. Chaque dictionnaire sera alors composé du nom de la variable et de sa valeur solution. Cette approche est notamment utile lorsque la fonction doit résoudre une équation contenant plusieurs variables car alors nous pouvons savoir à quelle variable correspond quelle valeur.

Résoudre des équations quadratiques

Dans le chapitre 1, nous calculions les racines d'une équation quadratique du type $ax^2 + bx + c$ en écrivant leur formule dans laquelle nous remplacions a, b et c par leur valeur. Apprenons maintenant à utiliser la fonction `solve()` dans le but de trouver ces racines sans avoir besoin d'écrire leur formule. Voyons un exemple :

```
❶ >>> from sympy import solve
  >>> x=Symbol('x')
❷ >>> expr=x**2+5*x+4
❸ >>> solve(expr,dict=True)
❹ [{x:-4},{x:-1}]
```

La fonction `solve()` est d'abord importée en ❶. Puis nous définissons une variable `x` et une expression correspondant à une équation quadratique ❷. Nous appelons alors (❸) `solve()` avec la précédente expression. Le second argument de la fonction, `dict=True`, indique que nous désirons recevoir le résultat sous la forme d'une liste de dictionnaires.

Chaque solution dans la liste retournée est un dictionnaire contenant une seule entrée dont la clé est la variable et son élément associé une valeur solution. S'il n'existe pas de solution, une liste vide sera retournée. Les racines de l'équation précédente sont -4 et -1, comme vous pouvez le voir ci-dessus en ❹.

Nous avons vu au premier chapitre que les racines de l'équation $x^2 + x + 1 = 0$ sont des nombres complexes. La fonction `solve()` nous les renvoie avec la partie imaginaire indiquée par le symbole I.

```
>>> x=Symbol('x')
>>> expr=x**2+x+1
>>> solve(expr,dict=True)
[{x:-1/2-sqrt(3)*I/2},{x:-1/2+sqrt(3)*I/2}]
```

Résoudre une équation en exprimant une variable en fonction des autres

Outre trouver les racines des équations, nous pouvons utiliser `solve()` pour résoudre une équation de manière algébrique, c'est-à-dire en exprimant une variable en fonction des autres. Voyons comment trouver les racines de l'équation quadratique $ax^2 + bx + c = 0$. Pour ce faire, nous allons définir les variables x, a, b et c.

```
>>> x=Symbol('x')
>>> a=Symbol('a')
>>> b=Symbol('b')
>>> c=Symbol('c')
```

Nous écrivons ensuite l'expression correspondant à l'équation et utilisons la fonction `solve()` pour la résoudre :

```
>>> expr=a*x*x+b*x+c
>>> solve(expr,x,dict=True)
[{x:(-b+sqrt(-4*a*c+b**2))/(2*a)},{x:-(b+sqrt(-4*a*c+b**2))/(2*a)}]
```

Nous avons ici ajouté x comme deuxième argument de la fonction solve() pour lui indiquer que c'est par rapport à cette variable qu'elle doit résoudre l'équation. Conformément à nos attentes, solve() nous affiche la formule quadratique.

Utilisons maintenant cela sur un exemple physique. Selon une des équations du mouvement, la distance parcourue par un corps avec une accélération constante a et une vitesse initiale u au temps t est donnée par la formule :

$$s = ut + \frac{1}{2}at^2 .$$

Connaissant a et u, si vous désirez trouver le temps nécessaire pour parcourir une certaine distance s, vous devez d'abord exprimer t en fonction des autres variables. Voici comment le faire à l'aide de la fonction solve() :

```
>>> from sympy import Symbol, solve, pprint
>>> s=Symbol('s')
>>> u=Symbol('u')
>>> t=Symbol('t')
>>> a=Symbol('a')
>>> expr=u*t+(1/2)*a*t*t-s
>>> t_expr=solve(expr,t,dict=True)
>>> pprint(t_expr)
```

Le résultat ressemble à ceci :

```
⎡⎧           _________________⎫  ⎧    ⎛        _________________⎞⎫⎤
⎢⎪          ╱               2 ⎪  ⎪    ⎜       ╱               2 ⎟⎪⎥
⎢⎨   -u + ╲╱  2.0⋅a⋅s + u    ⎬, ⎨   -⎝u + ╲╱  2.0⋅a⋅s + u    ⎠⎬⎥
⎢⎪t: ─────────────────────────⎪  ⎪t: ─────────────────────────────⎪⎥
⎣⎩              a             ⎭  ⎩                a              ⎭⎦
```

Maintenant que nous avons l'expression pour trouver t (stockée dans le label t_expr), nous pouvons utiliser la méthode subs() pour définir des valeurs de s, u et a afin de trouver les deux valeurs possibles de t.

Résoudre un système d'équations linéaires

Nous cherchons à trouver le couple (x,y) solution des équations suivantes :

$$\begin{cases} 2x + 3y = 6 \\ 3x + 2y = 12 \end{cases}$$

Tout d'abord, nous devons définir les deux variables et créer les équations :

```
>>> x=Symbol('x')
>>> y=Symbol('y')
>>> expr1=2*x+3*y-6
>>> expr2=3*x+2*y-12
```

Les deux équations sont définies comme deux expressions `expr1` et `expr2`. Nous les avons réarrangées de sorte qu'elles soient égales à zéro. Pour trouver la solution, nous appelons la fonction `solve()` sur un tuple composé des deux expressions :

```
>>> solve((expr1,expr2),dict=True)
[{y:-6/5,x:24/5}]
```

C'est exactement dans ce cas qu'il est plus intéressant de recevoir une solution sous forme d'une liste de dictionnaires. Celui-ci nous apprend que la solution pour `x` est `24/5` et celle pour `y` est `-6/5`. Vérifions si ces valeurs satisfont vraiment les équations. Pour ce faire, nous allons d'abord les stocker dans un label `soln`, puis utiliser la méthode `subs()` :

```
>>> soln=solve((expr1,expr2),dict=True)
>>> soln=soln[0]
>>> expr1.subs({x:soln[x],y:soln[y]})
0
>>> expr2.subs({x:soln[x],y:soln[y]})
0
```

Le résultat obtenu pour les deux expressions est 0. On a donc la bonne solution.

Les graphiques en SymPy

Dans le chapitre 2, nous avons appris à créer des graphiques pour lesquels nous avions explicitement défini les nombres à tracer. Par exemple, pour tracer le graphique de la force gravitationnelle par rapport à la distance entre deux corps, nous avions dû calculer la force gravitationnelle pour chacune des distances et donner la liste de ces couples force-distance à `matplotlib`. Avec `SymPy`, vous entrez simplement l'équation de la courbe et le graphique est automatiquement créé. Traçons la droite d'équation :

```
>>> from sympy.plotting import plot
>>> from sympy import Symbol
>>> x=Symbol('x')
>>> plot(2*x+3)
```

Nous importons `plot` et `Symbol` depuis `sympy.plotting`, créons la variable `x` et appelons la fonction `plot()` avec, en argument, l'expression `2*x+3`. `SymPy` se charge de tout le reste et trace le graphique de la fonction (figure 4-1).

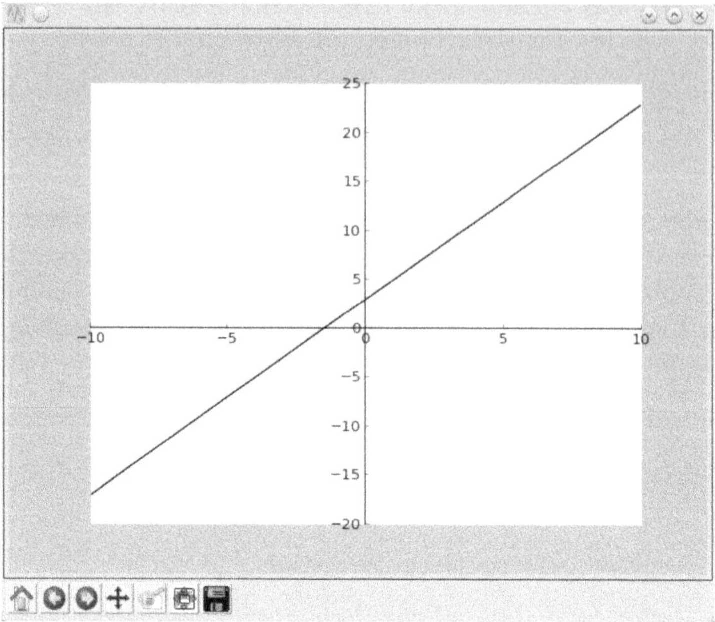

Figure 4-1 : Graphique de la droite y=2x+3

On peut voir que des intervalles par défaut ont été choisis automatiquement, allant de –10 à 10 pour l'axe O*x*. Vous aurez peut être remarqué que la fenêtre graphique ressemble beaucoup à celles que l'on obtenait dans les chapitres 2 et 3. Ceci vient du fait que `SymPy` utilise `matplotlib` pour tracer les graphiques. Vous remarquez aussi que nous n'avons pas eu à appeler la fonction `show()` pour tracer le graphique et que `SymPy` l'a fait automatiquement.

Maintenant, nous souhaitons délimiter l'axe O*x* du graphique précédent pour qu'il s'étende de –5 à 5. Vous pouvez le faire via les instructions suivantes :

```
>>> plot((2*x+3),(x,-5,5))
```

Nous avons ici ajouté, en second argument de la fonction `plot()`, un tuple contenant la variable et ses valeurs limites. Le graphique n'affiche maintenant que les valeurs de `y` correspondant aux valeurs de `x` comprises entre –5 et 5 (figure 4-2).

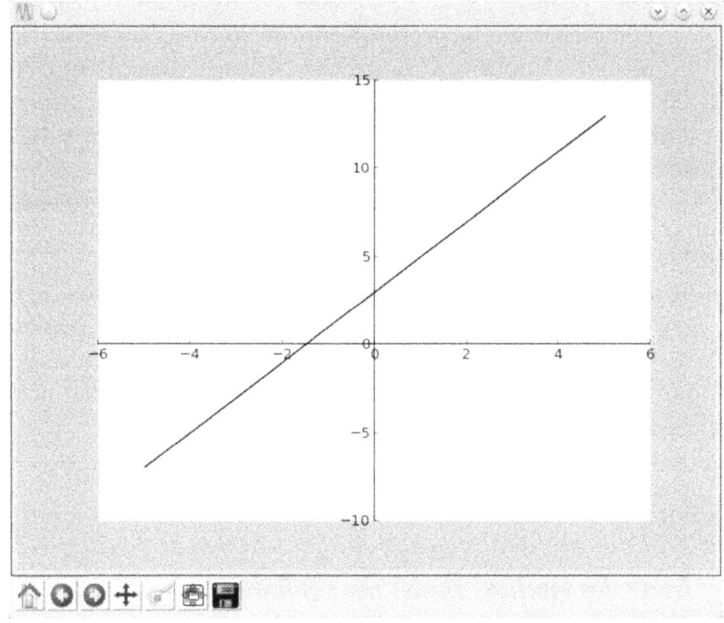

Figure 4-2 : Graphique de la droite y=2x+3 pour des valeurs de x allant de -5 à 5

Vous pouvez ajouter d'autres arguments à la fonction `plot()` pour davantages d'options, comme `title` pour définir un titre ou `xlabel` et `ylabel` pour nommer les axes O*x* et O*y* (figure 4-3) :

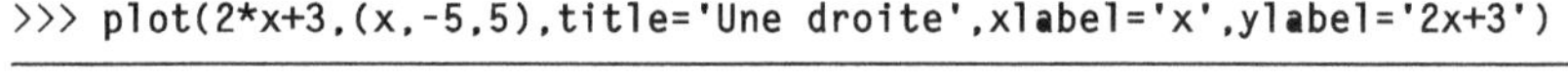

```
>>> plot(2*x+3,(x,-5,5),title='Une droite',xlabel='x',ylabel='2x+3')
```

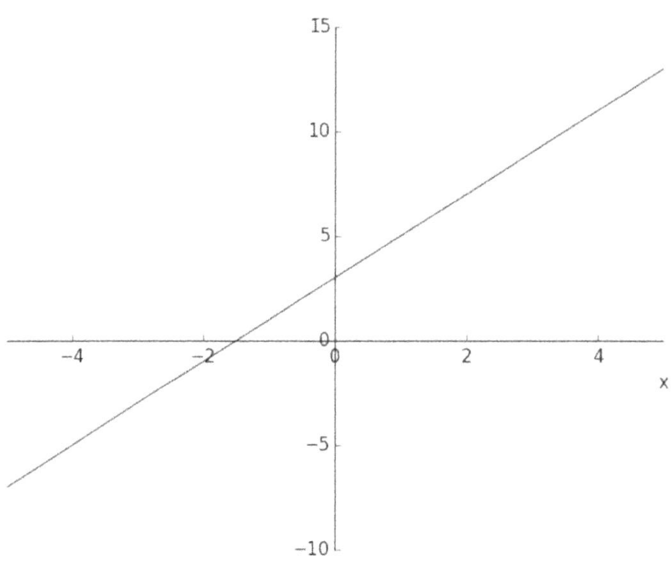

Figure 4-3 : Graphique de la droite y=2x+3 dont l'intervalle de x ainsi que d'autres options ont été spécifiés

D'autres options existent, à placer en argument de la fonction plot() afin de personnaliser la présentation de la fonction aussi bien que celle du graphique. L'option show précise si nous voulons que le graphique soit affiché ou non. Ajouter show=False en argument de notre fonction plot() a pour effet de ne pas afficher le graphique tout de suite après l'appel de cette fonction.

```
>>> p=plot(2*x+3,(x,-5,5),title='Une droite',xlabel='x',ylabel='2x+3',show=False)
```

Vous remarquez que le graphique n'a pas été tracé cette fois-ci. Le label p réfère désormais à l'ensemble des informations du graphique et vous pouvez alors utiliser p.show() pour afficher le graphique. Vous pouvez aussi sauvegarder le graphique en un fichier image (ici, droite.png) avec la méthode save() :

```
>>> p.save('droite.png')
```

Tracer des fonctions saisies par l'utilisateur

L'expression entrée dans la fonction plot() doit être exprimée en fonction de x. Par exemple, la dernière droite que nous avons tracée était la droite $y = 2x + 3$, saisie dans le graphique sous la forme 2x+3.

Si l'expression n'est pas de cette forme, nous devons la remanier. Bien sûr, nous pourrions le faire manuellement, en dehors du programme, mais comment construire un programme qui permette à l'utilisateur de saisir sa propre expression ? Si, par exemple, l'utilisateur entre une expression de la forme $2x + 3y - 6$, nous devons d'abord la convertir. La fonction solve() va nous aider à le faire :

```
  >>> expr=input('Entrer une expression : ')
  Entrer une expression : 2*x+3*y-6
❶ >>> expr=sympify(expr)
❷ >>> y=Symbol('y')
  >>> solve(expr,y)
❸ [-2*x/3+2]
```

En ❶, nous utilisons la fonction sympify() pour convertir l'expression saisie en un objet SymPy. En ❷, nous créons un objet Symbol représentant la variable 'y'. Nous résolvons alors l'équation en plaçant y en second argument de solve() afin de trouver l'expression de y en fonction de x. En ❸ est retournée l'expression nécessaire au tracé du graphique. Notez que cette dernière est stockée dans une liste ; nous devons l'en extraire avant de nous en servir :

```
  >>> solutions=solve(expr,'y')
❹ >>> expr_y=solutions[0]
  >>> expr_y
  -2*x/3+2
```

Nous créons un label solutions dans lequel nous stockons la liste retournée par la fonction solve(). Nous récupérons ensuite son unique élément en ❹. Nous pouvons maintenant appeler la fonction plot() pour créer le graphique.
Le code suivant correspond au programme complet de création du graphique :

```
'''
Trace le graphique d'une expression saisie par l'utilisateur
'''
from sympy import Symbol, sympify, solve
from sympy.plotting import plot
def trace_expression(expr):
    y=Symbol('y')
    solutions=solve(expr,y)
    expr_y=solutions[0]
    plot(expr_y)
if __name__=='__main__':
    expr=input('Entrer votre expression en fonction de x et y : ')
    try:
        expr=sympify(expr)
    except SympifyError:
        print('Saisie invalide')
    else:
        trace_expression(expr)
```

Lorsque vous exécutez le programme, celui-ci demande de saisir une expression, vérifie si elle est valide, puis trace le graphique correspondant.

Graphique comportant plusieurs fonctions

Vous pouvez donner plusieurs expressions à la fonction plot() pour que plusieurs courbes soient tracées sur votre graphique. Par exemple, le code suivant trace deux droites d'un seul appel de plot() (figure 4-4) :

```
>>> from sympy.plotting import plot
>>> from sympy import Symbol
>>> x=Symbol('x')
>>> plot(2*x+3,3*x+1)
```

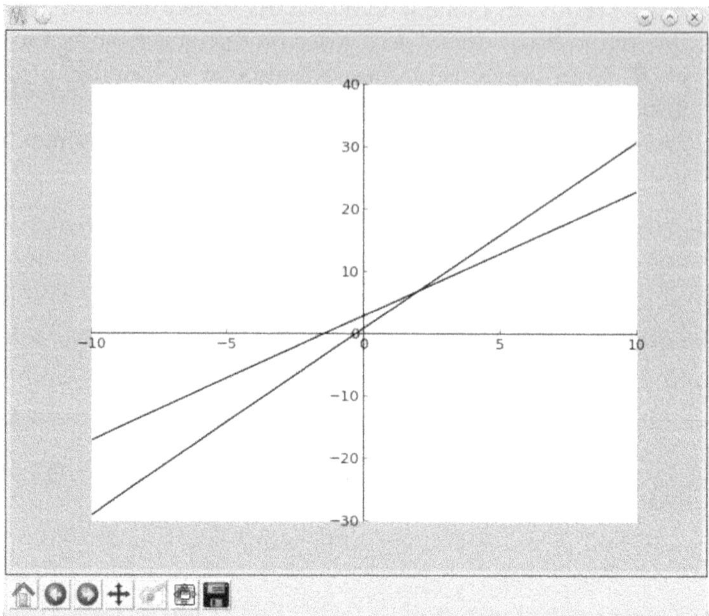

Figure 4-4 : Tracer plusieurs droites dans un même graphique

Cet exemple révèle une autre différence entre la création de graphiques avec `matplotlib` et celle avec `SymPy`. Dans le graphique créé avec `SymPy`, les droites sont de même couleur, alors que `matplotlib` les aurait automatiquement tracées de couleurs différentes. Pour que `SymPy` en fasse de même, nous devons passer par des étapes supplémentaires que vous pouvez voir dans le code suivant, lequel ajoute aussi une légende au graphique :

```
  >>> from sympy.plotting import plot
  >>> from sympy import Symbol
  >>> x=Symbol('x')
❶ >>> p=plot(2*x+3,3*x+1,legend=True,show=False)
❷ >>> p[0].line_color='b'
❸ >>> p[1].line_color='r'
  >>> p.show()
```

En ❶, nous appelons la fonction `plot()` avec les équations en argument, mais aussi avec deux options supplémentaires : `legend` et `show`. En fixant l'argument `legend` comme `True`, nous ajoutons une légende au graphique, comme celles vues au chapitre 2. Notez que le texte affiché en légende est l'expression de la courbe correspondante (il est possible de spécifier un texte différent). Nous fixons aussi `show=False` pour que le graphique ne soit pas tracé tant que nous n'avons pas encore défini la couleur des lignes. En ❷, `p[0]` correspond à la première droite, `2x+3`, dont nous fixons l'attribut `line_color` à `'b'`, signifiant que nous souhaitons la tracer en bleu. De la même façon, nous définissons la couleur rouge (`'r'`) pour la seconde droite ❸. Finalement, nous appelons la fonction `show()` pour afficher le graphique (figure 4-5).

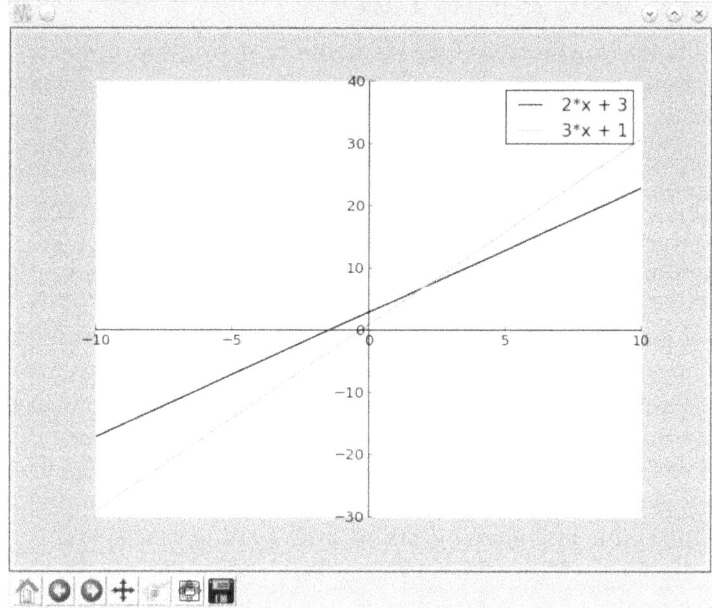

Figure 4-5 : Graphique contenant deux droites tracées de couleurs différentes

Vous pouvez, en plus de bleu ou rouge, choisir les couleurs vert (`'g'` pour green), cyan (`'c'`), magenta (`'m'`), jaune (`'y'` pour yellow), noir (`'k'` pour black) ou encore blanc (`'w'` pour white).

Ce que vous avez appris

Dans ce chapitre, vous avez appris les bases de la programmation de variables en utilisant `SymPy`. Vous avez appris à déclarer ces variables, construire des expressions, résoudre des équations et tracer des graphiques. Vous découvrirez davantage de fonctionnalité de `SymPy` dans les prochains chapitres.

Défis de programmation

Voici quelques défis de programmation qui vous permettront de mettre en œuvre ce que vous venez d'apprendre. Vous trouverez des exemples de solutions à l'adresse *http://www.editions-eyrolles.com/dl/14364*.

#1 - Factorisation d'expressions

Nous avons vu ensemble la fonction `factor()` pour factoriser une expression. Écrivez un programme qui demande à l'utilisateur de saisir une expression, la factorise et affiche le résultat. Votre programme doit être capable de traiter les entrées invalides en affichant un message d'erreur.

#2 - Solveur graphique d'équations

Nous avons vu plus tôt comment écrire un programme demandant à l'utilisateur de saisir une expression comme $3x + 2y - 6$ et traçant le graphique correspondant. Écrivez maintenant un programme qui trace dans un seul graphique les courbes de deux expressions demandées à l'utilisateur comme suit :

```
>>> expr1=input('Entrer votre première expression en fonction de x et y : ')
>>> expr2=input('Entrer votre seconde expression en fonction de x et y : ')
```

Les deux expressions saisies par l'utilisateur seront stockées dans les labels `expr1` et `expr2` et vous devrez les convertir en objets `SymPy` en utilisant la fonction `sympify()` dans un bloc `try...except`. Il ne vous restera plus qu'à configurer ces expressions dans un même graphique.

Améliorez ensuite votre programme afin qu'il affiche le couple de valeurs (x,y) solution de ces équations. Ce couple correspondra aux coordonnées de l'intersection des deux courbes dans le graphique.

Indice : référez-vous à notre précédente utilisation de la fonction `solve()`, lorsque nous cherchions à résoudre un système de deux équations linéaires.

#3 - Calculer la somme partielle d'une série

Nous avons déjà vu comment calculer la somme d'une série. Nous additionnions alors les termes manuellement, à l'aide d'une boucle :

```
for i in range(2,n+1):
    series=series+(x**i)/i
```

La fonction `summation()` de `SymPy` sert à trouver une telle somme plus facilement. Le programme suivant affiche la somme des cinq premiers termes de la série avec laquelle nous travaillions plus tôt :

```
   >>> from sympy import Symbol, summation, pprint
   >>> x=Symbol('x')
   >>> n=Symbol('n')
❶ >>> s=summation(x**n/n,(n,1,5))
   >>> pprint(s)
   5    4    3    2
   x    x    x    x
   -- + -- + -- + -- + x
   5    4    3    2
```

Nous appelons la fonction `summation()` en ❶, avec en premier argument le n-ième terme de la série et en second argument un tuple définissant l'intervalle que `n` parcourra. Nous voulons la somme des cinq premiers termes : ce second argument est donc `(n,1,5)`.

Une fois la somme obtenue, vous pouvez utiliser la méthode `subs()` pour évaluer cette série avec une certaine valeur de `x` :

```
>>> s.subs({x:1.2})
3.51206400000000
```

Votre défi sera d'écrire un programme capable de trouver la somme d'une série dont l'utilisateur précisera le n-ième terme et le nombre de ses termes. Voici comment le programme devrait fonctionner :

```
Entrer le n-ième terme : a+(n-1)*d
Entrer le nombre de termes : 3
3*a+3*d
```

Dans cet exemple, le n-ième terme proposé par l'utilisateur correspond à une suite arithmétique. Nous calculons la somme des trois premiers termes de cette suite de premier terme `a` et de raison `d`. Nous obtenons le résultat `3*a+3*d`.

#4 - Résoudre une inégalité à une seule variable

Vous avez vu comment résoudre une équation à l'aide de la fonction `solve()`. `SymPy` permet aussi de résoudre des inégalités à une variable, comme $x + 5 > 3$ ou > 0. Pour ce défi, vous allez créer une fonction `isolve()` qui prend en entrée une inégalité, la résout et retourne le résultat.
Tout d'abord, penchons-nous sur quelques fonctions de `SymPy` qui nous aideront à créer ce programme. Les outils de résolution d'inéquations sont séparés en trois fonctions différentes : une pour les inégalités polynômiales, une pour les inégalités rationnelles et une pour toutes les autres inégalités. Nous aurons besoin de choisir la fonction correspondant à notre inégalité, sans quoi nous obtiendrions un message d'erreur.
Un polynôme est une expression algébrique formée uniquement de sommes et produits entre des constantes et des puissances positives d'une variable. $x^2 + 4 < 0$ est un exemple d'inégalité polynômiale.
Pour résoudre une telle inégalité, il vous faudra utiliser la fonction `solve_poly_inequality()` :

```
  >>> from sympy import Poly, Symbol, solve_poly_inequality
  >>> x=Symbol('x')
❶ >>> ineg_obj=-x**2+4<0
❷ >>> lhs=ineg_obj.lhs
❸ >>> p=Poly(lhs,x)
❹ >>> rel=ineg_obj.rel_op
  >>> solve_poly_inequality(p,rel)
  [(-oo,-2),(2,oo)]
```

D'abord, il faut créer l'expression représentant l'inégalité $-x^2 + 4 < 0$, ce que nous faisons en ❶ en la stockant dans le label `ineg_obj`. Ensuite, nous isolons la partie gauche de l'inégalité, c'est-à-dire l'expression $-x^2 + 4$, à l'aide de l'attribut `lhs` en ❷. Nous créons alors un objet `Poly` en ❸ représentant le polynôme que nous avons isolé en ❷. Le second argument de la fonction `Poly()` est l'objet `Symbol` représentant la variable `x`. En ❹, nous isolons l'opérateur relationnel depuis l'expression à l'aide de l'attribut `rel_op`. Finalement, nous appelons la fonction `solve_poly_inequality()` avec, en premier argument, le polynôme `p` et en second argument l'opérateur relationnel `rel`. Le programme retourne la solution sous forme d'une liste de tuples dont chacun représente un intervalle de solutions de l'inégalité. Dans notre cas, tous les nombres inférieurs à –2 ou supérieurs à 2 sont solutions de l'inégalité.

Une expression rationnelle est une expression algébrique dans laquelle le numérateur et le dénominateur sont tous deux des polynômes. Voici un exemple d'inégalité rationnelle :

$$\frac{x-1}{x+2}>0$$

Pour les inégalités rationnelles, nous devons utiliser la fonction `solve_rational_inequalities()` :

```
>>> from sympy import Symbol, Poly, solve_rational_inequalities
>>> x=Symbol('x')
❶ >>> ineg_obj=((x-1)/(x+2))>0
>>> lhs=ineg_obj.lhs
❷ >>> numer,denom=lhs.as_numer_denom()
>>> p1=Poly(numer)
>>> p2=Poly(denom)
>>> rel=ineg_obj.rel_op
❸ >>> solve_rational_inequalities([[((p1,p2),rel)]])
(-oo,-2)U(1,oo)
```

Nous créons un objet représentant notre inégalité rationnelle en ❶ puis nous isolons l'expression rationnelle à l'aide de l'attribut `lhs`. Nous séparons ensuite le numérateur et le dénominateur en deux différents labels `numer` et `denom` à l'aide de la méthode `as_numer_denom()` en ❷, laquelle retourne un tuple contenant deux objets polynômes `p1` et `p2` représentant le numérateur et le dénominateur. Finalement, nous isolons l'opérateur d'inégalité et appelons la fonction `solve_rational_inequalities()` avec les deux polynômes `p1` et `p2` ainsi que l'opérateur en arguments ❸.

Le programme retourne la solution `(-∞,-2) U (1,∞)`, où `U` signifie que la solution est l'union des deux ensembles, c'est-à-dire tous les nombres inférieurs à −2 et ceux supérieurs à 1.

Nous en apprendrons plus concernant les ensembles au chapitre 5.

Les dernières inégalités sont celles qui ne sont ni polynômiales, ni rationnelles, par exemple $\sin x - 0{,}6 > 0$. Si vous faites face à une telle inégalité, vous devez utiliser la fonction `solve_univariate_inequality()` :

```
>>> from sympy import Symbol, solve, solve_univariate_inequality, sin
>>> x=Symbol('x')
>>> ineg_obj=sin(x)-0.6>0
>>> solve_univariate_inequality(ineg_obj,x,relational=False)
(0.643501108793284,2.49809154479651)
```

Nous créons un objet représentant l'inégalité $\sin x - 0{,}6 > 0$ puis appelons la fonction `solve_univariate_inequality()` avec l'inégalité et la variable `x` comme deux premiers arguments. L'argument relational=False signifie que nous voulons que la fonction retourne la solution sous la forme d'un ensemble. La solution pour cette inégalité s'avère être tous les nombres compris entre les premier et second nombres du tuple retourné.

Aide : fonctions utiles

Récapitulons. Votre défi est (1) de créer une fonction isolve() prenant en argument une inégalité quelconque et (2) de choisir celle des trois fonctions qui convient pour résoudre l'inégalité. Les éléments suivants vous seront utiles à l'implémentation de cette fonction.
La méthode is_polynomial() sert à vérifier si une expression est, ou non, un polynôme. :

```
>>> x=Symbol('x')
>>> expr=x**2-4
>>> expr.is_polynomial()
True
>>> expr=2*sin(x)+3
>>> expr.is_polynomial()
False
```

La méthode is_rational_function() vous sera utile pour vérifier si une expression est une expression rationnelle :

```
>>> expr=(2+x)/(3+x)
>>> expr.is_rational_function()
True
>>> expr=2+x
>>> expr.is_rational_function()
True
>>> expr=2+sin(x)
>>> expr.is_rational_function()
False
```

La fonction sympify() convertit une inégalité exprimée sous la forme d'une chaîne de caractères en un objet inégalité :

```
>>> from sympy import sympify
>>> sympify('x+3>0')
x+3>0
```

Lorsque vous lancez le programme, celui-ci doit demander à l'utilisateur de saisir une inégalité puis affiche la solution.

5

JOUER AVEC LES ENSEMBLES ET LES PROBABILITÉS

Dans ce chapitre, nous commencerons par apprendre comment créer des programmes qui reconnaissent et agissent sur les ensembles. Nous verrons ensuite en quoi les ensembles sont utiles à la compréhension des concepts de base des probabilités. Enfin, nous découvrirons comment générer des nombres aléatoirement pour simuler des événements aléatoires. Au travail !

Qu'est-ce qu'un ensemble ?

Un ensemble est une collection d'objets appelés éléments ou membres de l'ensemble. Deux caractéristiques différencient les ensembles des autres collections d'objets. En effet, un ensemble est « bien défini », c'est-à-dire que pour tout objet on peut clairement répondre par oui ou par non à la question « cet objet est-il un élément de l'ensemble ? ». La seconde caractéristique est qu'il ne contient jamais deux fois le même élément. Un ensemble peut contenir tout et n'importe quoi – des nombres, des personnes, des choses, des mots etc.

Nous allons maintenant découvrir quelques propriétés basiques des ensembles tout en apprenant à les manipuler à l'aide de SymPy.

Construire un ensemble

En notation mathématique, un ensemble est représenté en écrivant ses membres entre deux accolades. Par exemple, {2,4,6} représente l'ensemble contenant les éléments 2, 4 et 6. Pour créer un tel ensemble sur Python, il faut utiliser la classe FiniteSet de SymPy comme suit :

```
>>> from sympy import FiniteSet
>>> s=FiniteSet(2,4,6)
>>> s
{2,4,6}
```

Nous importons d'abord la classe FiniteSet depuis SymPy, puis nous créons un objet de cette classe avec, en argument, les éléments de l'ensemble. Et nous affectons le label s à cet objet.
Il est possible de stocker différents types de nombres dans le même ensemble (notamment des entiers, des réels ou des fractions) :

```
>>> from sympy import FiniteSet
>>> from fractions import Fraction
>>> s=FiniteSet(1,1.5,Fraction(1,5))
>>> s
{1/5,1,1.5}
```

Le cardinal d'un ensemble est le nombre d'éléments qu'il contient. La fonction len() vous renseigne sur cette caractéristique :

```
>>> s=FiniteSet(1,1.5,3)
>>> len(s)
3
```

Vérifier si un nombre appartient à un ensemble

Pour vérifier si un nombre appartient à un ensemble existant, on utilise l'opérateur in. Il retourne True si l'objet est un élément de l'ensemble et False sinon. Vérifions, par exemple, si 4 appartient à l'ensemble précédent :

```
>>> 4 in s
False
```

False est retourné car 4 n'appartient pas à cet ensemble.

Créer un ensemble vide

Si vous souhaitez créer un ensemble vide, il suffit de créer un objet de la classe FiniteSet sans y placer d'argument. Le résultat est un objet EmptySet :

```
>>> s=FiniteSet()
>>> s
EmptySet()
```

Créer un ensemble depuis des listes ou des tuples

Vous pouvez aussi créer un ensemble en plaçant une liste ou un tuple en argument de `FiniteSet` :

```
>>> membres=[1,2,3]
>>> s=FiniteSet(*membres)
>>> s
{1,2,3}
```

Cette fois-ci, au lieu de placer nos nombres directement en argument de `FiniteSet`, nous les avons d'abord entrés dans une liste appelée `membres`. Nous avons alors placé cette liste en argument de `FiniteSet` précédée d'un astérisque pour signifier à Python que nous souhaitons que les éléments de l'ensemble soient ceux de la liste, et non pas la liste elle-même. Cette manière de créer l'ensemble équivaut à `FiniteSet(1,2,3)`. Nous utiliserons cette méthode pour créer des ensembles qui seront définis pendant l'exécution du programme.

L'ordre et les répétitions dans les ensembles

Les ensembles de Python (à l'instar des ensembles mathématiques) ignorent les répétitions d'un nombre et ne tiennent pas compte de l'ordre des éléments. Par exemple, si vous créez un ensemble depuis une liste contenant plusieurs fois le même nombre, celui-ci ne sera ajouté qu'une seule fois dans l'ensemble et ses autres occurrences seront ignorées :

```
>>> from sympy import FiniteSet
>>> membres=[1,2,3,2]
>>> FiniteSet(*membres)
{1,2,3}
```

Bien que nous ayons deux fois le nombre `2` dans la liste, celui-ci n'apparaît plus qu'une seule fois dans l'ensemble créé.
À l'inverse des listes et des tuples dans lesquels les éléments sont rangés dans un ordre bien précis, les membres d'un ensemble n'ont pas d'emplacement particulier. Par exemple, nous pouvons afficher chaque élément d'un ensemble à l'aide d'une boucle, comme suit :

```
>>> from sympy import FiniteSet
>>> s=FiniteSet(1,2,3)
>>> for membre in s:
        print(membre)
2
1
3
```

Lorsque vous exécutez ce code, les éléments sont affichés dans un ordre aléatoire. En effet, Python stocke un ensemble de sorte qu'il sache quels sont ses éléments, mais ne se rappelle pas leur ordre.
Voyons un autre exemple. Deux ensembles sont égaux s'ils possèdent les mêmes éléments. En Python, vous pouvez utiliser l'opérateur d'égalité == pour vérifier si deux ensembles sont égaux :

```
>>> from sympy import FiniteSet
>>> s=FiniteSet(3,4,5)
>>> t=FiniteSet(5,4,3)
>>> s==t
True
```

Même si leurs éléments ne sont pas dans le même ordre, les deux ensembles sont égaux.

Sous-ensembles, sur-ensembles et ensemble des parties

Un ensemble s est un sous-ensemble de t si tous les éléments de s sont aussi dans t. Par exemple, l'ensemble {1} est un sous-ensemble de {1,2}. Vous vérifiez si un ensemble est sous-ensemble d'un autre à l'aide de la méthode `is_subset()` :

```
>>> s=FiniteSet(1)
>>> t=FiniteSet(1,2)
>>> s.is_subset(t)
True
>>> t.is_subset(s)
False
```

Notez qu'un ensemble vide est sous-ensemble de tous les ensembles et que chaque ensemble est sous-ensemble de lui-même :

```
>>> s.is_subset(s)
True
>>> t.is_subset(t)
True
```

Similairement, un ensemble t est un sur-ensemble de s si t contient au moins tous les éléments contenus dans s. Vous vérifiez si un ensemble est sur-ensemble d'un autre à l'aide de la méthode `is_superset()` :

```
>>> s.is_superset(t)
False
>>> t.is_superset(s)
True
```

L'ensemble des parties de s est l'ensemble contenant tous les sous-ensembles possibles de s. Chaque ensemble possède exactement 2|s| sous-ensembles, où |s| est le cardinal de l'ensemble. Par exemple, {1,2,3} a un cardinal de 3 et a donc 2^3=8 sous-ensembles : {} (l'ensemble vide), {1}, {2}, {3}, {1,2}, {1,3}, {2,3} et {1,2,3}.

L'ensemble de tous ces sous-ensembles est appelé ensemble des parties et nous pouvons le retrouver à l'aide de la méthode powerset() :

```
>>> s=FiniteSet(1,2,3)
>>> ps=s.powerset()
>>> ps
{{1},{1,2},{1,3},{1,2,3},{2},{2,3},{3},EmptySet()}
```

Comme l'ensemble des parties est lui-même un ensemble, vous retrouvez son cardinal en utilisant la fonction len() :

```
>>> len(ps)
8
```

Selon notre définition d'un sous-ensemble, chaque ensemble possédant exactement les mêmes éléments qu'un autre en est à la fois un sous-ensemble et un sur-ensemble. Afin de faire la différence, nous disons qu'un ensemble s est un sous-ensemble de t au sens strict s'il est sous-ensemble de t et si t possède au moins un élément qui n'est pas contenu dans s. Ainsi, si s={1,2,3} est un sous-ensemble de t au sens strict, t doit contenir 1, 2, 3 et au moins un autre élément. À l'inverse, ceci signifie que t est un sur-ensemble de s au sens strict. Utilisez les méthodes is_proper_subset() et is_proper_superset() pour vérifier si un ensemble est respectivement sous-ensemble ou sur-ensemble d'un autre au sens strict :

```
>>> from sympy import FiniteSet
>>> s=FiniteSet(1,2,3)
>>> t=FiniteSet(1,2,3)
>>> s.is_proper_subset(t)
False
>>> t.is_proper_superset(s)
False
```

Si nous recréons l'ensemble t pour y inclure un autre élément, s sera un sous-ensemble strict de t et t sera un sur-ensemble strict de s :

```
>>> t=FiniteSet(1,2,3,4)
>>> s.is_proper_subset(t)
True
>>> t.is_proper_superset(s)
True
```

ENSEMBLES CLASSIQUES DE NOMBRES

Dans le premier chapitre, nous avons vu qu'il existe différents types de nombres : les entiers, les réels, les fractions et les nombres complexes. Chacun de ces types de nombres forme un ensemble différent.

Les entiers, qu'ils soient positifs ou négatifs, sont regroupés en l'ensemble des entiers relatifs. Les entiers positifs forment l'ensemble des entiers naturels. Cela signifie donc que l'ensemble des entiers naturels est un sous-ensemble au sens strict de celui des entiers relatifs.

L'ensemble des nombres rationnels contient tous les nombres pouvant être exprimés comme une fraction de deux entiers et inclut donc tous les entiers, mais aussi tous les nombres dont la partie décimale finit par une chaine répétée, par exemple 0,25 (1/4) ou 0,33333... (1/3). À l'inverse, les nombres dont la partie décimale est infinie et ne se répète jamais sont appelés les irrationnels. La racine carrée de 2 et le nombre π sont deux exemples de nombres irrationnels.

Si vous rassemblez les nombres rationnels et les irrationnels, vous obtenez l'ensemble des réels. Toutefois, il existe un ensemble encore plus grand que celui-ci : l'ensemble des nombres complexes, composé de tous les nombres réels ainsi que des nombres comportant une partie imaginaire.

Tous ces ensembles contiennent un nombre infini de nombres. À l'inverse, les ensembles sur lesquels nous avons travaillé avaient tous un nombre fini d'éléments ; c'est pourquoi la classe que nous utilisons s'appelle `FiniteSet` (ensemble fini).

Opérations sur les ensembles

Des opérations (union, intersection, produit cartésien) permettent de combiner les ensembles de certaines manières. Elles sont très utiles pour résoudre des problèmes mettant en jeu plusieurs ensembles. Plus tard dans ce chapitre, nous verrons comment utiliser ces opérations pour appliquer des formules à plusieurs ensembles de données et calculer les probabilités sur des événements aléatoires.

L'union et l'intersection

L'union de deux ensembles A et B, représentée par le symbole ∪, est un ensemble comportant tous les éléments distincts de A et de B. En d'autres termes, tout élément de A ∪ B est un élément soit de A, soit de B, soit des deux. Par exemple, {1,2} ∪ {2,3} résulte en un nouvel ensemble {1,2,3}. Avec `SymPy`, on utilise la méthode `union()`, qui retourne un ensemble contenant tous les éléments distincts des ensembles passés en paramètres :

```
>>> from sympy import FiniteSet
>>> s=FiniteSet(1,2,3)
>>> t=FiniteSet(2,4,6)
>>> s.union(t)
{1,2,3,4,6}
```

L'intersection de deux ensembles A et B, notée avec le symbole ∩, est un ensemble comportant tous les éléments communs à A et à B. Par exemple, l'intersection {1,2} ∩ {2,3} est l'ensemble à un seul élément {2}. Avec SymPy, nous utilisons la méthode intersect(), qui retourne un ensemble contenant les éléments présents dans les deux ensembles passés en paramètres :

```
>>> s=FiniteSet(1,2)
>>> t=FiniteSet(2,3)
>>> s.intersect(t)
{2}
```

Ces deux opérations peuvent être appliquées à plus de deux ensembles simultanément. Par exemple, voici comment faire l'union de trois ensembles :

```
>>> from sympy import FiniteSet
>>> s=FiniteSet(1,2,3)
>>> t=FiniteSet(2,4,6)
>>> u=FiniteSet(3,5,7)
>>> s.union(t).union(u)
{1,2,3,4,5,6,7}
```

De la même manière, voici comment trouver l'intersection de ces trois ensembles :

```
>>> s.intersect(t).intersect(u)
EmptySet()
```

Produit cartésien

Le produit cartésien de deux ensembles est un ensemble comprenant tous les couples qu'il est possible de former avec un élément pris dans chaque ensemble. Par exemple, le produit cartésien de {1,2} et {3,4} est {(1,3),(1,4),(2,3),(2,4)}. Avec SymPy, vous pouvez trouver le produit cartésien d'ensembles en utilisant l'opérateur de multiplication :

```
>>> from sympy import FiniteSet
>>> s=FiniteSet(1,2)
>>> t=FiniteSet(3,4)
>>> p=s*t
>>> p
{1,2}×{3,4}
```

Ceci crée le produit cartésien des deux ensembles s et t et le stocke dans le label p. Pour voir le détail des couples contenus dans p, affichons-les via une boucle « for » :

```
>>> for elem in p:
        print(elem
(1,3)
(1,4)
(2,3)
(2,4)
```

Chaque élément de ce produit est un tuple comprenant un élément du premier ensemble et un élément du second.
Le cardinal du produit cartésien est le produit des cardinaux des ensembles. Nous pouvons le vérifier avec Python :

```
>>> len(p)==len(s)*len(t)
True
```

Si nous appliquons l'opérateur puissance (**) à un ensemble, nous obtenons le produit cartésien de cet ensemble avec lui-même autant de fois que s'élève la puissance :

```
>>> from sympy import FiniteSet
>>> s=FiniteSet(1,2)
>>> p=s**3
>>> p
{1,2}×{1,2}×{1,2}
```

Nous avons ici calculé l'ensemble s à la puissance 3. Nous obtenons alors le produit cartésien de trois ensembles et celui-ci contient donc toutes les combinaisons possibles de triplets contenant un élément de chaque ensemble :

```
>>> for elem in p:
        print(elem)
(1,1,1)
(1,1,2)
(1,2,1)
(1,2,2)
(2,1,1)
(2,1,2)
(2,2,1)
(2,2,2)
```

Calculer le produit cartésien d'ensembles est utile lorsque nous cherchons toutes les combinaisons possibles d'éléments de ces ensembles.

Appliquer une formule à plusieurs ensembles de variables

Considérons un pendule simple de longueur L. La période d'oscillation T de ce pendule – c'est-à-dire le temps qu'il prend pour réaliser un balancement complet – est donnée par la formule suivante :

$$T = 2\pi\sqrt{\frac{L}{g}}\ .$$

Dans cette formule, π représente la constante mathématique et g est l'accélération gravitationnelle sur terre, qui est environ égale à 9,8 m/s^2. Comme π et g sont des constantes, la longueur L est la seule variable de la partie droite de l'équation.

Si vous souhaitez voir comment la période varie en fonction de la longueur du pendule, il faut la calculer pour plusieurs longueurs différentes. Une expérience classique au lycée est de comparer le résultat observé expérimentalement avec la valeur théorique issue de cette formule. Prenons, par exemple, cinq longueurs différentes : 15, 18, 21, 22,5 et 25 (toutes exprimées en centimètres). Avec Python, écrivons un rapide programme pour calculer les périodes correspondantes :

```
from sympy import FiniteSet, pi
❶ def temps_periode(long):
    g=9.8
    T=2*pi*(long/g)**0.5
    return T
if __name__=='__main__':
❷     L=FiniteSet(15,18,21,22.5,25)
    for l in L:
❸         t=temps_periode(l/100)
        print('Longueur : {0} cm Période : {1:.3f} s'.
format(float(l),float(t)))
```

Nous commençons par définir la fonction `temps_periode()` ❶. Elle applique la formule que nous venons de voir à la longueur `long` passée en argument. Notre programme définit ensuite en ❷ un ensemble comprenant différentes longueurs et applique en ❸ la fonction `temps_periode()` à chacune d'entre elles. Notez que les longueurs placées en argument de la fonction `temps_periode()` sont divisées par 100 ; en effet, nous convertissons les longueurs en mètres, afin qu'elles soient homogènes avec l'accélération gravitationnelle exprimée en m/s^2. Nous finissons par afficher la valeur calculée. Lorsque vous lancez ce programme, vous devez voir le texte suivant s'afficher :

```
Longueur : 15.0 cm Période : 0.777 s
Longueur : 18.0 cm Période : 0.852 s
Longueur : 21.0 cm Période : 0.920 s
Longueur : 22.5 cm Période : 0.952 s
Longueur : 25.0 cm Période : 1.004 s
```

Des résultats différents pour des gravités différentes

Imaginons maintenant que la même expérience soit effectuée dans plusieurs lieux différents : à Brisbane en Australie, au pôle nord et à l'équateur. La force de la gravité varie très légèrement en fonction de votre latitude : elle est légèrement plus faible à l'équateur (environ 9,78 m/s^2) et légèrement plus importante au pôle nord (9,83 m/s^2). Ceci signifie que nous pouvons voir l'accélération gravitationnelle de notre formule comme une variable plutôt qu'une constante et calculer les résultats pour les trois valeurs de `g` : {9,8, 9,78, 9,83}.

Afin de calculer la période du pendule pour chacune des cinq longueurs et des trois accélérations, nous allons devoir prendre le produit cartésien des deux ensembles :

```
from sympy import FiniteSet, pi
def temps_periode(long,g):
    T=2*pi*(long/g)**0.5
    return T
if __name__=='__main__':
    L=FiniteSet(15,18,21,22.5,25)
    g_valeurs=FiniteSet(9.8,9.78,9.83)
❶   print('{0:^15}{1:^15}{2:^15}'.format('Longueur (cm)', 'Gravité (m/s^2)',
    'Période(s)'))
❷   for elem in L*g_valeurs:
❸       l=elem[0]
❹       g=elem[1]
        t=temps_periode(l/100,g)
❺       print('{0:^15}{1:^15}{2:^15.3f}'.format(float(l),float(g),
        float(t)))
```

En ❷, nous faisons le produit cartésien des deux ensembles de variables, `L` et `g_valeurs`, puis nous calculons la valeur de la période pour chaque combinaison des éléments de ces deux ensembles. Chacune de ces combinaisons est représentée par un tuple dont nous extrayons la première valeur, la longueur, en ❸ et la seconde valeur, la gravité, en ❹. Puis, comme précédemment, nous appelons la fonction `temps_periode()` avec ces deux valeurs en argument et affichons la longueur (`l`), la gravité (`g`) et la période correspondante (`T`).

Le résultat est présenté sous forme de tableau afin qu'il soit simple à comprendre. L'affichage du tableau est codé par les instructions `print` en ❶ et ❺. L'expression `{0:^15}{1:^15}{2:^15}` crée trois colonnes larges de 15 espaces et le symbole `^` centre le texte de ces colonnes. À la dernière instruction `print` en ❺, l'expression `'.3f'` limite à 3 décimales les nombres affichés. Lorsque vous exécutez le programme, vous devez voir le résultat suivant s'afficher :

```
Longueur (cm) Gravité (m/s^2)  Période (s)
     15.0          9.78           0.778
     15.0           9.8           0.777
     15.0          9.83           0.776
     18.0          9.78           0.852
```

```
18.0          9.8          0.852
18.0          9.83         0.850
21.0          9.78         0.921
21.0          9.8          0.920
21.0          9.83         0.918
22.5          9.78         0.953
22.5          9.8          0.952
22.5          9.83         0.951
25.0          9.78         1.005
25.0          9.8          1.004
25.0          9.83         1.002
```

Ceci est un exemple simple de scénario dans lequel nous avons eu besoin de trouver toutes les combinaisons possibles des éléments de deux ensembles. Dans cette situation, le produit cartésien est un outil idéal.

Probabilités

Les ensembles nous permettent aussi de définir certains concepts à la base des probabilités. Commençons par quelques définitions.

- **Expérience.** L'expérience est, tout simplement, le test que nous souhaitons réaliser car nous sommes intéressés par la probabilité des résultats. Lancer un dé, lancer une pièce et tirer une carte dans un jeu sont des exemples d'expériences. On appelle essai le fait de réaliser une fois l'expérience.
- **Espace de probabilité.** L'ensemble des résultats possibles est appelé espace de probabilité et couramment noté S dans les formules. Par exemple, lorsqu'un dé à six faces est lancé, l'espace de probabilité est {1,2,3,4,5,6}.
- **Événement.** Un événement est un ensemble de résultats possibles dont nous voulons calculer la probabilité. Cela forme un sous-ensemble de l'espace de probabilité. Par exemple, nous pouvons imaginer vouloir connaître la probabilité d'un résultat particulier, comme obtenir un 3, ou la probabilité d'un ensemble de plusieurs résultats, comme obtenir un nombre pair (2, 4 ou 6). Nous utiliserons la lettre E dans nos formules pour se référer à un événement.

Si la probabilité suit une loi de répartition uniforme – c'est-à-dire si chaque résultat est équiprobable – alors la probabilité d'un événement P(E) est calculée avec la formule suivante :

$$P(E) = \frac{n(E)}{n(S)}.$$

n(E) et n(S) représentent respectivement les cardinaux des ensembles E, l'événement, et S, l'espace de probabilité. La valeur de P(E) varie entre 0 et 1 et plus sa valeur est importante, plus l'événement a de chances de se produire.

Nous pouvons appliquer cette formule à un dé pour calculer la probabilité d'obtenir un nombre précis – disons 3 :

$$S = \{1, 2, 3, 4, 5, 6\}$$
$$E = \{3\}$$
$$n(S) = 6$$
$$n(E) = 1$$
$$P(E) = \frac{1}{6}$$

Ceci confirme ce qui paraît évident : la probabilité d'obtenir un nombre particulier est de 1/6. Vous auriez facilement pu réaliser cette opération mentalement, mais cette formule va nous aider à écrire des fonctions de Python calculant la probabilité d'un événement quelconque, `evenement`, dans n'importe quel espace de probabilité, `espace` :

```
def probabilite(espace,evenement):
    return len(evenement)/len(espace)
```

Dans cette fonction, les deux arguments `espace` et `evenement` ne doivent pas nécessairement être des ensembles créés avec `Finiteset`. Ils peuvent être des listes ou n'importe quel objet de Python reconnu par la fonction `len()`. À l'aide de cette fonction, écrivons un programme pour trouver la probabilité d'obtenir un nombre premier sur un dé à 20 faces :

```
def probabilite(espace,evenement):
    return len(evenement)/len(espace)
❸ def verif_premier(nombre):
    if nombre!=1:
        for facteur in range(2,nombre):
            if nombre%facteur==0:
                return False
    else:
        return False
    return True
if __name__=='__main__':
❶   espace=FiniteSet(*range(1,21))
    premiers=[]
    for nomb in s:
❷       if verif_premier(nomb):
            premiers.append(nomb)
❹   evenement=FiniteSet(*premiers)
    p=probabilite(espace,evenement)
    print('Espace de probabilité : {0}'.format(espace))
    print('Evénement : {0}'.format(evenement))
    print('Probabilité d'obtenir un nombre premier : {0:.5f}'.format(p))
```

Nous créons d'abord un ensemble représentant l'espace de probabilité `espace` à l'aide de la fonction `range()` en ❶. Pour créer l'ensemble événement, nous devons d'abord trouver quels sont les nombres premiers ; c'est pourquoi nous définissons la fonction `verif_premier()` en ❸. Elle prend un entier en entrée et vérifie s'il est divisible par un nombre com-

pris entre 2 et lui-même. S'il l'est, la fonction retourne `False`. Un nombre est premier s'il n'est divisible que par 1 et par lui-même. Ainsi, lorsque la fonction retourne `True`, c'est que le nombre est premier.
Nous appelons cette fonction sur chaque nombre de l'espace de probabilité en ❷ et ajoutons les nombres premiers que l'on trouve à la liste `premiers`. Nous créons alors notre ensemble `evenement` depuis cette liste en ❹. Finalement, nous appelons la fonction `probabilite()` que nous avons créée plus tôt. Lorsque nous exécutons le programme, nous obtenons le résultat suivant :

```
Espace de probabilité : {1,2,3,4,5,6,7,8,9,10,11,12,13,14,15,16,17,18,19,20}
Evénement : {2,3,5,7,11,13,17,19}
Probabilité d'obtenir un nombre premier : 0.40000
```

Dans ce cas, $n(E) = 8$ et $n(S) = 20$ et la probabilité `P` est donc 0,4.
Il n'était pas vraiment nécessaire de créer des ensembles, nous aurions pu appeler la fonction `probabilite()` avec les listes :

```
if __name__=='__main__':
    espace=range(1,21)
    premiers=[]
    for nomb in espace:
        if verif_premier(nomb):
            premiers.append(nomb)
p=probabilite(espace,premiers)
```

La fonction `probabilite()` fonctionne très bien dans ce cas.

Probabilité de l'événement A ou B

Supposons que nous soyons intéressés par deux événements et que nous souhaitions trouver la probabilité que l'un ou l'autre advienne. Par exemple, sur un dé à six faces, considérons les deux événements suivants.

`A`=Le nombre est premier.

`B`=Le nombre est impair.

Comme précédemment, l'espace de probabilité `S` est {1,2,3,4,5,6}. L'événement `A` peut être représenté comme le sous-ensemble {2,3,5} et `B` comme {1,3,5}. Pour connaître la probabilité que l'un ou l'autre des événements advienne, calculons la probabilité de l'union des deux ensembles. Dans notre notation, nous pourrions écrire :

$$E = \{2, 3, 5\} \cup \{1, 3, 5\} = \{1, 2, 3, 5\}$$

$$P(E) = \frac{n(E)}{n(S)} = \frac{4}{6} = \frac{2}{3}$$

Effectuons ce calcul en Python :

```
>>> from sympy import FiniteSet
>>> s=FiniteSet(1,2,3,4,5,6)
>>> a=FiniteSet(2,3,5)
```

```
>>> b=FiniteSet(1,3,5)
❶ >>> e=a.union(b)
>>> len(e)/len(s)
0.6666666666666666
```

Nous créons d'abord un ensemble s représentant l'espace de probabilité, puis les deux ensembles a et b. En ❶, nous utilisons la méthode `union()` pour trouver l'ensemble correspondant à notre événement. Finalement, nous calculons la probabilité de l'union des deux ensembles en utilisant la formule que nous avons vue plus tôt.

Probabilité de l'événement A et B

Imaginons que nous ayons deux événements et que souhaitions savoir les chances que ces événements se réalisent tous les deux – par exemple, la chance que le nombre obtenu en lançant un dé soit premier et impair. Il suffit de calculer la probabilité de l'intersection des deux événements :

$$E = A \cap B = \{2, 3, 5\} \cap \{1, 3, 5\} = \{3, 5\}$$

Nous pouvons calculer la probabilité que A et B adviennent en utilisant la méthode `intersect()` de manière similaire à l'union :

```
>>> from sympy import FiniteSet
>>> s=FiniteSet(1,2,3,4,5,6)
>>> a=FiniteSet(2,3,5)
>>> b=FiniteSet(1,3,5)
>>> e=a.intersect(b)
>>> len(e)/len(s)
0.3333333333333333
```

Générer des nombres aléatoires

Les concepts de probabilité nous permettent de calculer les chances d'occurrence d'un événement. Pour simuler de tels événements – comme un lancer de dé – à l'aide d'un programme informatique, nous avons besoin de générer des nombres aléatoires.

Simuler un lancer de dé

Pour simuler le lancer d'un dé à 6 faces, nous devons générer un nombre aléatoire compris entre 1 et 6. Le module `random` de la bibliothèque standard de Python contient plusieurs fonctions dont le rôle est de générer des nombres aléatoires. Deux des fonctions que nous allons utiliser dans ce chapitre sont `randint()`, qui génère un entier aléatoire dans un intervalle donné, et la fonction `random()`, qui crée un réel aléatoire entre 0 et 1. Voyons rapidement comment la fonction `randint()` fonctionne :

```
>>> import random
>>> random.randint(1,6)
4
```

La fonction randint() prend deux entiers en argument et retourne un entier aléatoire compris entre ces deux nombres (ceux-ci étant inclus). Dans cet exemple, nous avons donné l'intervalle (1,6) et la fonction nous a retourné le nombre 4, mais si nous l'appelons une nouvelle fois, il est fort probable que nous obtenions un nombre différent :

```
>>> random.randint(1,6)
6
```

À chaque fois que nous appelons cette fonction, nous obtenons un nombre compris entre 1 et 6, exactement comme lorsqu'on lance un dé à six faces. Notez que, lorsque vous utilisez cette fonction, vous devez nécessairement mettre le plus petit nombre en premier et que, par conséquent, randint(6,1) est une commande invalide.

Pouvez-vous obtenir ce score ?

Notre prochain programme va simuler un jeu très simple dans lequel nous lançons un dé jusqu'à obtenir un score total de 20 :

```
'''
Lance un dé jusqu'à ce que le score total soit 20
'''
import matplotlib.pyplot as plt
import random
score_cible=20
def lancer():
    return random.randint(1,6)
if __name__=='__main__':
    score=0
    nomb_lancers=0
❶   while score<score_cible:
        lancer_de=lancer()
        nomb_lancers+=1
        print('Vous avez obtenu : {0}'.format(de_lancer))
        score+=lancer_de
    print('Le score de {0} a été obtenu en {1} lancers.'.format(score,nomb_
    lancers))
```

Nous commençons par définir la fonction lancer() que nous avons écrite plus tôt. Puis nous utilisons une boucle « while » en ❶ pour appeler cette fonction, se souvenir du nombre de lancers, afficher le résultat du lancer actuel et additionner les scores. La boucle se répète jusqu'à ce que la somme atteigne plus de 20 et le programme affiche alors le score total et le nombre de lancers.

Voici un exemple d'exécution :

```
Vous avez obtenu : 6
Vous avez obtenu : 2
Vous avez obtenu : 5
Vous avez obtenu : 1
Vous avez obtenu : 3
```

```
Vous avez obtenu : 4
Le score de 21 a été obtenu en 6 lancers.
```

Si vous lancez le programme plusieurs fois, vous remarquerez que le nombre de lancers nécessaires pour obtenir 20 varie.

Le score est-il atteignable ?

Notre prochain programme est très similaire, à la différence qu'il nous renseigne sur la probabilité d'atteindre un certain score en un certain nombre de lancers :

```
from sympy import FiniteSet
import random
def trouve_prob(score_cible,lancers_max):
    taille_des=FiniteSet(1,2,3,4,5,6)
    # Espace de probabilité
❶   s=taille_des**lancers_max
    # Trouve l'ensemble événement
    if lancers_max>1:
        lancers_fructueux=[]
❷       for elem in s:
            if sum(elem)>=score_cible:
❸               lancers_fructueux.append(elem)
    else:
        if score_cible>6:
            lancers_fructueux=[]
        else:
            lancers_fructueux=[]
            for lancer in taille_des:
❹               if lancer>=score_cible:
                    lancers_fructueux.append(lancer)
❺   e=FiniteSet(*lancers_fructueux)
    # Calcule la probabilité d'obtenir le score ciblé
    return len(e)/len(s)
if __name__=='__main__':
    score_cible=int(input('Entrer le score ciblé : '))
    lancers_max=int(input('Entrer le nombre maximum de lancers : '))
    p=trouve_prob(score_cible,lancers_max)
    print('Probabilité:  {0:.5f}'.format(p))
```

Lorsque vous exécutez ce programme, il vous demande quel est le score ciblé et combien de lancers sont permis, puis il vous affiche la probabilité d'obtenir ce score.
Voici un exemple d'exécution :

```
Entrer le score ciblé : 25
Entrer le nombre maximum de lancers : 4
Probabilité :  0.00000
Entrer le score ciblé : 25
Entrer le nombre maximum de lancers : 5
Probabilité : 0.03241
```

Essayons de comprendre comment fonctionne la fonction `trouve_prob()`. L'espace de probabilité est ici le produit cartésien `taille_deslancers_max` ❶, où `taille_des` est l'ensemble {1,2,3,4,5,6} représentant les nombres des faces du dé et `lancers_max` est le nombre maximum de lancers autorisés.

L'événement est l'ensemble des ensembles de l'espace de probabilité dont la somme des nombres dépasse le score ciblé. Nous avons ici deux cas : lorsque le nombre de lancers restants est supérieur à 1 et lorsque nous sommes au dernier lancer. Dans le premier cas, en ❷, nous parcourons tous les tuples du produit cartésien et ajoutons à la liste `lancers_fructueux` ceux dont la somme des éléments est supérieure à `score_cible`. Le second cas est un peu spécial : l'ensemble de probabilité est seulement {1,2,3,4,5,6} et nous n'avons qu'un seul lancer restant. Si la valeur du score ciblé est plus grande que 6, il n'y a aucune chance de l'obtenir sur ce lancer et `lancers_fructueux` est donc un `ensemble` vide ❸. Si, en revanche, `score_cible` est inférieur ou égal à 6, nous regardons chaque lancer possible et ajoutons ceux qui sont supérieurs ou égaux à `score_cible` en ❹.

En ❺, nous calculons l'ensemble événement `e` à partir de la liste `lancers_fructueux` que nous venons de construire et retournons la probabilité d'atteindre le score ciblé.

Loi de probabilité non uniforme

Jusqu'ici, nous avons supposé que les chances d'obtenir chaque élément de l'ensemble de probabilité étaient toutes équivalentes. La fonction `random.randint()`, dans la même idée, retourne un entier compris dans l'intervalle spécifié en partant du principe que chaque entier a autant de chance d'être retourné que les autres. Nous disons alors que la probabilité suit une loi de répartition uniforme et que les nombres générés par la fonction `randint()` sont équiprobables. Imaginons maintenant que nous voulions simuler un lancer de pièce truquée – une pièce pour laquelle le côté face est deux fois plus probable que le côté pile. Nous aurons alors besoin de générer des nombres aléatoires qui ne sont équiprobables.

Avant d'écrire un tel programme, rappelons les concepts qui s'appliquent à une telle situation.

Considérons la section de la droite des réels allant de 0 à 1, qu'on divise en deux intervalles égaux (figure 5-1).

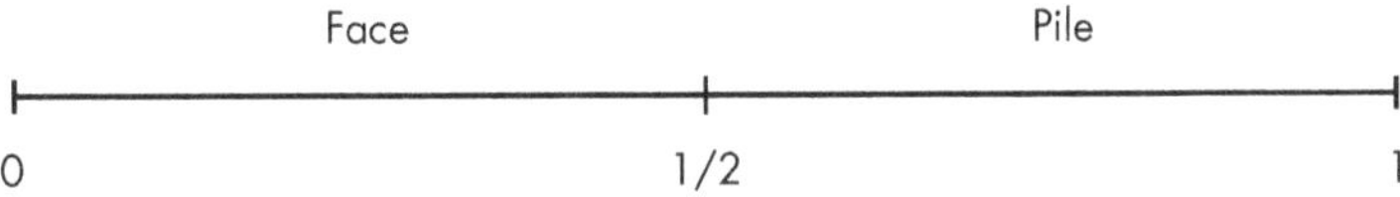

Figure 5-1 : Section de la droite des réels allant de 0 à 1, divisée en deux intervalles égaux, représentant les probabilités des côtés pile et face d'une pièce de monnaie

Appelons ce segment la ligne de distribution des probabilités, dont chaque partie représente un résultat éventuel – par exemple, face ou pile pour une pièce de monnaie. Dans la figure 5-2, nous considérons une version différente de cette ligne.

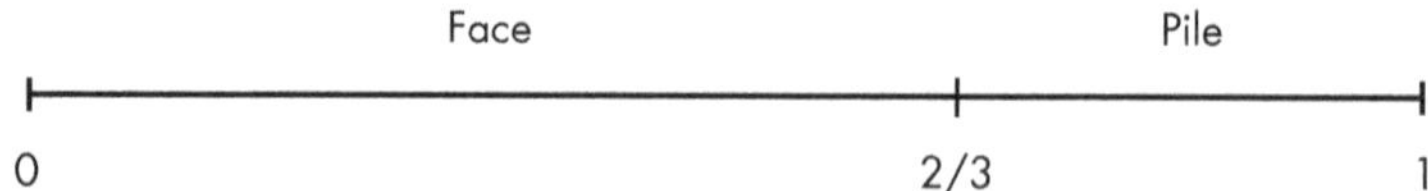

Figure 5-2 : Section de la droite des réels allant de 0 à 1, divisée en deux intervalles inégaux, représentant les probabilités des côtés pile et face d'une pièce de monnaie truquée

La division de la ligne correspond maintenant à 2/3 du segment total pour face et 1/3 pour pile. Ceci représente la situation pour la pièce truquée telle que 2/3 du temps elle retombera sur face et 1/3 du temps sur pile. La fonction suivante simule un tel lancer de pièce, en considérant la probabilité inégale pour chacun des résultats :

```
import random
def lancer():
    # 0->Face, 1->Pile
❶   if random.random()<2/3
        return 0
    else:
        return 1
```

Nous supposons que la fonction retourne `0` pour indiquer face et `1` pour indiquer pile. Nous générons en ❶ un nombre aléatoire compris entre 0 et 1 à l'aide de la fonction `random.random()`. Si ce nombre est inférieur à 2/3, le programme retourne `0` (face) ; sinon, il retourne `1` (pile).

Voyons maintenant comment généraliser la fonction précédente pour simuler un événement non uniforme pour davantage de résultats possibles. Considérons un distributeur automatique fictif distribuant des billets de 5, 10, 20 ou 50 euros lorsque l'on presse un bouton. Les différents billets n'ont pas les mêmes probabilités d'être distribués (figure 5-3).

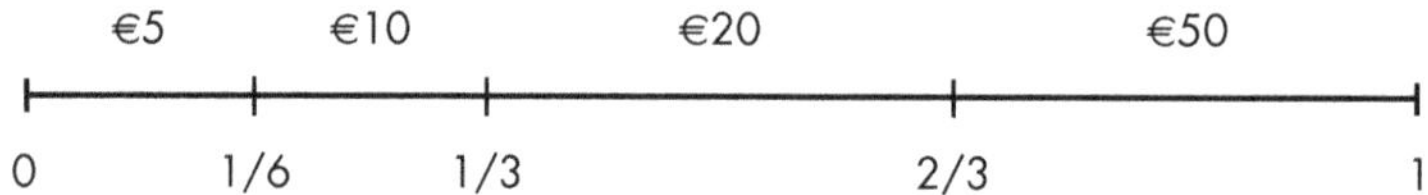

Figure 5-3 : Section de la droite des réels allant de 0 à 1, divisée en quatre intervalles de longueurs différentes représentant la probabilité de distribuer les différents billets.

Ici, la probabilité d'obtenir un billet de 5 euros et celle d'obtenir un billet de 10 euros sont égales à 1/6 et les probabilités d'obtenir un billet de 20 euros ou de 50 euros sont de 1/3 chacune.

Nous créons une liste pour stocker les valeurs des intervalles de probabilité, puis nous générons un nombre aléatoire entre 0 et 1. Nous commençons par la gauche de cette liste et retournons le premier index pour lequel la valeur est inférieure ou égale au nombre généré. La fonction `obt_index()` qui suit permet de réaliser cette opération :

```
'''
Simule un distributeur automatique fictif distribuant différents billets
avec une probabilité variable
'''
import random
def obt_index(probabilite):
    c_probabilite=0
❶   somme_probabilite=[]
    for p in probabilite:
        c_probabilite+=p
        somme_probabilite.append(c_probabilite)
❷   r=random.random()
    for index,sp in enumerate(somme_probabilite):
❸   if r<=sp:
        return index
❹   return len(probabilite)-1
def distrib():
    billets=[5,10,20,50]
    probabilite=[1/6,1/6,1/3, 1/3]
    billet_index=obt_index(probabilite)
    return billets[billet_index]
```

Nous appelons la fonction `obt_index()` avec, en argument, la liste contenant les probabilités des événements rangées dans le même ordre que les billets dans l'autre liste. Nous construisons ensuite en ❶ la liste `somme_probabilite`, dans laquelle le i-ème élément est la somme des i premiers éléments de la liste `probabilite`. Ainsi, le premier élément de `somme_probabilite` est égal au premier élément de `probabilite`, le second est égal à la somme des deux premiers éléments de `probabilite` et ainsi de suite. En ❷, un nombre aléatoire contenu entre 0 et 1 est généré et stocké dans le label `r`. Puis, en ❸, nous parcourons la liste `somme_probabilite` et retournons l'index du premier élément supérieur à `r`.

La dernière ligne de la fonction, en ❹, s'occupe d'un cas spécial que nous allons illustrer par un exemple. Considérons une liste de trois événements dont les chances d'occurrence sont toutes de 0,33. Dans ce cas, la liste `somme_probabilite` ressemblerait à [0.33,0.66,0.99]. Considérons maintenant que le nombre aléatoirement généré `r` est 0.99314. Pour cette valeur de `r`, nous voudrions que le dernier élément de la liste soit choisi. On pourrait débattre sur ce point car alors le dernier événement aurait 0,34 pourcent de chances d'être sélectionné et non plus 0,33. Dans ce cas, aucun élément de `somme_probabilite` n'est supérieur à `r` et la fonction ne retournerait donc aucun index selon la condition en ❸. L'instruction en ❹ prend en charge un tel cas et retourne le dernier index.

Si vous appelez la fonction `distrib()` pour simuler un grand nombre de billets distribués par le distributeur automatique, vous voyez que le pourcentage d'apparition de chaque devise s'approche de sa probabilité. Nous verrons l'utilité de ce fait lorsque nous travaillerons sur les fractales dans le prochain chapitre.

Ce que vous avez appris

Dans ce chapitre, nous avons commencé par apprendre comment représenter un ensemble en Python. Nous avons ensuite parlé de plusieurs concepts autour des ensembles et appris ce que sont l'union, l'intersection et le produit cartésien. Nous avons alors appliqué certains de ces concepts pour explorer quelques notions à la base des probabilités et, finalement, nous avons vu comment simuler des lois de distribution uniforme et non uniforme dans nos programmes.

Défis de programmation

Nous allons maintenant vous proposer quelques défis pour vous donner l'occasion d'appliquer ce que vous avez appris dans ce chapitre.

#1 - Utiliser des diagrammes de Venn pour visualiser des relations entre ensembles

Le diagramme de Venn est un outil graphique très pratique pour observer les relations entre différents ensembles. Il vous indique combien d'éléments deux ensembles ont en commun, combien n'appartiennent qu'à un seul ensemble et combien ne sont ni dans l'un ni dans l'autre. Considérons l'ensemble A des nombres impairs positifs inférieurs à 20 ({1,3,5,7,9,11,13,15,17,19}) et l'ensemble B des nombres premiers inférieurs à 20 ({2,3,5,7,11,13,17,19}). Nous pouvons dessiner des diagrammes de Venn sur Python à l'aide de la bibliothèque `maplotlib_venn` :
Voir l'annexe A pour l'installation de cette bibliothèque.

```
'''
Dessine le diagramme de Venn de deux ensembles
'''
from matplotlib_venn import venn2
import matplotlib.pyplot as plt
from sympy import FiniteSet
def dess_venn(ens):
    venn2(subsets=ens)
    plt.show()
if __name__=='__main__':
    s1=FiniteSet(1,3,5,7,9,11,13,15,17,19)
    s2=FiniteSet(2,3,5,7,11,13,17,19)
    dess_venn([s1,s2])
```

Une fois tous les modules et fonctions importés, il ne reste plus qu'à créer deux ensembles et appeler la fonction `venn2()` en utilisant le mot-clé `subsets` en argument pour préciser que les ensembles sont stockés dans un tuple. La figure 5-4 montre le diagramme de Venn créé par le programme précédent. Les ensembles A et B partagent sept éléments et le chiffre 7 est donc indiqué dans la partie commune aux deux disques. Chaque ensemble contient aussi des éléments qui leur sont exclusifs – 3 dans un ensemble et 1 dans l'autre – et dont le nombre est affiché dans les parties individuelles des disques. Les labels en dessous des deux ensembles sont A et B. Vous pouvez changer ces labels en utilisant le mot-clé set_labels en argument de la fonction venn2() :

```
>>> venn2(subsets=(a,b),set_labels=('S','T'))
```

Ceci changerait les noms des ensembles en S et T.

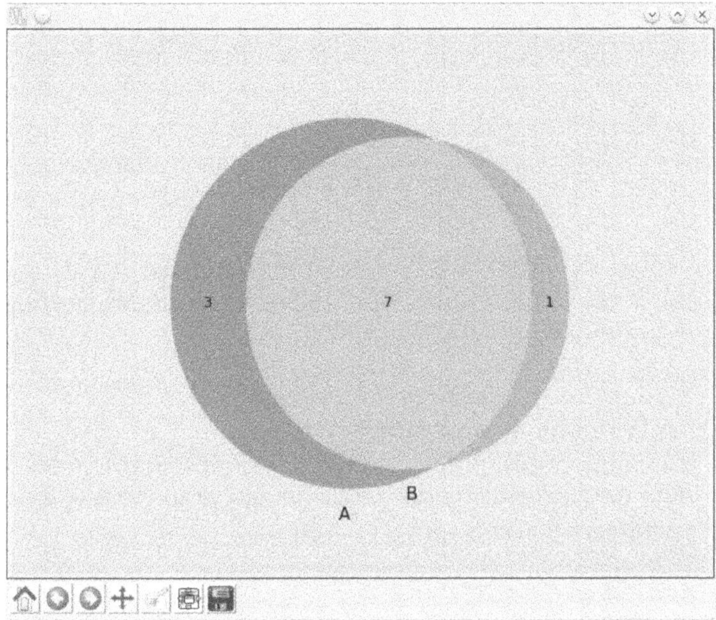

Figure 5-4 : Un diagramme de Venn montrant la relation entre deux ensembles A et B

Pour votre défi, imaginez que vous avez créé un questionnaire en ligne posant la question suivante à vos camarades de classe : « Pratiquez-vous le football, un autre sport, ou pas de sport ? » Une fois que vous avez le résultat, créez un fichier sports.csv ressemblant à cela :

```
IDetudiant,Football,Autres
1,1,0
2,1,1
3,0,1
etc.
```

Créez 20 lignes de la sorte pour les 20 élèves de votre classe. La première colonne est l'identifiant de l'étudiant (le questionnaire n'est pas anonyme), la seconde colonne affiche 1 si l'étudiant a coché « football » et la troisième colonne affiche 1 si l'élève pratique d'autres sports ou aucun sport du tout.

Écrivez un programme pour créer le diagramme de Venn représentant les résultats de l'enquête dont la figure 5-5 est un exemple.

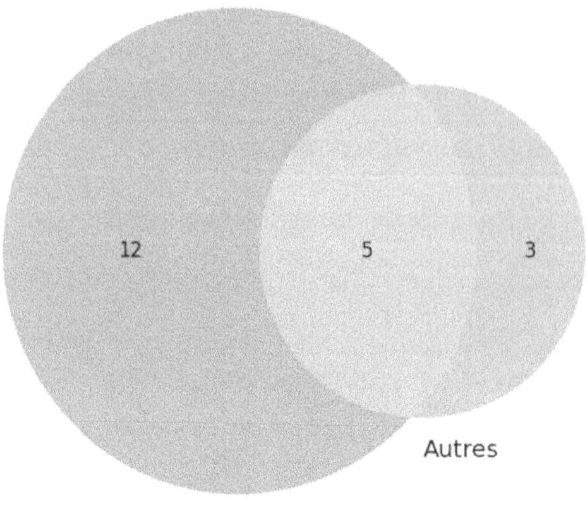

Figure 5-5 : Un diagramme de Venn montrant le nombre d'étudiants pratiquant le football et ceux qui pratiquent d'autres sports

En fonction des données contenues dans le fichier `sports.csv`, les nombres sur le graphique vont varier.
La fonction suivante lit un fichier CSV et retourne deux listes correspondant aux identifiants des étudiants qui pratiquent le football et ceux qui pratiquent d'autres sports :

```
def lire_csv(nomficher):
    football=[]
    autres=[]
    with open(nomfichier) as f:
        lecteur=csv.reader(f)
        next(lecteur)
        for ligne in lecteur:
            if ligne[1]=='1':
                football.append(row[0])
            if ligne[2]=='1':
                autres.append(row[0])
    return football,autres
```

#2 - Loi des grands nombres

Nous avons vu deux exemples de situations aléatoires que sont le lancer d'un dé et celui d'une pièce, que l'on a simulés en tirant des nombres aléatoires. Nous avons utilisé le terme événement pour se référer à l'obtention d'un nombre sur un lancer de dé ou l'obtention d'un pile ou d'un face sur un lancer de pièce, avec, pour chaque résultat éventuel, une probabilité associée. En probabilité, une variable aléatoire – souvent notée `X` – décrit un événement. Par exemple, `X=1` décrit l'événement « j'ai obtenu un 1 » et `P(X=1)` décrit la probabilité associée. Il y a deux types de variables aléatoires :

- les variables aléatoires discrètes, qui ne prennent que des valeurs entières (les seules que nous utiliserons dans ce chapitre) ;
- les variables aléatoires continues qui, comme leur nom l'indique, peuvent prendre n'importe quelle valeur réelle.

L'espérance E d'une variable aléatoire discrète est l'équivalent de la moyenne que nous avons vue au chapitre 3. L'espérance peut être calculée de la manière suivante :

$$E = x1P(x1) + x2P(x2) + x3P(x3) + \ldots + xnP(xn)$$

Ainsi, pour un dé à six faces, l'espérance d'un lancer est calculée ainsi :

```
>>> e=1*(1/6)+2*(1/6)+3*(1/6)+4*(1/6)+5*(1/6)+6*(1/6)
>>> e
3.5
```

D'après la loi des grands nombres, la valeur moyenne des résultats sur plusieurs lancers tend vers l'espérance lorsque le nombre de lancers augmente. Votre défi, ici, sera de vérifier cette loi sur un dé à six faces pour les nombres de lancers suivants : 100, 1 000, 10 000, 100 000, 500 000. Voici un exemple d'exécution de votre programme final :

```
Valeur attendue : 3.5
Lancers : 100      Moyenne : 3.39
Lancers : 1000     Moyenne : 3.576
Lancers : 10000    Moyenne : 3.5054
Lancers : 100000   Moyenne : 3.50201
Lancers : 500000   Moyenne : 3.495568
```

#3 - Combien de lancers de pièce avant de n'avoir plus d'argent ?

Considérons un jeu simple dans lequel on lance une pièce. Le joueur gagne 1 euro à chaque face et perd 1,5 euros pour chaque pile. Le jeu s'arrête lorsque le joueur n'a plus d'argent. Pour une certaine mise de départ saisie par l'utilisateur, votre défi sera d'écrire un programme simulant ce jeu. Vous supposerez qu'il n'y a aucune limite de gain. Voici, en exemple, ce à quoi ressemblerait une partie de ce jeu :

```
Entrez votre mise de base : 10
Pile !  Somme actuelle : 8.5
Pile !  Somme actuelle : 7.0
Pile !  Somme actuelle : 5.5
Pile !  Somme actuelle : 4.0
Pile !  Somme actuelle : 2.5
Face !  Somme actuelle : 3.5
Pile !  Somme actuelle : 2.0
Pile !  Somme actuelle : 0.5
Pile !  Somme actuelle : -1.0
Perdu : Somme actuelle : -1.0 Lancers : 9
```

#4 - Mélanger un paquet de cartes

Considérons un paquet classique de 52 cartes. Votre défi sera d'écrire un programme pour simuler le fait de battre les cartes. Pour que l'implémentation reste simple, vous pouvez utiliser les entiers 1, 2, 3,..., 52 pour représenter les cartes du paquet. À chaque fois que vous lancerez le programme, celui-ci devra vous retourner un paquet de cartes mélangé – dans notre cas, ce sera une liste mélangée d'entiers.
Voici un résultat possible de votre programme :

```
[3,9,21,50,32,4,20,52,7,13,41,25,49,36,23,45,1,22,40,19,2,35,28,3
0, 39,44,29,38,48,16,15,18,46,31,14,33,10,6,24,5,43,47,11,34,37,27,8,
17,51,12,42,26]
```

Le module `random` de la bibliothèque standard de Python possède une fonction `shuffle()` qui réalise cette opération :

```
>>> import random
>>> x=[1,2,3,4]
❶ >>> random.shuffle(x)
>>> x
[4,2,1,3]
```

La fonction `shuffle()` ❶, à laquelle on donne en argument la liste à mélanger, renvoie une liste contenant les mêmes éléments, mais dans un autre ordre.
Si maintenant nous désirons utiliser ce programme sur un « vrai » jeu de cartes, il ne suffit pas de mélanger une liste d'entiers. Vous devrez aussi être capable de retrouver la couleur et le numéro des cartes. Une façon de faire cela est de créer une classe de Python représentant les cartes du paquet :

```
class Carte:
    def __init__(self,couleur,rang):
        self.couleur=couleur
        self.rang=rang
```

Pour représenter un as de trèfle, par exemple, il faut créer un objet carte, `carte1=Carte('trèfle','as')`. Faites de même pour chaque autre carte, puis mélangez le paquet. Le programme devra afficher un message ressemblant au suivant :

```
10 de pique
6 de trèfle
valet de pique
9 de pique
etc.
```

#5 - Estimer la surface d'un disque

Considérons une cible de fléchettes avec un cercle de rayon `r` inscrit dans un carré de côté `2r`. Admettons maintenant que vous commenciez à lancer des fléchettes sur la cible. Un certain nombre d'entre elles vont toucher le disque, nombre que nous allons appeler `N`, et le reste `M` sera en dehors du disque. Si nous considérons la fraction des fléchettes ayant été lancées à l'intérieur du disque,

$$f = \frac{N}{N + M} ,$$

alors la valeur de *fA*, où A est l'aire du carré, devrait s'approcher de l'aire du disque (voir figure 5-6). Les fléchettes sont représentées par les points sur la figure. Nous appellerons la valeur *fA aire estimée du disque.* La vraie aire est, évidemment, πr^2.

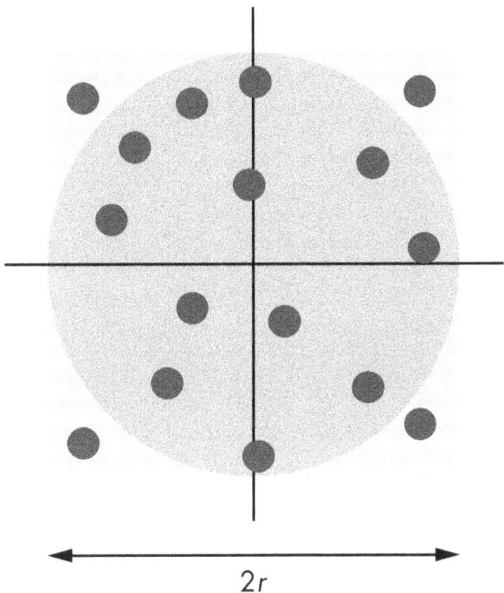

Figure 5-6 : Un disque de rayon r inscrit dans un carré de côté 2r. Les points représentent des fléchettes lancées aléatoirement sur la cible.

Pour ce défi, écrivez un programme estimant l'aire du disque pour un certain rayon via cette approche. Le programme devra afficher la valeur approchée pour trois nombres différents de lancers de fléchettes : 10^3, 10^5 et 10^6. Vous verrez que plus le nombre de lancers augmente, plus la valeur estimée est proche de la valeur réelle.

Voici un exemple d'exécution du programme :

```
Rayon : 2
Aire : 12.566370614359172, Estimée (1000 fléchettes) : 12.576
Aire : 12.566370614359172, Estimée (100000 fléchettes) : 12.58176
Aire : 12.566370614359172, Estimée (1000000 fléchettes) : 12.560128
```

Les lancers de fléchettes peuvent être simulés en utilisant la fonction `random.uniform(a,b)` qui retourne un nombre aléatoire compris entre `a` et `b`. Dans ce cas, utilisez les valeurs `a=0` et `b=2r` (le côté du carré).

Estimer la valeur de pi

Considérons, une fois encore, la figure 5-6. L'aire du carré est `4r2` et l'aire du cercle inscrit est `πr2`. Si nous divisons l'aire du cercle par celle du carré, nous obtenons `π/4`. La fraction `f` que nous avons calculée précédemment, $f = \frac{N}{N + M}$, est donc une approximation de `π/4`, ce qui équivaut à dire que $4\frac{N}{N + M}$ est une approximation de π. Votre dernier défi sera d'écrire un programme estimant la valeur de π à partir de n'importe quel rayon `r`. Plus vous augmenterez le nombre de fléchettes, plus la valeur estimée de π sera proche de la valeur réelle de cette constante.

6

TRACER DES FIGURES GÉOMÉTRIQUES ET DES FRACTALES

Dans ce chapitre, nous allons découvrir de nouvelles fonctions issues de la bibliothèque `matplotlib` servant à tracer des figures géométriques comme des cercles, des triangles ou des polygones. Nous apprendrons ensuite comment créer des animations, notamment celle d'un projec- tile, une fois encore à l'aide de `matplotlib`. Enfin, dans la dernière section du chapitre, nous verrons comment dessiner des fractales – figures géométriques complexes créées en répétant plusieurs fois des transformations géométriques simples. Au travail !

Tracer des figures géométriques à l'aide des patchs

Les patchs de `matplotlib` nous permettent de dessiner des figures géométriques. Vous pouvez, par exemple, tracer un cercle dans votre graphique en n'explicitant que son rayon et son centre. Cette approche est différente de celle que nous utilisions jusqu'ici et qui consistait à entrer les coordonnées x et y de chaque point de nos graphiques. Avant d'écrire un programme contenant ces patchs, nous devons cependant comprendre plus en détail ce qui se passe lorsqu'un graphique de matplotlib est créé. Considérons le programme suivant traçant les points (1,1), (2,2) et (3,3) :

```
>>> import matplotlib.pyplot as plt
>>> x=[1,2,3]
>>> y=[1,2,3]
>>> plt.plot(x,y)
[<matplotlib.lines.Line2D object at 0x7fe822d67a20>]
>>> plt.show()
```

Ce programme crée une fenêtre matplotlib exhibant une droite passant par ces trois points. Lorsque nous appelons la fonction plt.plot(), un objet de type Figure est créé, dans lequel des axes sont définis et les données placées sur ces axes (figure 6-1).

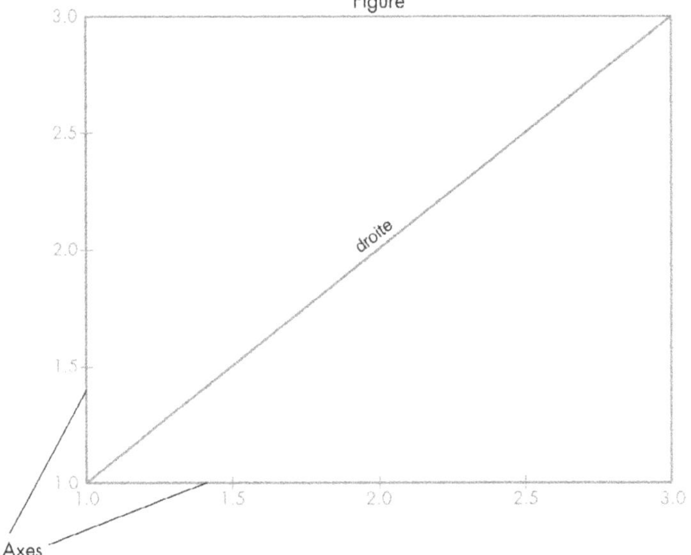

Figure 6-1 : Architecture d'un graphique de matplotlib

Le programme suivant dessine le même graphique, mais nous y créons de manière explicite l'objet Figure ❶ et nous lui ajoutons les axes manuellement ❷ au lieu de simplement appeler la fonction plot() et de le lui laisser faire automatiquement :

```
>>> import matplotlib.pyplot as plt
>>> x=[1,2,3]
>>> y=[1,2,3]
❶ >>> fig=plt.figure()
❷ >>> ax=plt.axes()
>>> plt.plot(x,y)
[<matplotlib.lines.Line2D object at 0x7f9bad1dcc18>]
>>> plt.show()
```

Cette fois-ci, lorsque la fonction plot() est appelée ❶, elle remarque qu'un objet Figure et un autre objet de type Axes ❷ existent déjà et procède directement à la mise en place des données placées en argument.

En plus de créer manuellement les objets Figure et Axes, vous pouvez utiliser deux autres fonctions du module pyplot pour extraire leurs informations et les stocker dans un label. En effet, les fonctions gcf() et gca() retournent respectivement les informations des objets Figure et Axes. Une application particulièrement intéressante de ces fonctions est de permettre le stockage d'un objet dans un label lorsque celui-ci a été créé automatiquement. Vous comprendrez davantage l'utilité de ces fonctions lorsque nous nous en servirons plus tard dans ce chapitre.

Tracer un cercle

Pour tracer un cercle, vous pouvez ajouter le patch Circle à l'objet Axes actuel :

```
# -*- coding: utf-8 -*-
'''
Exemple d'utilisation du patch Circle
'''
import matplotlib.pyplot as plt
def creer_cercle():
❶    cercle=plt.Circle((0,0),radius=0.5)
     return cercle
def affiche_figure(patch):
❷    ax=plt.gca()
❸    ax.add_patch(patch)
❹    plt.axis('scaled')
     plt.show()
if __name__=='__main__':
❺    c=creer_cercle()
     affiche_figure(c)
```

Dans ce programme, nous avons écrit deux fonctions nommées respectivement creer_cercle() et affiche_figure(). Dans la première, nous créons un cercle de centre (0,0) et de rayon 0,5 en plaçant le tuple (0,0) en premier argument et le mot-clé radius=0.5 en second argument de la fonction Circle() ❶. Celle-ci retourne alors l'objet Circle correspondant.

La fonction affiche_figure() est créée pour pouvoir fonctionner avec n'importe quel patch de matplotlib en argument. Elle commence par stocker l'objet Axes dans le label ax à l'aide de la fonction gca() ❷. Puis, la fonction add_patch() ❸ ajoute le patch donné en argument à l'objet Axes et, finalement, la fonction show() est appelée afin de tracer la figure. Nous appelons ici la fonction axis() avec le mot-clé scaled en paramètre, demandant à matplotlib d'ajuster automatique les axes ❹. Nous utiliserons systématiquement cette option dans nos programmes utilisant des patchs. Nous aurions aussi pu définir des intervalles pour les axes comme nous l'avions vu au chapitre 2.

En ❺, nous appelons la fonction `creer_cercle()` et stockons l'objet `Circle` résultant dans le label `c`, que nous donnons ensuite en argument à la fonction `affiche_figure()`. Lorsque vous lancez ce programme, vous devez voir s'ouvrir une fenêtre `matplotlib` dans laquelle est tracé notre cercle (figure 6-2).

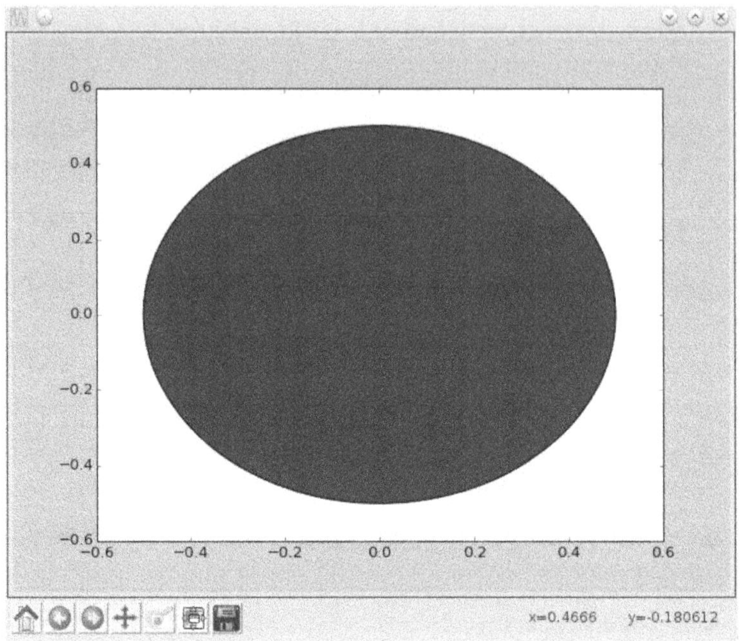

Figure 6-2 : Un cercle de centre (0,0) et de rayon 0,5

Comme vous pouvez le voir, ce cercle n'a pas exactement la forme attendue. Ceci est dû au fait que le ratio entre l'axe O*x* et l'axe O*y* est déterminé automatiquement. Si vous ajoutez l'instruction `ax.set_aspect('equal')` à votre programme après ❷, la figure obtenue sera effectivement un cercle. La fonction `set_aspect()` sert à fixer l'aspect du graphique. En utilisant l'argument `equal`, nous demandons à `matplotlib` de fixer le ratio entre les axes O*x* et O*y* à 1:1.

Les couleurs du bord et de l'intérieur du cercle peuvent toutes deux être changées en utilisant les mots-clés `ec` et `fc`. Par exemple, les expressions `fc='g'` et `ec='r'` auront pour effet de donner la couleur verte (*green*) à l'intérieur du cercle et rouge (*red*) à son contour.

Plusieurs autres patchs sont proposés par `matplotlib` notamment `Ellipse`, `Polygon` et `Rectangle`.

Créer des figures animées

Il est possible de créer des figures aux formes changeantes grâce au module `animation` de `matplotlib`. À la fin de cette section, nous écrirons une version animée du programme traçant la trajectoire d'un projectile.

Voyons d'abord un exemple plus simple. Nous allons tracer un petit cercle qui va grandir indéfiniment (jusqu'à ce que la fenêtre soit fermée) :

```
# -*- coding: utf-8 -*-
'''
Un cercle qui grandit
'''
from matplotlib import pyplot as plt
from matplotlib import animation
def creer_cercle():
    cercle=plt.Circle((0,0),0.05)
    return cercle
def change_rayon(i,cercle):
    cercle.radius=i*0.5
    return cercle,
def creer_animation():
❶   fig=plt.gcf()
    ax=plt.axes(xlim=(-10,10),ylim=(-10,10))
    ax.set_aspect('equal')
    cercle=creer_cercle()
❷   ax.add_patch(cercle)
❸   anim=animation.FuncAnimation(fig,change_rayon,fargs=(cercle,),
    frames=30,interval=50)
    plt.title(u'Animation d'un cercle qui grandit')
    plt.show()
if __name__=='__main__':
    creer_animation()
```

Nous commençons par importer le module `animation` depuis la bibliothèque `matplotlib`. La fonction `creer_animation()` code la fonctionnalité principale de ce programme. Celle-ci stocke l'objet `Figure` actuel dans un label via la fonction `gcf()` en ❶ puis crée les axes limités par -10 et 10. Elle crée ensuite un objet `Circle` de centre (0,0) et de rayon 0,05 puis l'ajoute aux axes en ❷. Ensuite, en ❸, nous créons un objet `FuncAnimation` avec, en arguments, les données suivantes concernant notre animation.

- `fig` - Il s'agit de notre objet `Figure`.
- `change_rayon` - Cette fonction est chargée de tracer chaque nouveau cercle. Elle prend deux arguments en entrée, un numéro d'image saisi automatiquement lorsqu'on appelle la fonction et l'objet que nous souhaitons animer. Cette fonction doit nécessairement retourner l'objet actualisé.
- `fargs` - Ce tuple doit contenir tous les arguments de la fonction `change_rayon()` qui ne sont pas le numéro d'image. Si la fonction n'a pas besoin d'argument, il n'est pas nécessaire d'utiliser ce mot-clé.
- `frames` - Cette valeur est le nombre d'images que nous souhaitons avoir dans notre animation. Notre fonction `change_rayon()` est appelée autant de fois qu'il y a d'images. Ici, nous avons arbitrairement choisi 30 images.

- `interval` - Ceci représente l'intervalle de temps entre deux images, en millisecondes. Si votre animation vous semble trop lente, vous pouvez diminuer cette valeur ; si elle vous semble trop rapide, augmentez-la.

Nous ajoutons ensuite un titre en utilisant la fonction `title()` et, finalement, nous affichons la figure avec la fonction `show()`.

Comme nous l'avons mentionné plus tôt, la fonction `change_rayon()` est responsable d'actualiser la taille du cercle à chaque nouvelle image. Nous fixons le rayon de ce cercle comme étant `i*0.5` où `i` est le numéro de l'image. Le résultat obtenu est un cercle qui grandit toutes les 0,05 secondes jusqu'à 30 fois et le diamètre du plus grand cercle est donc de 15. Comme les limites des axes sont -10 et 10, on a l'impression que le cercle s'étend jusqu'en dehors du graphique. Lorsque vous exécutez ce programme, vous voyez s'afficher votre première figure animée (figure 6-3).

Vous remarquerez que, par défaut, l'animation continue jusqu'à ce que la fenêtre soit fermée. Vous pouvez changer cela en utilisant le mot-clé `repeat=False` lors de la création de l'objet `FuncAnimation`.

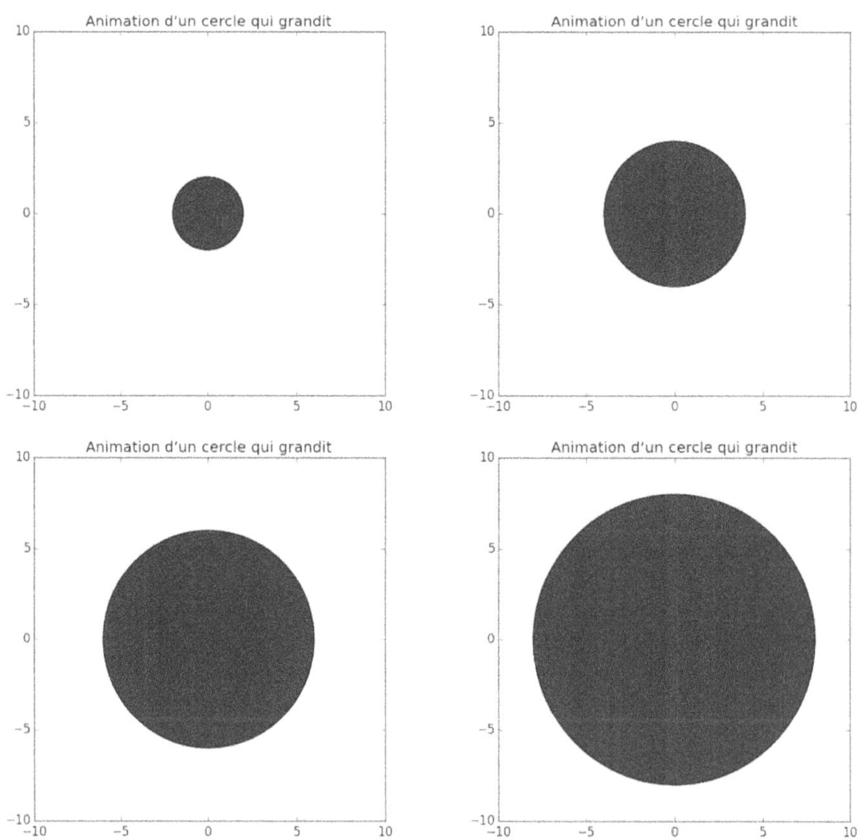

Figure 6.3 : Animation d'un cercle grossissant

LES OBJETS FUNCANIMATION ET LEUR PÉRENNITÉ

Vous avez peut-être remarqué que, dans le programme d'animation du cercle, nous avons affecté le label `anim` à l'objet `FuncAnimation` sans que cela nous soit utile par la suite. La version actuelle de `matplotlib` ne stocke pas la référence des objets `FuncAnimation`, qui pourrait être perdue en cours de programme ayant pour effet de ne pas créer l'animation. Créer un label, comme nous l'avons fait, évite ce type de problèmes.
Pour plus d'informations, vous pouvez suivre la discussion en cours à l'adresse *https://github.com/matplotlib/matplotlib/issues/1656*.

Animer la trajectoire d'un projectile

Dans le chapitre 2, nous avons tracé la trajectoire de chute libre d'une balle. Nous allons maintenant animer cette trajectoire :

```
# -*- coding: utf-8 -*-
'''
Anime la trajectoire d'un objet en chute libre
'''
from matplotlib import pyplot as plt
from matplotlib import animation
import math
g=9.8
def obt_intervalles(u,theta):
    t_vol=2*u*math.sin(theta)/g
    intervalles=[]
    debut=0
    intervalle=0.005
    while debut<t_vol:
        intervalles.append(debut)
        debut = debut + intervalle
    return intervalles
def actu_position(i,cercle,intervalles,u,theta):
    t=intervalles[i]
    x=u*math.cos(theta)*t
    y=u*math.sin(theta)*t-0.5*g*t*t
    cercle.center=x,y
    return cercle
def creer_animation(u,theta):
    intervalles=obt_intervalles(u,theta)
    xmin=0
    xmax=u*math.cos(theta)*intervalles[-1]
    ymin=0
    t_max=u*math.sin(theta)/g
❶   ymax=u*math.sin(theta)*t_max-0.5*g*t_max**2
    fig=plt.gcf()
❷   ax=plt.axes(xlim=(xmin,xmax),ylim=(ymin,ymax))
```

```
❸       cercle=plt.Circle((xmin,ymin),1.0)
        ax.add_patch(cercle)
        anim=animation.FuncAnimation(fig,actu_position, fargs=(cercle,interval
        les,u,theta),frames=len(intervalles),interval=1,repeat=False)
        plt.title('Mouvement de chute libre')
        plt.xlabel('X')
        plt.ylabel('Y')
        plt.show()
if __name__=='__main__':
    try:
        u=float(input('Entrer la vitesse initiale (m/s) : '))
        theta=float(input('Entrer l'angle de projection (degrés) : '))
    except ValueError:
        print('Vous avez saisi une entrée invalide.')
    else:
        theta=math.radians(theta)
        creer_animation(u,theta)
```

La fonction `creer_animation()` prend deux arguments en entrée : `u` et `theta`, respectivement la vitesse initiale et l'angle de projection, tous deux saisis par l'utilisateur. La fonction `opt_intervalles()` trouve les intervalles de temps pour lesquels il faut calculer les coordonnées `x` et `y`. Elle est construite sur la même logique que celle du chapitre 2.

Afin de définir les limites des axes pour cette animation, nous devons trouver les valeurs minimale et maximale de `x` et `y`. La valeur minimale de chacun est `0` puisque la balle est lancée à l'origine. La valeur maximale de `x` correspond à la fin du vol, lorsque la balle touche le sol, ce qui correspond aussi au dernier intervalle de temps dans la liste `intervalles`. La valeur maximale pour `y` est le point culminant de la balle. Nous calculons cette valeur en ❶ avec la formule $t = \frac{u\sin\theta}{g}$.

Une fois les valeurs calculées, nous créons les axes ❷ en passant les limites en argument. Les deux lignes suivantes créent un cercle de rayon `1.0` centré en `(xmin,ymin)` – les coordonnées minimales des axes Ox et Oy.

Nous créons alors l'objet `FuncAnimation` ❸, avec l'objet `Figure` et les arguments suivants.

- `actu_position` - Cette fonction déplace le centre du cercle à chaque nouvelle image. L'idée, ici, est qu'une nouvelle image est créée à chaque intervalle de temps et nous mettons donc autant d'images qu'il y a d'intervalles. Nous calculons les coordonnées `x` et `y` de la balle à l'instant correspondant au i-ème intervalle de temps et nous plaçons le centre de la balle sur ces coordonnées.
- `fargs` - La fonction `actu_position()` a besoin d'accéder à la liste des intervalles de temps, `intervalles`, à la vitesse initiale et à l'angle `theta`, que l'on place donc dans un tuple à la suite de ce mot-clé.
- `frames` - Comme nous allons tracer une image à chaque intervalle de temps, nous fixons le nombre d'image à la taille de la liste `intervalles`.

- `repeat` - Nous avons vu dans le premier exemple d'animation que, par défaut, celle-ci se répète indéfiniment. Comme nous ne voulons pas que ce soit le cas ici, nous utilisons ce mot-clé que nous fixons à `False`.

Lorsque vous lancez le programme, celui-ci demande de saisir les paramètres initiaux, puis crée l'animation (figure 6-4).

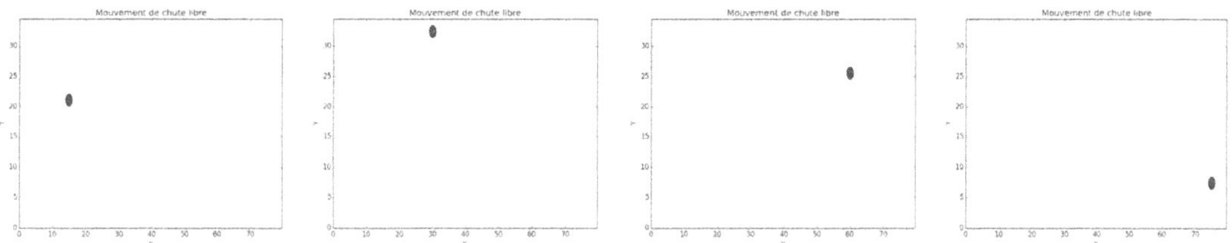

Figure 6-4 : Mouvement animé de la chute libre d'une balle

Dessiner des fractales

Les fractales sont des figures géométriques complexes créées par répétition de transformations mathématiques étonnamment simples. Comparées à d'autres figures géométriques, comme les cercles ou les rectangles, les fractales semblent être irrégulières et composées de formes indescriptibles, mais si vous y regardez de plus près, vous voyez que dans chaque détail la fractale entière est représentée. Du fait que les fractales sont créées à partir d'un grand nombre de répétitions d'une transformation géométrique, l'ordinateur est un outil idéal pour les réaliser. Dans ce chapitre, nous allons apprendre à dessiner une fougère de Barnsley, un triangle de Sierpiński et un ensemble de Mandelbrot (ces deux derniers dans la section « Défis de programmation »), qui sont des exemples communs de fractales.

Transformations de points dans le plan

Les transformations géométriques sont à la base de la création de fractales. Étant donné un point `P(x,y)` dans un plan *Oxy*, l'application `P(x,y)→Q(x+1,y+1)` est un exemple de transformation géométrique, laquelle consiste à construire le point `Q` en ajoutant `1` à chaque coordonnée de `P`. Si maintenant vous appliquez cette même application à `Q`, vous obtiendrez un nouveau point `R`, qui aura encore une unité en plus sur ses coordonnées. En prenant le point `P(1,1)`, la figure 6-5 montre le résultat de ces transformations.

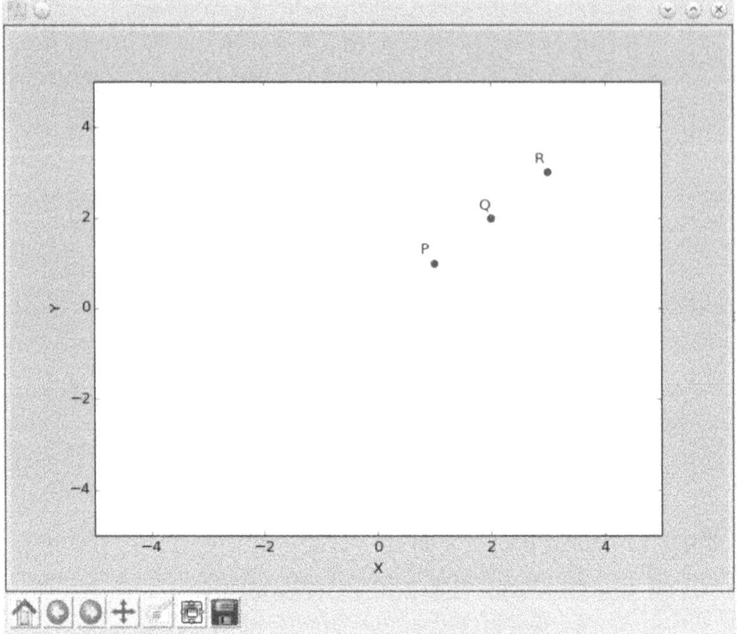

Figure 6-5 : Les points Q et R ont été obtenus en appliquant deux fois une transformation au point P.

Ainsi, une transformation est une règle disant comment déplacer un point sur le plan O*xy*, depuis une position initiale jusqu'à une nouvelle position à chaque itération. Nous pouvons imaginer qu'une transformation est un pas dans la trajectoire d'un point.

Considérons maintenant que nous ayons deux transformations plutôt qu'une seule et qu'à chaque étape, on tire au sort parmi ces deux transformations. Considérons les applications suivantes :

Application 1 : P1(x,y) → P2(x+1,y-1)

Application 2 : P1(x,y) → P2(x+1,y+1)

Partant du point `P1(1,1)`, si nous effectuions quatre itérations de ce processus, nous pourrions obtenir la séquence suivante :

P1(1,1) → P2(2,0) (Application 1)

P2(2,0) → P3(3,1) (Application 2)

P3(3,1) → P4(4,2) (Application 2)

P4(4,2) → P5(5,1) (Application 1)

etc.

À chaque étape, une application est tirée au hasard. Dans tous les cas, le point va avancer d'une unité sur l'axe O*x* car chacune des applications augmente cette coordonnée de 1. Pendant que le point progresse vers la droite, il monte ou descend aléatoirement. Le programme suivant trace le graphique d'un point soumis à ces transformations pour un certain nombre d'itérations :

```
# -*- coding: utf-8 -*-
'''
Exemple de sélection aléatoire entre deux transformations équiprobables
'''
import matplotlib.pyplot as plt
import random
def transformation_1(p):
    x=p[0]
    y=p[1]
    return x+1,y-1
def transformation_2(p):
    x=p[0]
    y=p[1]
    return x+1,y+1
def transforme(p):
    # Liste des applications de transformation
❶   transformations=[transformation_1,transformation_2]
    # Sélectionne aléatoirement une transformation et l'applique
❷   t=random.choice(transformations)
❸   x,y=t(p)
    return x,y
def creer_trajectoire(p,n):
    x=[p[0]]
    y=[p[1]]
    for i in range(n):
        p=transforme(p)
        x.append(p[0])
        y.append(p[1])
    return x,y
if __name__=='__main__':
    # Point initial
    p=(1,1)
    n=int(input('Entrer le nombre d'itérations : '))
❹   x,y=creer_trajectoire(p,n)
    # Crée le graphique
❺   plt.plot(x,y)
    plt.xlabel('X')
    plt.ylabel('Y')
    plt.show()
```

Nous définissons nos deux fonctions, `transformation_1()` et `transformation_2()`. Dans la fonction `transforme()`, nous créons en ❶ une liste contenant le nom de ces fonctions et utilisons `random.choice()` pour choisir aléatoirement l'une d'elles depuis la liste en ❷. Une fois la transformation choisie, nous l'appliquons au point `P` et stockons les nouvelles coordonnées dans les labels `x` et `y` ❸ que nous retournons.

CHOISIR ALÉATOIREMENT UN ÉLÉMENT DANS UNE LISTE

La fonction `random.choice()` que nous venons de voir est utilisée pour choisir de manière aléatoire un élément dans une liste. Chaque élément a la même probabilité d'être choisi. Voici un exemple :

```
>>> import random
>>> l=[1,2,3]
>>> random.choice(l)
3
>>> random.choice(l)
1
>>> random.choice(l)
1
>>> random.choice(l)
3
>>> random.choice(l)
3
>>> random.choice(l)
2
```

Cette fonction peut aussi être appliquée à des tuples ou à des chaînes de caractères. Dans ce dernier cas, elle retourne un caractère aléatoire de la chaîne.

Lorsque vous lancez le programme, il vous demande le nombre d'itération `n`, c'est-à-dire le nombre de fois que vous voulez appliquer ces transformations. Le programme appelle ensuite la fonction `creer_trajectoire()` avec, comme arguments, `n` et le point initial `P` de coordonnées `(1,1)` ❹ ; `creer_trajectoire()` appelle `n` fois la fonction `tranforme()`et ajoute systématiquement les coordonnées des points créés dans les listes `x` et `y`, avant de retourner ces dernières. Ces deux listes sont ensuite entrées en données du graphique ❺.

Les figures 6-6 et 6-7 montrent la trajectoire d'un point pour 100, puis 10 000 itérations. L'effet de zig-zag de ces transformations est assez apparent dans les figures. Ce mouvement en dents de scie est appelé *marche aléatoire le long d'une ligne.*

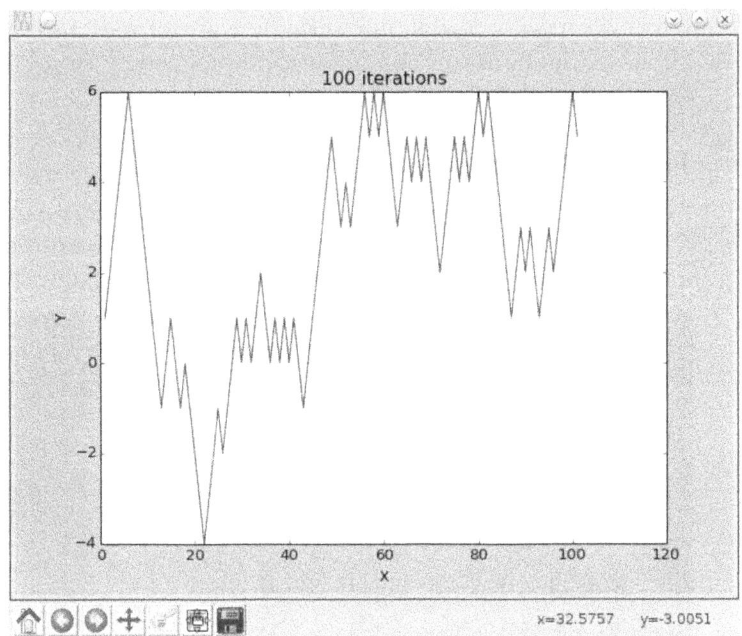

Figure 6-6 : Le chemin tracé par le point (1,1) soumis à 100 itérations aléatoires des deux transformations

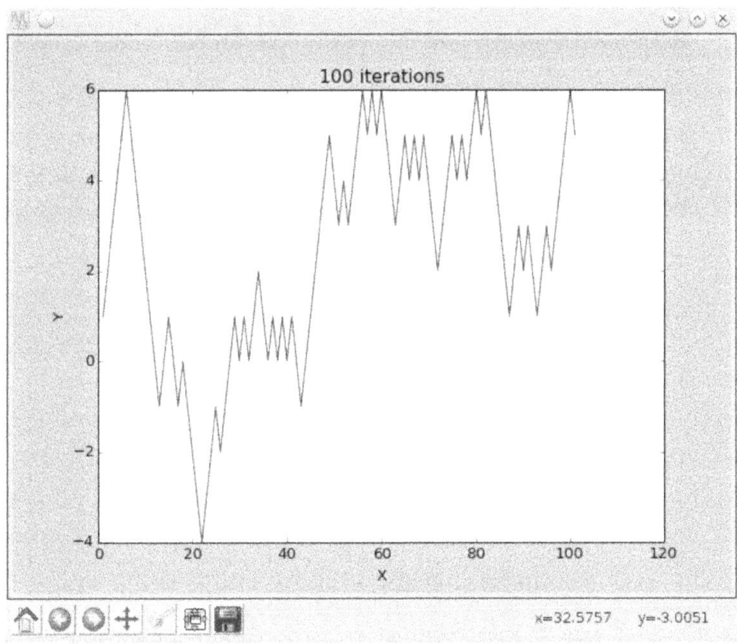

Figure 6-7 : Le chemin tracé par le point (1,1) soumis à 10 000 itérations aléatoires des deux transformations

Cet exemple illustre l'idée de base dans la création de fractales : répéter, à partir d'un point initial, une série de transformations dans le plan. Nous allons maintenant voir comment appliquer cette idée pour tracer une fougère de Barnsley.

Tracer une fougère de Barnsley

Le mathématicien anglais Michael Barnsley a décrit comment, à partir d'un point, créer des figures en forme de fougères en répétant un grand nombre de fois une transformation simple sur ce point (figure 6-8).

Figure 6-8 : Fougère femelle

Les étapes suivantes créent une figure géométrique en forme de fougère : commencer au point (0,0) et choisir aléatoirement parmi les transformations suivantes avec leur probabilité associée :

Transformation 1 (probabilité de 0,85)

$x_{n+1}=0{,}85x_n+0{,}04y_n$

$y_{n+1}=-0{,}04y_n+0{,}85y_n+1{,}6$

Transformation 2 (probabilité de 0,07)

$x_{n+1}=0{,}2x_n-0{,}26y_n$

$y_{n+1}=0{,}23y_n+0{,}22y_n+1{,}6$

Transformation 3 (probabilité de 0,07)

$x_{n+1}=-0{,}15x_n-0{,}28x_n$

$y_{n+1}=0{,}26y_n+0{,}24y_n+0{,}44$

Transformation 4 (probabilité de 0,01)

$x_{n+1}=0$

$y_{n+1}=0{,}16y_n$

Chacune de ces transformations est responsable de la création d'une partie de la fougère. La première, la plus probable, crée la tige et les feuilles. Les seconde et troisième transformations créent les feuilles de gauche et de droite de la fougère et la quatrième transformation participe à créer la tige.

Ceci est un exemple de loi de probabilité non uniforme dont nous avons parlé dans le chapitre 5. Le programme suivant trace la fougère de Barnsley pour un certain nombre de points :

```
# -*- coding: utf-8 -*-
'''
Trace une fougère de Barnsley
'''
import random
import matplotlib.pyplot as plt
def transformation_1(p):
    x=p[0]
    y=p[1]
    x1=0.85*x+0.04*y
    y1=-0.04*x+0.85*y+1.6
    return x1,y1
def transformation_2(p):
    x=p[0]
    y=p[1]
    x1=0.2*x-0.26*y
    y1=0.23*x+0.22*y+1.6
    return x1,y1
def transformation_3(p):
    x=p[0]
    y=p[1]
    x1=-0.15*x+0.28*y
    y1=0.26*x+0.24*y+0.44
    return x1,y1
def transformation_4(p):
    x=p[0]
    y=p[1]
    x1=0
    y1=0.16*y
    return x1,y1
def opt_index(probabilite):
    r=random.random()
    c_probabilite=0
    somme_probabilite=[]
    for p in probabilite:
        c_probabilite+=p
        somme_probabilite.append(c_probabilite)
    for obj,sp in enumerate(somme_probabilite):
        if r<=sp:
```

```
            return obj
    return len(probabilite)-1
def transforme(p):
    # Liste des fonctions de transformation
    transformations=[transformation_1,transformation_2,transformation_3,tr
ansformation_4]
❶   probabilite=[0.85,0.07,0.07,0.01]
    # Choisit aléatoirement une transformation et l'applique
    tindex=opt_index(probabilite)
❷   t=transformations[tindex]
    x,y=t(p)
    return x,y
def trace_foug(n):
    # Nous commençons en (0,0)
    x=[0]
    y=[0]
    x1,y1=0,0
    for i in range(n):
        x1,y1=transforme((x1,y1))
        x.append(x1)
        y.append(y1)
    return x,y
if __name__=='__main__':
    n=int(input('Entrer le nombre de points de la fougère : '))
    x,y=trace_foug(n)
    # On crée le graphique
    plt.plot(x,y,'o')
    plt.title(u'Fougère avec {0} points'.format(n))
    plt.show()
```

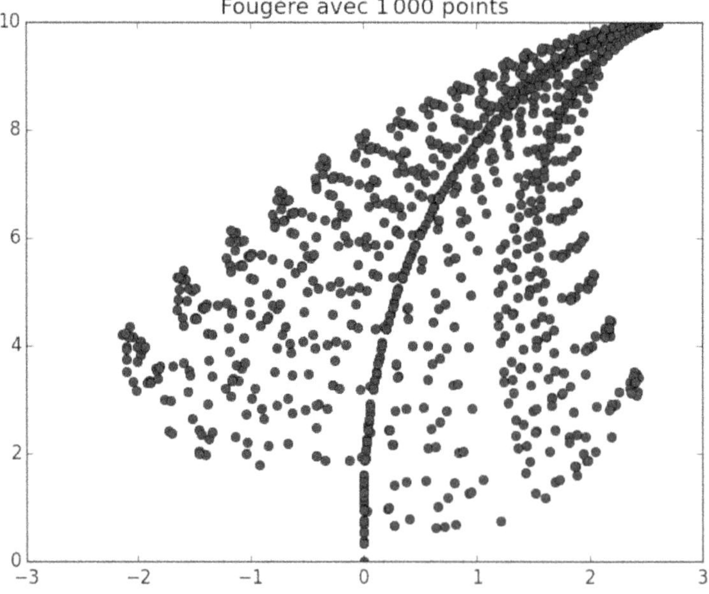

Figure 6-9 : Fougère avec 1 000 points

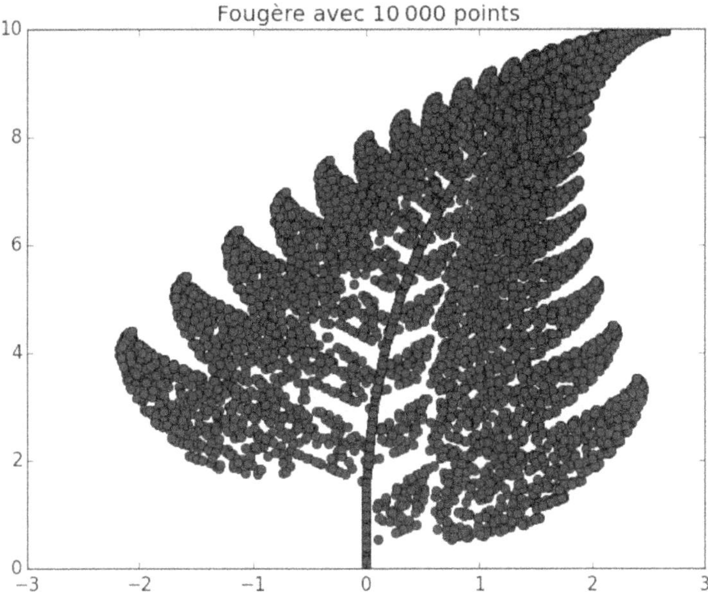

Figure 6-10 : Fougère avec 10 000 points

Les quatre transformations sont définies dans quatre fonctions. Les probabilités de chacune sont stockées dans la liste déclarée en ❶ et on sélectionne l'une d'entre elles aléatoirement en ❷ à chaque fois que la fonction `transforme()` est appelée dans la fonction `trace_foug()`.
Le point initial `(0,0)` est transformé autant de fois que signifié en entrée du programme.

Ce que vous avez appris

Dans ce chapitre, vous avez d'abord appris à dessiner des figures géométriques simples et comment les animer. Ceci nous a permis de découvrir de nouvelles fonctionnalités de `matplotlib`. Vous avez ensuite vu ce que sont les transformations géométriques et comment la répétition de transformations simples permet de tracer des figures géométriques complexes appelées fractales.

Défis de programmation

Voici quelques défis de programmation qui vous permettront d'appliquer ce que vous venez d'apprendre. Vous pouvez trouver des exemples de solutions sur le site *http://www.editions-eyrolles.com/dl/14364*.

#1 - Ranger des cercles dans un carré

Nous avons mentionné que `matplotlib` autorise la création d'autres figures géométriques que celles que nous avons déjà vues. Le patch `Polygon` est spécialement intéressant puisqu'il sert à tracer toutes sortes de polygones. Voici, par exemple, comment dessiner un carré :

```
# -*- coding: utf-8 -*-
'''
Dessine un carré
'''
from matplotlib import pyplot as plt
def trace_carre():
    ax=plt.axes(xlim=(0,6),ylim=(0,6))
    carre=plt.Polygon([(1,1),(5,1),(5,5),(1,5)],closed=True)
    ax.add_patch(carre)
    plt.show()
if __name__=='__main__':
    trace_carre()
```

Un objet `Polygon` est créé en passant la liste des sommets en argument. Comme nous traçons ici un carré, nous y avons placé les quatre sommets : `(1,1)`, `(5,1)`, `(5,5)` et `(1,5)`. Ajouter `closed=True` signifie que nous souhaitons tracer un polygone clos, c'est-à-dire que le premier et le dernier sommet se rejoignent.

Pour ce défi, vous créerez une version simplifiée du problème de rangement de cercles dans un carré. Combien de cercles de rayon 0,5 peut-on placer dans le carré créé par ce dernier programme ? Essayez et trouvez ! La figure 6-11 montre à quoi l'image finale ressemble.

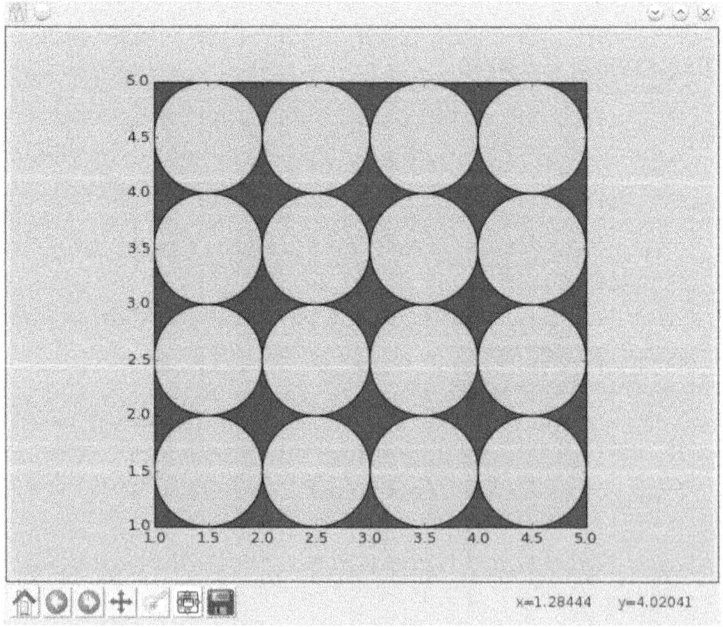

Figure 6-11 : Cercles rangés dans un carré

L'astuce ici est de commencer par le coin inférieur droit, c'est-à-dire (1,1), puis de continuer d'ajouter des cercles jusqu'à ce que le carré entier soit rempli. L'extrait de code suivant vous aiguille sur la manière de créer les cercles et de les ajouter à la figure :

```
y=1.5
while y<5:
    x=1.5
    while x<5:
        c=trace_cercle(x,y)
        ax.add_patch(c)
        x+=1.0
    y+=1.0
```

Un point qu'il est important de spécifier ici est que cette méthode n'est pas optimale ou, du moins, qu'il existe d'autres façons de ranger des cercles dans un carré et que trouver de nouvelles manières de résoudre ce problème est, en soi, un problème populaire pour les mordus de mathématiques.

#2 - Tracer un triangle de Sierpiński

Un triangle de Sierpiński, du nom du mathématicien polonais Waclaw Sierpiński, est une fractale représentant un triangle équilatéral dans lequel sont emboîtés d'autres triangles similaires. La figure 6-12 montre un triangle de Sierpiński composé de 10 000 points.

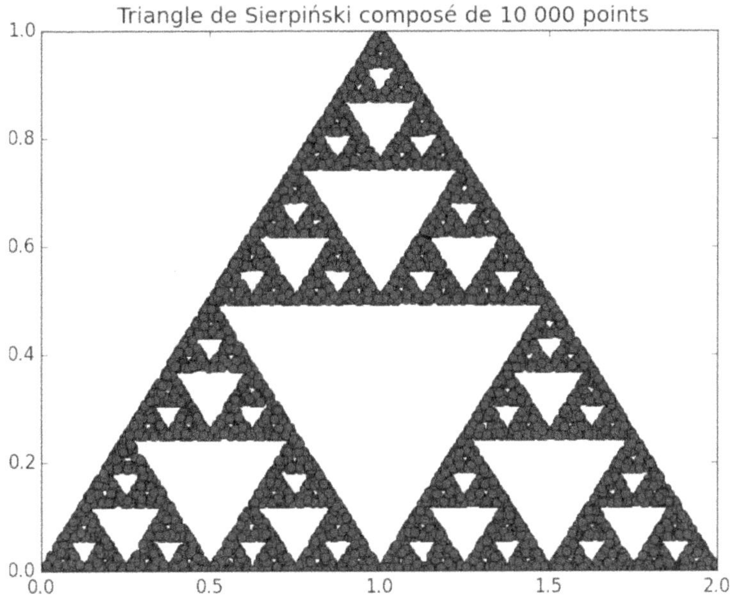

Figure 6-12 : Triangle de Sierpiński composé de 10 000 points

La chose intéressante à propos de ce triangle est qu'il a été tracé à partir du même processus que notre précédente fougère. Seules les transformations et leur probabilité changent. Voici comment dessiner ce type de triangles : commencer avec le point (0,0) et appliquer une des transformations suivantes.

Transformation 1

$x_{n+1}=0{,}5x_n$

$y_{n+1}=0{,}5y_n$

Transformation 2

$x_{n+1}=0{,}5x_n+0{,}5$

$y_{n+1}=0{,}5y_n+0{,}5$

Transformation 3

$x_{n+1}=0{,}5x_n+1$

$y_{n+1}=0{,}5y_n$

Chacune de ces transformations a une probabilité de 1/3. Votre défi sera d'écrire un programme traçant un triangle de Sierpiński composé d'un certain nombre de points, spécifié en entrée.

#3 - Explorer la fonction de Hénon

En 1976, Michel Hénon a décrit la transformation suivante :

`P(x,y)→Q(y+1-1,4x²,0,3x)`

Indépendamment du point initial (à condition que celui-ci soit proche de l'origine), les points créés s'assemblent sur des lignes incurvées (figure 6-13).

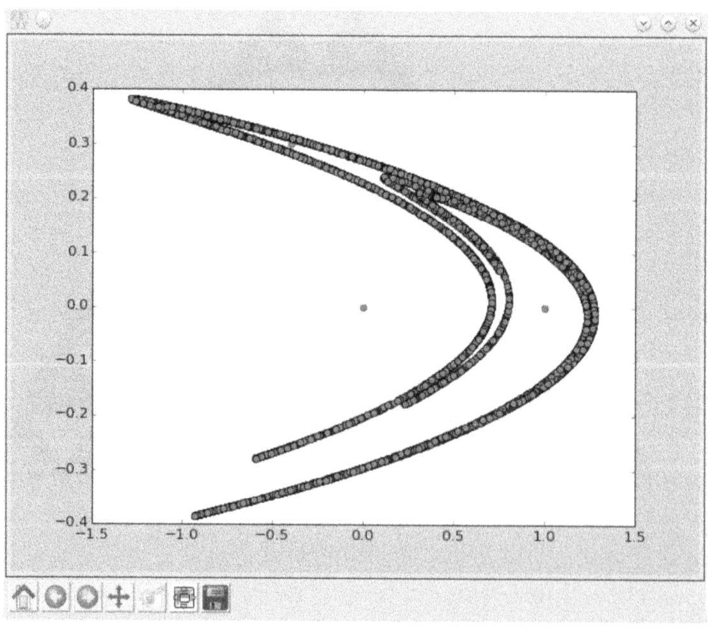

Figure 6-13 : Fonction de Hénon composée de 10 000 points

Votre défi ici sera d'écrire un programme créant un graphique affichant 20 000 points issus de cette transformation, avec le point initial de coordonnées `(1,1)`.

Si vous le souhaitez, vous pourrez agrandir ce programme afin qu'il affiche l'animation des points qui se créent, formant peu à peu les lignes incurvées. Allez à l'adresse *https://www.youtube.com/watch?v=76ll818RlpQ* pour voir un exemple de cette animation.

Ceci est un système dynamique et les lignes incurvées qui semblent attirer les points sont appelées des attracteurs. Pour en apprendre d'avantage au sujet de cette fonction, des systèmes dynamiques et des fractales en général, vous pouvez vous référer au livre anglais *Fractals : A Very Short Introduction by Kenneth Falconer* (Oxford University Press, 2013).

#4 - Dessiner l'ensemble de Mandelbrot

Votre défi ici sera d'écrire un programme dessinant l'ensemble de Mandelbrot, qui est un nouvel exemple d'applications simples menant à une structure géométrique complexe (figure 6-14). Avant de détailler les étapes qui mènent à cet ensemble, commençons par nous intéresser à la fonction `imshow()` de `matplotlib`.

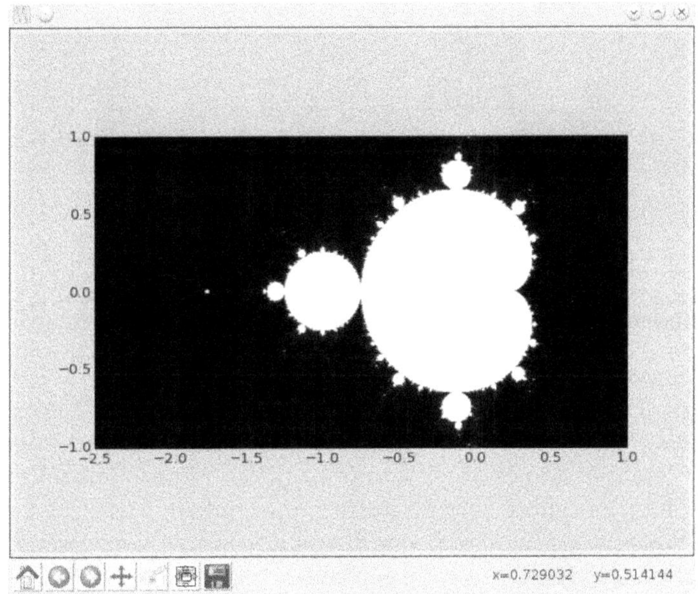

Figure 6-14 : L'ensemble de Mandelbrot dans le plan compris entre (-2,5,-1,0) et (1,0,1,0)

La fonction imshow()

La fonction `imshow()` est habituellement utilisée pour afficher une image externe. Vous pouvez en voir un exemple à l'adresse *http://matplotlib.org/users/image_tutorial.html.* Ici, toutefois, nous l'utiliserons pour afficher une image que nous venons de créer.

Considérons la partie du plan cartésien pour laquelle `x` et `y` sont tous deux compris entre `0` et `5`. Considérons maintenant six points équidistants sur chaque axe : `(0,1,2,3,4,5)` sur l'axe O*x*, idem sur l'axe O*y*. Si nous prenons le produit cartésien de ces deux ensembles de points, nous obtenons 36 points uniformément répartis dans la partie du plan : `(0,0)`, `(0,1)` ... `(0,5)`, `(1,0)`, `(1,1)` ... `(1,5)` ... `(5,5)`. Colorons maintenant ces points avec des nuances de gris. Ainsi, certains points seront noirs, d'autres seront blancs et d'autres encore adopteront une teinte de gris, tout cela de manière aléatoire. La figure 6-15 illustre ce scénario.

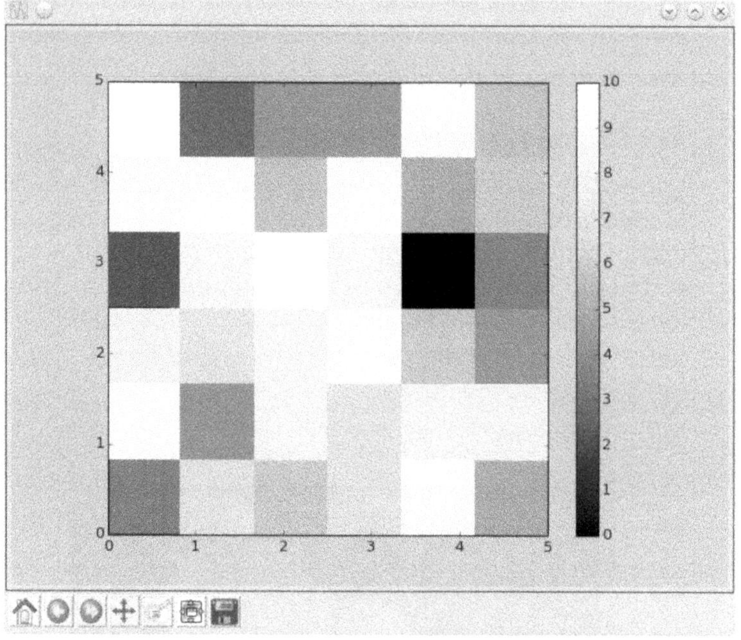

Figure 6-15 : Partie du plan Oxy délimitée par les coordonnées 0 et 5 sur chaque axe. Nous avons considéré 36 points équidistants dans cette région que nous avons colorés avec des nuances de gris aléatoires.

Pour créer cette figure, nous devons utiliser une liste contenant six listes. Chacune de ces listes comportera six entiers aléatoires entre `0` et `10`. Chaque nombre correspondra à une couleur, `0` pour noir et `10` pour blanc. Nous passerons alors cette liste dans la fonction `imshow()` accompagnée d'autres arguments indispensables.

Créer une liste de listes

Une liste peut aussi contenir des listes comme membres :

```
>>> l1=[1,2,3]
>>> l2=[4,5,6]
>>> l=[l1,l2]
```

Nous créons ici une liste `l` contenant deux listes `l1` et `l2`. Le premier élément de la liste, `l[0]`, est donc identique à la liste `l1` et le second élément, `l[1]`, est identique à `l2` :

```
>>> l[0]
[1,2,3]
>>> l[1]
[4,5,6]
```

Pour se référer à un élément précis contenu dans l'un des membres, nous devons utiliser deux indices : `l[0][1]` correspond au second élément de la première liste, `l[1][2]` correspond au troisième élément de la seconde liste et ainsi de suite.

Maintenant que nous savons comment gérer une liste de listes, nous pouvons écrire le programme pour créer une figure similaire à celle de la figure 6-15 :

```
# -*- coding: utf-8 -*-
import matplotlib.pyplot as plt
import matplotlib.cm as cm
import random
❶ def initialise_image(x_p,y_p):
    image=[]
    for i in range(y_p):
        x_couleurs=[]
        for j in range(x_p):
            x_couleurs.append(0)
        image.append(x_couleurs)
    return image
def colore_points():
    x_p=6
    y_p=6
    image=initialise_image(x_p,y_p)
    for i in range(y_p):
        for j in range(x_p):
❷             image[i][j]=random.randint(0,10)
❸     plt.imshow(image,origin='lower',extent=(0,5,0,5), cmap=cm.Greys_r,
    interpolation='nearest')
    plt.colorbar()
    plt.show()
if __name__=='__main__':
    colore_points()
```

La fonction `initialise_image()` en ❶ crée une liste de listes dont chaque élément est initialisé à `0`. Celle-ci accepte deux arguments, `x_p` et `y_p`, qui correspondent au nombre de points que nous voulons sur les axes O*x* et O*y*. Dans notre programme, cela signifie que la liste `image` contiendra `x_p` listes contenant chacune `y_p` zéros.

La fonction `colore_points()`, une fois la liste `image` initialisée via la fonction `initialise_image()`, affecte un entier aléatoire compris entre `0` et `10` à chaque élément `image[i][j]` ❷. En choisissant aléatoirement un entier, on choisit en réalité une nuance de gris aléatoire pour le point situé à la i-ème position sur l'axe O*y* et j-ème position sur l'axe O*x* depuis l'origine. Il est important de noter que la fonction `imshow()` déduit automatiquement la couleur du point à partir de sa place dans la liste `image` et non pas de ses coordonnées spécifiques.

Nous appelons ensuite en ❸ la fonction `imshow()` avec la liste `image` comme premier argument. Le mot-clé `origin='lower'` précise que le nombre `image[0][0]` correspond à la couleur du point `(0,0)`, `extent(0,5,0,5)` délimite les axes de notre plan et `cmap=cm.Greys_r` précise que les nombres représentent des nuances de gris.

Le dernier argument, `interpolation='nearest'`, précise que `matplotlib` devra colorier tout point dont la couleur n'était pas précisée de la même couleur que le point le plus proche. Que cela signifie-t-il ? Notez que nous considérons et spécifions la couleur pour seulement 36 points du plan qui en contient une infinité et nous ordonnons donc à `matplotlib` de colorier chaque autre point du plan comme l'est le point le plus proche. Voilà pourquoi chaque point est entouré d'un carré de la même couleur.

La fonction `colorbar()` que nous appelons par la suite sert à afficher une barre sur la droite faisant office de légende pour les couleurs. Finalement, nous appelons la fonction `show()` pour afficher l'image. Vous remarquerez que, du fait que nous utilisons la fonction `random.random()`, votre image aura de fortes chances d'être différente de celle de la figure 6-15.

Si vous augmentez le nombre de points sur chaque axe en donnant, par exemple, la valeur `20` à `x_p` et `y_p` dans la fonction `colore_points()`, vous obtiendrez une figure similaire à celle de la figure 6-16. Notez que les carrés sont devenus plus petits. Ainsi, si vous continuez d'augmenter le nombre de points, les carrés continueront de rapetisser et vous aurez l'illusion que chaque point aura sa propre couleur.

Figure 6-16 : Partie du plan Oxy délimitée par les coordonnées 0 et 5 sur chaque axe. Nous avons considéré 400 points équidistants dans cette région, que nous avons colorés avec une nuance de gris aléatoire.

Dessiner l'ensemble de Mandelbrot

Nous allons maintenant considérer la partie du plan cartésien délimitée par les points (-2.5,-1.0) et (1 .0,1.0) puis diviser chaque axe en 400 points équidistants. Le produit cartésien des points de ces axes nous donne 1 600 points de cette région du plan, également espacés. Nous allons nous référer à ces points comme étant (x1,y1), (x2,y2) ... (x400,y400).

Créez une liste image à l'aide de la fonction initialise_image() vue plus tôt, en donnant la valeur 400 à x_p et y_p. Puis, suivez les étapes ci-après pour chaque point généré (xi,yk).

- Tout d'abord, créez deux nombres complexes et (rappelez-vous que nous utilisons j pour $\sqrt{-1}$).
- Créez ensuite un label iteration égal à 0 (iteration=0).
- Créez un nombre complexe $z_1 = z_1^2 + c$.
- Incrémentez de 1 la valeur stockée dans iteration (iteration+=1)
- Si abs(z_1)<2 et iteration<max_iteration, retournez à l'étape 3 ; sinon, allez à l'étape 6. Plus la valeur max_iteration sera grande, plus l'image sera détaillée mais aussi plus il faudra de temps pour la créer. Utilisez ici la valeur 1 000.
- Définissez la couleur des points (xi,yk) avec la valeur de iteration (image[k][i]=iteration).

Une fois que vous avez rempli la liste image, appelez la fonction imshow() avec le mot-clé extent de sorte qu'il indique la région délimitée par les points (-2.5,-1.0) et (1.0,1.0).

Cet algorithme est couramment appelé l'algorithme de « temps de sortie ». Lorsque le nombre maximum d'itérations est atteint avant que le module du point n'excède 2, ce point appartient à l'ensemble de Mandelbrot et est colorié en blanc. Les points dont le module dépasse 2 avant le maximum d'itérations sont dits « sortis » ; ils n'appartiennent pas à l'ensemble de Mandelbrot et sont coloriés en noir. Vous pouvez essayer d'augmenter ou de diminuer le nombre de points sur chaque axe. Diminuer ce nombre mènera à une image plus pixellisée tandis que l'augmenter mènera à une image plus détaillée.

7

RÉSOUDRE DES PROBLÈMES DE CALCUL INFINITÉSIMAL

Dans ce chapitre, nous allons apprendre à résoudre des problèmes liés au domaine du calcul infinitésimal. Dans un premier temps, nous nous pencherons sur les fonctions, puis nous ferons un bref résumé des fonctions mathématiques courantes mises à disposition dans la bibliothèque standard de Python et dans `SymPy`. Nous verrons ensuite comment trouver des limites de fonctions et comment calculer des dérivées et des intégrales. Au travail !

Qu'est-ce qu'une fonction ?

Commençons par quelques définitions de base. Une fonction est une relation entre un ensemble de départ et un ensemble d'arrivée. La seule condition particulière est que chaque élément de l'ensemble de départ doit être mis en relation avec un unique élément de l'espace d'arrivée. À titre d'exemple, la figure 7-1 montre deux ensembles tels que les éléments de l'espace de départ sont reliés à leur carré dans l'espace d'arrivée.

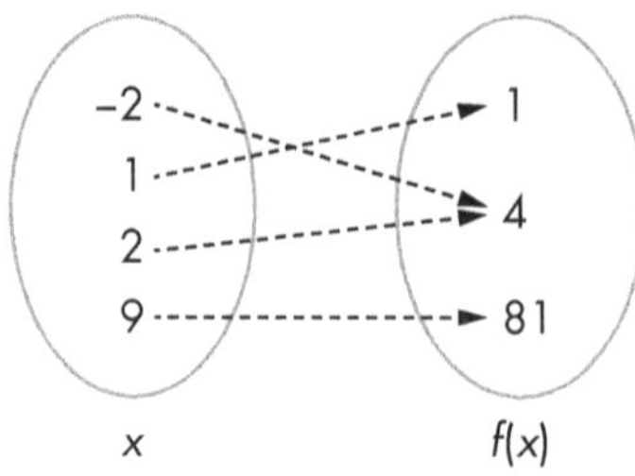

Figure 7-1 : Une fonction décrit une relation entre un ensemble de départ et un ensemble d'arrivée. Ici, les éléments de l'ensemble d'arrivée sont les carrés des éléments de l'ensemble de départ.

En utilisant les notations mathématiques standards, on note cette fonction $f(x) = x^2$, où x est la variable. Ainsi, $f(2) = 4$, $f(100)= 1\ 000$, etc. Le nom de « variable » donné à x vient du fait qu'il est possible de lui attribuer n'importe quelle valeur à condition qu'elle fasse partie de l'espace de départ (voir la prochaine section).

Les fonctions peuvent aussi dépendre de plusieurs variables. Par exemple, $f(x, y) = x^2 + y^2$ est une fonction à deux variables, x et y.

Domaine de définition et image d'une fonction

Le domaine de définition d'une fonction est l'ensemble des valeurs qu'on peut affecter à la variable. L'image de la fonction est l'ensemble de ses résultats possibles.

Par exemple, le domaine de définition de la fonction $f(x) = 1/x$ est l'ensemble des nombres réels et complexes différents de 0 car la division par 0 n'est pas définie. L'image est formée des valeurs résultant de la fonction et est donc ici, une nouvelle fois, l'ensemble des nombres réels et complexes différents de 0.

Le domaine de définition et l'image d'une fonction peuvent être différents l'un de l'autre. Par exemple, la fonction $f(x) = x^2$ est définie sur l'ensemble des réels positifs et négatifs, mais son image n'est formée que des réels positifs.

Quelques fonctions mathématiques classiques

Nous avons déjà utilisé quelques fonctions classiques mises à disposition dans le module `math` de la bibliothèque standard de Python ; `sin()` et `cos()`, correspondant aux fonctions trigonométriques sinus et cosinus, en sont deux exemples. D'autres fonctions trigonométriques telles que `tan()` ou les inverses `asin()`, `acos()` et `atan()` y sont aussi définies.

On trouve de plus des fonctions permettant de calculer le logarithme d'un nombre, comme le logarithme classique, `log()`, le logarithme en base 2, `log2()`, ou encore le logarithme en base 10, `log10()`. De la même façon, la fonction `exp()` est définie, laquelle calcule la valeur de e^x où e correspond au nombre d'Euler (approximativement égal à 2,71828).

L'inconvénient de ces fonctions est qu'elles ne peuvent pas être utilisées dans des expressions algébriques. Pour ce faire, nous devrions utiliser les fonctions équivalentes définies dans SymPy.
Voyons un exemple rapide :

```
>>> import math
>>> math.sin(math.pi/2)
1.0
```

Nous calculons ici le sinus de l'angle π/2 à l'aide de la fonction sin() définie dans le module math. Nous pouvons faire de même en utilisant SymPy.

```
>>> import sympy
>>> sympy.sin(math.pi/2)
1.00000000000000
```

À l'instar de la fonction sin() de la bibliothèque standard, celle de SymPy s'attend à ce que vous lui donniez un angle en radians. Les deux retournent 1.
Essayons maintenant d'utiliser ces fonctions dans des expressions algébriques et voyons ce qui se passe :

```
  >>> from sympy import Symbol
  >>> theta=Symbol('theta')
❶ >>> math.sin(theta)+math.sin(theta)
  Traceback (most recent call last):
    File "<pyshell#53>", line 1, in <module>
      math.sin(theta)+math.sin(theta)
    File "/usr/lib/python3.4/site-packages/sympy/core/expr.py", line 225,
    in __float__
      raise TypeError("can't convert expression to float")
  TypeError: can't convert expression to float
❷ >>> sympy.sin(theta)+sympy.sin(theta)
  2*sin(theta)
```

La fonction sin() de la bibliothèque standard ne sait pas quoi faire avec la variable theta en ❶, ce qui crée une exception indiquant que la fonction ne fonctionne que sur des valeurs numériques. À l'inverse, SymPy réussit à effectuer l'opération en ❷ et retourne l'expression 2*sin(theta). Ceci ne surprend pas, mais illustre parfaitement les limites des fonctions de la bibliothèque standard.
Considérons un autre exemple. Supposons que nous voulions dériver l'expression du temps qu'un corps en chute libre prend pour atteindre son point culminant, lorsqu'il est lancé à une vitesse initiale u et à un angle theta (voir la section « Mouvement d'un projectile », page 47).
Au sommet de la trajectoire, u*sin(theta)-g*t=0. Pour trouver t, utilisons la fonction solve() que nous avons vue au chapitre 4 :

```
>>> from sympy import sin,solve,Symbol
>>> u=Symbol('u')
>>> t=Symbol('t')
```

```
>>> g=Symbol('g')
>>> theta=Symbol('theta')
>>> solve(u*sin(theta)-g*t,t)
[u*sin(theta)/g]
```

L'expression de t, comme nous l'avons vu, s'avère être u*sin(theta)/g. Cet exemple illustre comment utiliser la fonction solve() pour trouver la solution d'équations contenant des fonctions mathématiques.

Les hypothèses en SymPy

Dans tous nos programmes contenant des variables, nous avons créé un objet Symbol de SymPy via une expression du type x=Symbol('x'). Supposons que, à un certain moment, vous ayez besoin de demander à SymPy si l'expression x+5 est supérieure à 0. Voyons ce qui se passerait alors :

```
>>> from sympy import Symbol
>>> x=Symbol('x')
>>> if (x+5)>0:
    print('Faire quelque chose')
else:
    print('Faire autre chose')
Traceback (most recent call last):
  File "<pyshell#45>", line 1, in <module>
    if (x+5)>0:
  File "/usr/lib/python3.4/site-packages/sympy/core/relational.py",
  line 103, in __nonzero__
    raise TypeError("cannot determine truth value of\n%s" % self)
TypeError: cannot determine truth value of x+5> 0
```

Comme SymPy ne sait rien sur la variable x, il ne peut pas dire si x+5 est supérieur à 0 et une erreur est donc affichée. Cependant, en mathématiques, nous savons que si x est positif, x+5 le sera aussi et que si x est négatif, l'expression ne sera positive que dans certains cas.
Ainsi, nous pouvons créer un objet Symbol en précisant positive=True. Comme nous spécifions à SymPy que x ne peut prendre que des valeurs positives, il sait maintenant que x+5 est positif :

```
>>> x=Symbol('x',positive=True)
>>> if (x+5)>0:
    print('Faire quelque chose')
else:
    print('Faire autre chose')
Faire quelque chose
```

Notez que si nous avions écrit negative=True à la place, nous aurions obtenu la même erreur que dans le premier cas. De la même manière que nous déclarons que la variable est positive ou négative, nous pouvons aussi spécifier si c'est un réel (real), un entier (integer), un complexe (complex), un imaginaire pur (imaginary) etc. En SymPy, ces déclarations sont appelées *hypothèses.*

Trouver la limite de fonctions

Une tâche commune en calcul infinitésimal est de trouver la *valeur limite* (ou simplement la *limite*) d'une fonction lorsque la variable tend vers une certaine valeur. Considérons la fonction $f(x) = 1/x$ (figure 7-2).
Lorsque la valeur de x augmente, la valeur de $f(x)$ approche 0.

En utilisant les notations des limites, on écrit : $\lim_{n \to \infty} \frac{1}{x} = 0$.

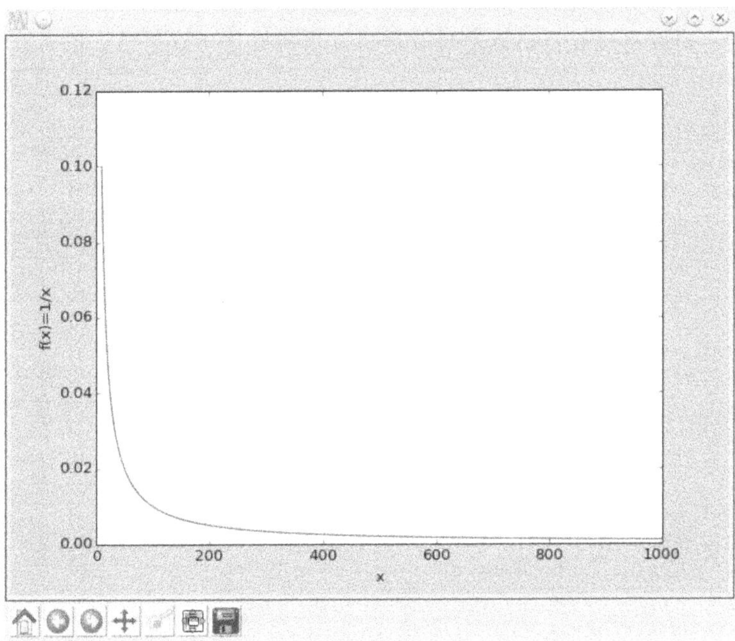

Figure 7-2 : Graphique de la fonction 1/x

En SymPy, nous trouvons des limites de fonctions en créant des objets de la classe Limit comme suit :

```
❶ >>> from sympy import Limit,Symbol,S
❷ >>> x=Symbol('x')
❸ >>> Limit(1/x,x,S.Infinity)
Limit(1/x,x,oo,dir='-')
```

En ❶, nous importons les classes Limit et Symbol ainsi que S, est une classe de SymPy un peu spéciale contenant entre autres la définition de l'infini (positif ou négatif). Puis, en ❷, nous créons un objet Symbol pour représenter la variable x. Nous créons l'objet Limit en ❸ en spécifiant trois arguments : 1/x, x et la valeur pour laquelle nous voulons calculer la limite (ici, l'infini, représenté par S.Infinity).
Le résultat est retourné sous la forme d'un objet unevaluated avec le symbole oo représentant +∞ et l'expression dir='-' signifiant que nous approchons la limite par des valeurs inférieures.

Pour trouver la valeur de la limite, il faut utiliser la méthode doit() :

```
>>> l=Limit(1/x,x,S.Infinity)
>>> l.doit()
0
```

Par défaut, la limite est approchée par les valeurs supérieures, sauf dans le cas où nous cherchons la limite en plus ou moins l'infini. Si nous cherchons la limite en plus l'infini, nous approchons par valeurs inférieures et inversement. Vous pouvez changer la direction comme suit :

```
>>> Limit(1/x,x,0,dir='-').doit()
-oo
```

Nous calculons ici $\lim_{n \to 0} \frac{1}{x}$ et, comme nous approchons 0 par valeurs négatives, la valeur de la fonction tend vers moins l'infini. À l'inverse, si nous approchions 0 par valeurs positives, la limite serait plus l'infini :

```
>>> Limit(1/x,x,0,dir='+').doit()
∞
```

La classe Limit gère aussi les formes indéterminées $\left(\frac{0}{0}, \frac{inf}{inf}\right)$ de manière automatique :

```
>>> from sympy import Symbol,sin
>>> Limit(sin(x)/x,x,0).doit()
1
```

Nous avons habituellement besoin d'utiliser la règle de l'Hôpital pour trouver une telle limite mais, comme vous pouvez le voir, la classe Limit s'en occupe pour nous.

Intérêt avec capitalisation continue

Supposons que vous ayez déposé 1 euro sur un compte en banque. Ceci est votre dépôt principal et il vous rapporte des intérêts – dans notre cas, un intérêt de 100 % composé n fois pendant un an. La somme que vous obtiendrez à la fin de l'année est donnée par la formule :

$$A = \left(1 + \frac{1}{n}\right)^n.$$

L'éminent mathématicien James Bernoulli a découvert que lorsque la valeur de n augmente, le terme $\left(1 + \frac{1}{n}\right)^n$ approche de la valeur e. Nous pouvons vérifier cela en trouvant la limite de la fonction :

```
>>> from sympy import Limit,Symbol,S
>>> n=Symbol('n')
>>> Limit((1+1/n)**n,n,S.Infinity).doit()
E
```

Pour n'importe quel dépôt de base P, n'importe quel taux r et n'importe quel nombre d'années t, l'intérêt composé est calculé via la formule :

$$A = P\left(1 + \frac{r}{n}\right)^{nt}.$$

En supposant que l'intérêt est à capitalisation continue, nous pouvons trouver l'expression de A comme suit :

```
>>> from sympy import Symbol,Limit,S
>>> p=Symbol('p',positive=True)
>>> r=Symbol('r',positive=True)
>>> t=Symbol('t',positive=True)
>>> Limit(p*(1+r/n)**(n*t),n,S.Infinity).doit()
p*exp(r*t)
```

Nous créons ici trois objets `Symbol` représentant la somme principale `p`, le taux d'intérêt `r` et le nombre d'années `t`. Nous signifions aussi à `SymPy` que ces variables ne pourront prendre que des valeurs positives en ajoutant le mot-clé `positive=True` lors de la création des objets. Si nous ne précisions pas cela, `SymPy` ne saurait pas trouver la limite correcte. Nous donnons ensuite la formule de notre intérêt pour créer l'objet `Limit` et l'évaluons en utilisant la méthode `doit()`. La limite s'avère être l'expression `p*exp(r*t)`, ce qui signifie que l'intérêt composé augmente de manière exponentielle avec le temps selon le taux d'intérêt.

Taux de variation instantané

Considérons une voiture roulant le long d'une route. Elle accélère de manière uniforme telle que la distance parcourue S en fonction du temps soit exprimée par la fonction :

$$S(t) = 5t^2 + 2t + 8.$$

Dans cette fonction, la variable t représente le temps écoulé depuis que la voiture a commencé à se déplacer.

Si nous mesurons les distances parcourues aux temps t_1 et t_2 tels que $t_2 > t_1$, nous pouvons alors calculer la distance parcourue par la voiture par unité de temps via l'expression :

$$\frac{S(t_2) - S(t_1)}{t_2 - t_1}.$$

Ceci s'appelle la variation moyenne de la fonction $S(t)$ en fonction de la variable t ou, en d'autres mots, la vitesse moyenne. Si on pose $t_2 = t_1 + \delta_t$, on peut réécrire l'expression précédente de la manière suivante :

$$\frac{S(t_1 + \delta_t) - S(t_1)}{\delta_t}.$$

Cette expression est aussi une fonction de t_1. Maintenant, nous allons faire tendre δ_t vers 0 et évaluer la limite :

$$\lim_{\delta_t \to 0} \frac{S(t_1 + \delta_t) - S(t_1)}{\delta_t}.$$

Commençons par créer les objets requis :

```
   >>> from sympy import Symbol,Limit
   >>> t=Symbol('t')
❶ >>> St=5*t**2+2*t+8
   >>> t1=Symbol('t1')
   >>> delta_t=Symbol('delta_t')
❷ >>> St1=St.subs({t:t1})
❸ >>> St1_delta=St.subs({t:t1+delta_t})
```

Nous définissons tout d'abord la fonction `St` en ❶. Puis nous définissons deux variables, `t1` et `delta_t`. Avec la méthode `subs()`, nous trouvons alors l'expression de $S(t_1)$ et de $S(t_1 + \Delta_t)$ en remplaçant `t` par les variables `t1` et `t1+delta_t` respectivement en ❷ et ❸.
Évaluons cette limite :

```
>>> Limit((St1_delta-St1)/delta_t,delta_t,0).doit()
10*t1+2
```

La limite s'avère être `10*t1+2`, ce qui correspond à la variation instantanée de $S(t)$ en t_1, ici la vitesse instantanée de la voiture en t_1.
Ce que nous venons de calculer est en réalité la dérivée de la fonction $S(t)$. Nous pouvons calculer cette valeur en utilisant directement la classe `Derivative` de `SymPy`.

Trouver la dérivée d'une fonction

La dérivée d'une fonction $y = f(x)$ correspond au taux de variation de y lorsque x varie. Elle s'écrit $f'(x)$ ou dy/dx. Pour trouver la dérivée d'une fonction, prenons l'exemple de la fonction représentant la distance parcourue par une voiture :

```
❶ >>> from sympy import Symbol,Derivative
   >>> t=Symbol('t')
   >>> St=5*t**2+2*t+8
❷ >>> Derivative(St,t)
   Derivative(5*t**2+2*t+8,t)
```

Nous importons la classe `Derivative` en ❶ et créons un objet de cette classe en ❷. Les deux arguments de cette classe sont la fonction `St` et la variable `t`. Un objet de la classe `Derivative` est retourné mais la dérivée n'est pas encore calculée ; pour ce faire, nous appelons la méthode `doit()` sur l'objet `Derivative` :

```
>>> d=Derivative(St,t)
>>> d.doit()
10*t+2
```

L'expression de la dérivée s'avère être 10*t+2. Si nous voulons maintenant calculer la valeur de la dérivée en un point particulier t – disons $t = t_1$ ou $t = 1$ – nous devons utiliser la méthode subs() :

```
>>> d.doit().subs({t:t1})
10*t1+2
>>> d.doit().subs({t:1})
12
```

Essayons sur une fonction légèrement plus complexe :

$$\left(x^3 + x^2 + x\right)\left(x^2 + x\right).$$

```
>>> from sympy import Derivative,Symbol
>>> x=Symbol('x')
>>> f=(x**3+x**2+x)*(x**2+x)
>>> Derivative(f,x).doit()
(2*x+1)*(x**3+x**2+x)+(x**2+x)*(3*x**2+2*x+1)
```

On pourrait considérer cette fonction comme le produit de deux fonctions différentes et utiliser, à la main, la formule de la dérivée d'un produit, mais ce n'est pas nécessaire car il suffit de créer un objet de la classe Derivative pour que Python le fasse à notre place.
Vous pouvez essayer d'autres expressions plus complexes encore, comme des expressions comprenant des fonctions trigonométriques.

Un calculateur de dérivée

Écrivons maintenant un programme calculant des dérivées. Il prend une fonction en entrée et affiche sa dérivée selon la variable spécifiée :

```
'''
Calculateur de dérivée
'''
from sympy import Symbol,Derivative,sympify,pprint
from sympy.core.sympify import SympifyError
def derive(f,var):
    var=Symbol(var)
    d=Derivative(f,var).doit()
    pprint(d)
if __name__=='__main__':
❶    f=input('Entrer une fonction : ')
    var=input('Entrer la variable selon laquelle vous souhaitez dériver : ')
    try:
❷        f=sympify(f)
    except SympifyError:
        print('Saisie invalide')
    else:
❸        derive(f,var)
```

En ❶, nous demandons à l'utilisateur de saisir une fonction, puis selon quelle variable il veut qu'elle soit dérivée. En ❷, nous convertissons la fonction saisie en un objet `SymPy` à l'aide de la fonction `sympify()`. Nous appelons cette fonction dans un bloc `try...except` afin qu'un message d'erreur soit affiché si l'utilisateur saisit une entrée invalide. Si l'expression est valide, nous appelons la fonction `derive()` en ❸, avec l'expression convertie et la variable en arguments.

Dans la fonction `derive()`, nous créons d'abord un objet `Symbol` correspondant à la variable en argument. Nous utilisons le label `var` pour se référer à cette variable. Ensuite, nous créons un objet `Derivative` avec la fonction à dériver et la variable `var`. Nous appelons alors la méthode `doit()` pour évaluer la dérivée puis l'affichons sous une forme mathématique à l'aide de la fonction `pprint()`. Voici un exemple d'exécution :

```
Entrer une fonction : 2*x**2+3*x+1
Entrer la variable selon laquelle vous souhaitez dériver : x
4x+3
```

Voici un autre exemple d'exécution sur une fonction avec deux variables :

```
Entrer une fonction : 2*x**2+y**2
Entrer la variable selon laquelle vous souhaitez dériver : x
4x
```

Calculer des dérivées partielles

Dans le programme précédent, nous avons vu qu'il était possible de calculer la dérivée d'une fonction à plusieurs variables selon une des variables à l'aide de la classe `Derivative`. C'est ce qu'on appelle une *dérivée partielle*, indiquant qu'une seule variable varie tandis que les autres restent fixes.

Considérons la fonction $f(x,y) = 2xy + xy^2$.

La dérivée partielle selon x est :

$$\frac{\partial f}{\partial x} = 2y + y^2 .$$

Le programme précédent est capable d'en trouver la dérivée partielle, il suffit de spécifier la bonne variable :

```
Entrer une fonction : 2*x*y+x*y**2
Entrer la variable selon laquelle vous souhaitez dériver : x
 2
y +2y
```

Dans ce chapitre, nous avons toujours supposé que les fonctions que nous dérivions étaient dérivables sur leur domaine de définition entier, ce qui n'est pas toujours le cas.

Dérivée d'ordre supérieur et comment trouver le maximum et le minimum

Par défaut, lorsque nous créons un objet de la classe `Derivative`, celui-ci représente la dérivée du premier ordre. Pour trouver la dérivée d'un ordre supérieur, il suffit de spécifier l'ordre en troisième argument de la fonction lorsque vous créez l'objet `Derivative`. Dans cette section, nous allons vous montrer comment utiliser les dérivées du premier et du second ordre afin de trouver le maximum et le minimum d'une fonction sur un intervalle.

Considérons la fonction $x^5 - 30x^3 + 50x$, définie sur l'intervalle [−5, 5]. Notez que nous avons utilisé des crochets orientés vers l'intérieur pour indiquer que l'intervalle est fermé, c'est-à-dire que les valeurs −5 et 5 y sont incluses (figure 7-3).

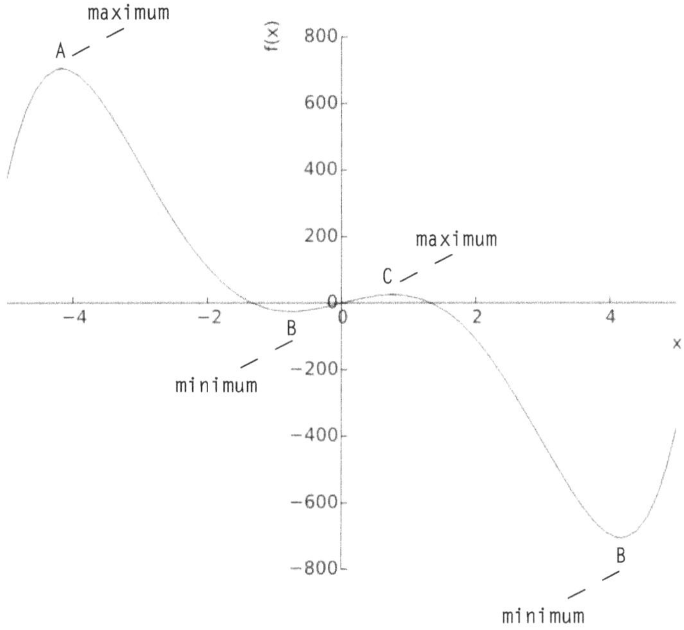

Figure 7-3 : Graphique de la fonction dans l'intervalle [−5,5]

Sur le graphique, nous pouvons voir que la fonction atteint son minimum de l'intervalle [−2, 0] au point B et son maximum de l'intervalle [0,2] au point C. En outre, la fonction atteint son maximum et son minimum de l'intervalle tout entier aux points A et D respectivement. Ainsi, lorsque nous considérons l'intervalle [−5, 5] tout entier, les points B et C sont, respectivement, appelés *minimum local* et *maximum local* et les points A et D sont appelés *maximum global* et *minimum global.*

Le terme *extremum* se réfère à tout maximum ou minimum, qu'il soit local ou global. Si m est un extremum de la fonction $f(x)$, alors la dérivée du premier ordre en ce point, notée $f'(m)$, est nulle. Cette propriété montre qu'une bonne manière de trouver un extremum est de résoudre l'équation $f'(x) = 0$. De telles solutions sont appelées les *points critiques* de la fonction. Essayons de voir cela :

```
>>> from sympy import Symbol,solve,Derivative
>>> x=Symbol('x')
>>> f=x**5-30*x**3+50*x
>>> d1=Derivative(f,x).doit()
```

Maintenant que nous avons calculé la dérivée du premier ordre, $f'(x)$, nous allons résoudre l'équation $f'(x) = 0$ pour trouver les points critiques de la fonction :

```
>>> points_critiques=solve(d1)
>>> points_critiques
[-sqrt(-sqrt(71)+9),sqrt(-sqrt(71)+9),-sqrt(sqrt(71)+9),sqrt(sqrt(71)+9)]
```

Les nombres de la liste `points_critiques` sont, respectivement, les points B, C, A et D. Nous allons créer des labels pour nous référer à ces points, que nous pourrons ensuite utiliser dans notre code :

```
>>> A=points_critiques[2]
>>> B=points_critiques[0]
>>> C=points_critiques[1]
>>> D=points_critiques[3]
```

Comme tous les points critiques de cette fonction appartiennent à l'intervalle que nous avons considéré jusqu'ici, ils sont tous intéressants dans notre recherche des extremums de la fonction $f(x)$. Nous pouvons maintenant utiliser la dérivée du second ordre pour trouver lesquels de ces points sont les maximum et minimum globaux.

Nous créons d'abord la dérivée du second ordre. Notez que pour cela, nous plaçons `2` en troisième argument :

```
>>> d2=Derivative(f,x,2).doit()
```

Nous évaluons maintenant la dérivée seconde pour les valeurs correspondant aux points critiques. Si le résultat est négatif, le point est un maximum local ; si ce résultat est positif, c'est un minimum local. Si la valeur résultante est nulle, alors le test n'est pas concluant et nous ne pouvons pas déduire si le point critique est un minimum, un maximum ou aucun des deux :

```
>>> d2.subs({x:B}).evalf()
127.661060789073
>>> d2.subs({x:C}).evalf()
-127.661060789073
>>> d2.subs({x:A}).evalf()
-703.493179468151
>>> d2.subs({x:D}).evalf()
703.493179468151
```

Évaluer la dérivée seconde aux points critiques nous a ici indiqué que les points A et C étaient des maximums locaux et les points B et D des minimums locaux.

Le maximum et le minimum global de $f(x)$ sur l'intervalle [-5,5] sont soit atteints en des points critiques, soit sur les bornes de l'intervalle ($x = -5$ ou $x = 5$). Nous avons déjà trouvé tous les points critiques sur cet intervalle (A, B, C et D), qui correspondent à des extremums locaux.

Ainsi, nous devons évaluer $f(x)$ aux points A, C, –5 et 5. Parmi ces points, celui où $f(x)$ est maximale est le maximum global.
Créons deux labels, `x_min` et `x_max`, représentant les limites de l'intervalle, et évaluons la fonction aux points A, C, `x_min` et `x_max` :

```
>>> x_min=-5
>>> x_max=5
>>> f.subs({x:A}).evalf()
705.959460380365
>>> f.subs({x:C}).evalf()
25.0846626340294
>>> f.subs({x:x_min}).evalf()
375.000000000000
>>> f.subs({x:x_max}).evalf()
-375.000000000000
```

Grâce à ce calcul, nous remarquons que le point A est le maximum global (figure 7-3).
Similairement, pour déterminer le minimum global, nous devons examiner les valeurs de $f(x)$ aux points B, D, -5 et 5 :

```
>>> f.subs({x:B}).evalf()
25.0846626340294
>>> f.subs({x:D}).evalf()
-705.959460380365
>>> f.subs({x:x_min}).evalf()
375.000000000000
>>> f.subs({x:x_max}).evalf()
-375.000000000000
```

C'est le point D qui est le minimum global.
Cette méthode pour trouver les extremums d'une fonction – examiner la valeur de la fonction en ses points critiques, en éliminer certains à l'aide de la dérivée seconde – fonctionne toujours si la fonction est dérivable deux fois et que les deux dérivées sont bien définies sur le domaine tout entier.
Pour certaines fonctions, comme e^x, il se peut qu'il n'y ait aucun point critique. Dans ce cas, la méthode continue quand même de fonctionner : elle nous apprend juste que les extremums se trouvent aux frontières de l'intervalle.

Trouver le maximum global à l'aide du gradient

Il peut arriver que nous ne soyons intéressés que par le maximum global d'une fonction et qu'on ne tienne pas à trouver les autres maximums et minimums locaux. Par exemple, nous pourrions vouloir calculer l'angle de projection pour lequel une balle atteindrait la plus grande distance horizontale. Nous allons maintenant aborder une nouvelle approche pour résoudre un tel problème. Nous n'aurons besoin que de la dérivée première.

Cette approche est appelée l'*algorithme du gradient ascendant*. C'est une méthode itérative permettant de trouver le maximum global. Du fait que cette méthode nécessite un grand nombre de calculs, l'outil informatique est parfait pour la mettre en œuvre. Essayons-la sur le problème de l'angle de projection cité ci-dessus. Dans le chapitre 2, nous avons dérivé l'expression :

$$t_{vol} = 2\frac{u\sin\theta}{g}$$

afin de calculer le temps de vol d'un corps en chute libre lancé avec une vitesse u et un angle θ. La portée du projectile, r, est la distance totale parcourue par le projectile et est donnée par le produit $u_x t_{vol}$. Ici, u_x représente la composante horizontale de la vitesse, égale à $u\cos\theta$. Si on substitue les expressions de u_x et de t_{vol} dans la formule de R, on obtient :

$$R = u\cos\theta\frac{2u\sin\theta}{g} = u^2\frac{\sin 2\theta}{g}.$$

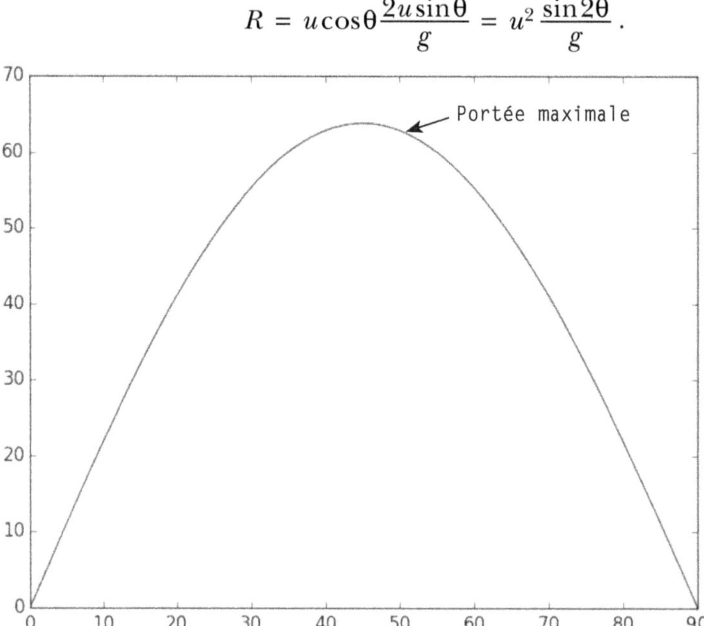

Figure 7-4 : La portée d'un projectile lancé à une vitesse initiale de 25 m/s en fonction de l'angle de projection

Le graphique de la figure 7-4 met en relation les valeurs de θ entre 0 et 90 degrés avec leur portée correspondante. Sur ce graphique, on peut voir que la portée maximale est atteinte lorsque l'angle est dans les alentours de 45 degrés. Nous allons maintenant apprendre à utiliser l'algorithme du gradient pour trouver numériquement cette valeur de θ.

L'algorithme du gradient est une méthode itérative : nous commençons avec une valeur initiale de θ – disons 0,001 ou $\theta_{préc} = 0{,}001$ – et nous approchons graduellement de la valeur de θ correspondant à la portée maximale (figure 7-5). L'étape nous rapprochant de cette valeur est définie par l'équation :

$$\theta_{nouv} = \theta_{préc} + \lambda\frac{dR}{d\theta},$$

où θ est la constante d'étape et $\frac{dR}{d\theta}$ est la dérivée de R par rapport à θ.

Une fois que nous avons défini la valeur initiale de $\theta_{préc}$, nous suivons le processus suivant :

1. Calculer θ_{nouv} à l'aide de l'équation.

1. Si la valeur absolue de $\theta_{nouv} - \theta_{préc}$ est supérieure à une certaine valeur ε, alors $\theta_{préc} = \theta_{nouv}$ prend la valeur et nous retournons à l'étape 1. Sinon, nous passons à l'étape 3.
2. θ_{nouv} est la valeur approximative de θ pour laquelle R atteint sa valeur maximale.

La valeur de ε détermine quand nous allons arrêter les itérations de l'algorithme. Nous verrons plus en détail son rôle dans la section « Le rôle de la constante d'étape et d'epsilon », page 185.

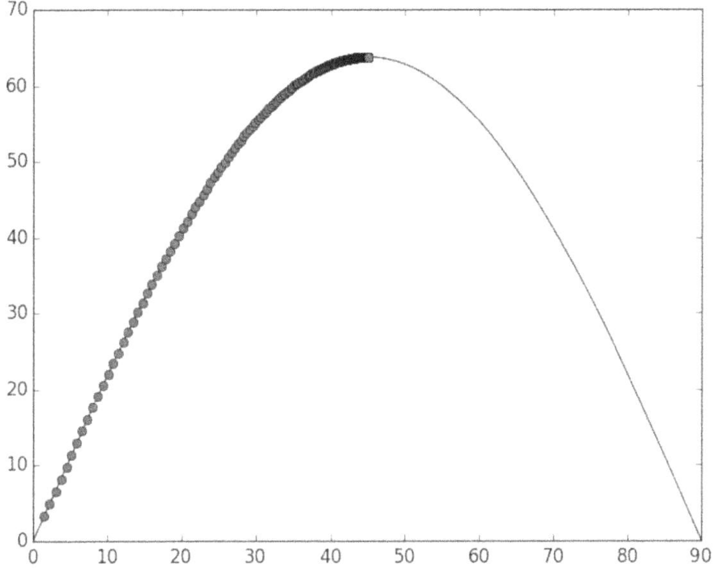

Figure 7-5 : L'algorithme du gradient nous amène de manière itérative vers le point maximal de la fonction.

La fonction `grad_algo()` implémente l'algorithme du gradient. Le paramètre `x0` est la valeur initiale de la variable pour laquelle nous allons commencer l'itération, `f1x` est la dérivée de la fonction dont nous cherchons le maximum et `x` est l'objet `Symbol` représentant la variable de la fonction.

```
'''
Utilise l'algorithme du gradient pour trouver l'angle auquel une balle
lancée à 25 m/s atteint sa portée maximale
'''

import math
from sympy import Derivative,Symbol,sin
def grad_algo(x0,f1x,x):
❶     epsilon=1e-6
❷     cste_etape = 1e-4
❸     x_prec=x0
```

```
❹     x_nouv=x_prec+cste_etape*f1x.subs({x:x_prec}).evalf()
❺     while abs(x_prec-x_nouv)>epsilon:
          x_prec=x_nouv
          x_nouv=x_prec+cste_etape*f1x.subs({x:x_prec}).evalf()
      return x_nouv
❻ def trouve_max_theta(R,theta):
      # Calcule la dérivée première
      R1theta=Derivative(R,theta).doit()
      theta0=1e-3
      theta_max=grad_algo(theta0,R1theta,theta)
❼     return theta_max
  if __name__=='__main__':
      g=9.8
      # La vitesse initiale
      u=25
      # Expression de la portée
      theta=Symbol('theta')
❽     R=u**2*sin(2*theta)/g
❾     theta_max=trouve_max_theta(R,theta)
      print('Theta : {0}'.format(math.degrees(theta_max)))
      print('Portée maximale : {0}'.format(R.subs({theta:theta_max})))
```

Nous fixons la valeur d'epsilon à 1e-6 et la constante d'étape à 1e-4 en ❶ et ❷, respectivement. La valeur d'epsilon doit toujours être positive et très proche de 0 et la valeur de la constante d'étape doit être choisie de telle sorte que la variable soit incrémentée d'une petite quantité à chaque étape de l'algorithme.

Nous fixons x_prec à x0 en ❸ et calculons x_nouv pour la première fois en ❹. Nous utilisons la méthode subs() pour évaluer la dérivée en x_prec et utilisons evalf() pour obtenir la valeur numérique. Si la valeur absolue de la différence abs(x_prec-x_nouv) est supérieure à epsilon, la boucle « for » en ❺ continue de s'exécuter et nous réactualisons les valeurs de x_prec et x_nouv selon les étapes 1 et 2 de l'algorithme du gradient. Une fois sortis de la boucle – lorsque abs(x_prec-x_nouv)>epsilon – nous retournons x_nouv, la valeur approximative du maximum de la fonction.

Nous définissons la fonction trouve_max_theta() en ❻. Nous y calculons la dérivée première de R, nous créons un label theta0 que nous fixons à 1e-3 et nous appelons la fonction grad_algo() avec ces deux valeurs et la variable theta en arguments. Une fois que nous avons calculé la valeur de pour laquelle la fonction est maximale, nous la retournons ❼.

Finalement, nous créons l'expression représentant la distance horizontale en ❽ après avoir défini la vitesse initiale à 25 m/s et l'objet Symbol représentant l'angle θ. Puis nous appelons la fonction trouve_max_theta() avec R et theta en argument, en ❾.

Lorsque vous lancez le programme, vous devez voir s'afficher le résultat suivant:

```
Theta : 44.99999978475661
Portée maximale : 63.7755102040816
```

La valeur de θ est exprimée en degrés et s'avère être très proche de 45°. Si vous changez la vitesse initiale, vous verrez que l'angle de projection auquel la portée maximale est atteinte reste approximativement égal à 45°.

Un programme générique pour l'algorithme du gradient ascendant

Modifions légèrement le code précédent pour créer un programme générique de l'algorithme du gradient :

```
'''
Utilise l'algorithme du gradient pour trouver le maximum d'une fonction à
une seule variable.
'''
from sympy import Derivative,Symbol,sympify
def grad_algo(x0,f1x,x):
    epsilon=1e-6
    cste_etape=1e-4
    x_prec=x0
    x_nouv=x_prec+cste_etape*f1x.subs({x:x_prec}).evalf()
    while abs(x_prec-x_nouv)>epsilon:
        x_prec=x_nouv
        x_nouv=x_prec+cste_etape*f1x.subs({x:x_prec}).evalf()
    return x_nouv
if __name__=='__main__':
    f=input('Entrer une fonction à une variable : ')
    var=input('Entrer la variable selon laquelle vous souhaitez
dériver : ')
    var0=float(input('Entrer la valeur initiale de la variable : '))
    try:
        f=sympify(f)
    except SympifyError:
        print('La fonction saisie est invalide.')
    else:
❶       var=Symbol(var)
❷       d=Derivative(f,var).doit()
❸       var_max=grad_algo(var0,d,var)
        print('{0} : {1}'.format(var.name,var_max))
        print('Valeur maximale : {0}'.format(f.subs({var:var_max})))
```

La fonction `grad_algo()` reste inchangée. Cependant, le programme demande maintenant à l'utilisateur de saisir la fonction, la variable de cette fonction et la valeur initiale de la variable pour laquelle l'algorithme démarrera. Après avoir vérifié que `SymPy` reconnaît bien la saisie de l'utilisateur, nous créons un objet `Symbol` correspondant à la variable, en ❶, puis nous calculons la dérivée en ❷ pour enfin appeler la fonction `grad_algo()` avec ces trois arguments. La valeur maximale est retournée en ❸. Voici un exemple d'utilisation :

```
Entrer une fonction à une variable : 25*25*sin(2*theta)/9.8
Entrer la variable selon laquelle vous souhaitez dériver : theta
Entrer la valeur initiale de la variable : 0.001
```

```
theta : 0.785360029379083
Valeur maximale : 63.7755100185965
```

Les données en entrée de la fonction sont ici les mêmes que lors de notre première implémentation de l'algorithme du gradient, mais la valeur de θ est exprimée en radians.
Voici un autre exemple d'exécution de ce programme, cette fois-ci pour trouver le maximum de la fonction cos(y) :

```
Entrer une fonction à une variable : cos(y)+k
Entrer la variable selon laquelle vous souhaitez dériver : y
Entrer la valeur initiale de la variable : 0.01
y : 0.00999900001666658
Valeur maximale : k+0.999950010415832
```

Cependant, une fonction telle que cos(ky) ne fonctionnerait pas car sa dérivée, k sin (ky) contient toujours k, dont SymPy ne sait rien. De ce fait, SymPy ne peut pas effectuer une des étapes clés de l'algorithme du gradient, à savoir la comparaison `abs(x_prec-x_nouv)>epsilon`.

Mise en garde concernant la valeur initiale

La valeur initiale de la variable joue un rôle très important dans l'algorithme. Considérons la fonction que nous avons utilisée à titre d'exemple dans la figure 7-3. Trouvons le maximum de cette fonction en utilisant notre programme générique :

```
Entrer une fonction à une variable : x**5-30*x**3+50*x
Entrer la variable selon laquelle vous souhaitez dériver : x
Entrer la valeur initiale de la variable : -2
x : -4.17445116397103
Valeur maximale : 705.959460322318
```

L'algorithme du gradient s'arrête lorsqu'il trouve le pic le plus proche, lequel n'est pas toujours le maximum global. Dans cet exemple, lorsque vous démarrez de la valeur -2, l'algorithme s'arrête au sommet correspondant au maximum global (approximativement 706) du domaine considéré. Voyons plus en détail en essayant une valeur initiale différente :

```
Entrer une fonction à une variable : x**5-30*x**3+50*x
Entrer la variable selon laquelle vous souhaitez dériver : x
Entrer la valeur initiale de la variable : 0.5
x : 0.757452532565767
Valeur maximale : 25.0846622605419
```

Dans ce cas, le sommet le plus proche auquel l'algorithme du gradient s'arrête n'est pas le maximum global de la fonction. La figure 7-6 dépeint le processus de l'algorithme dans chacun des scénarios.

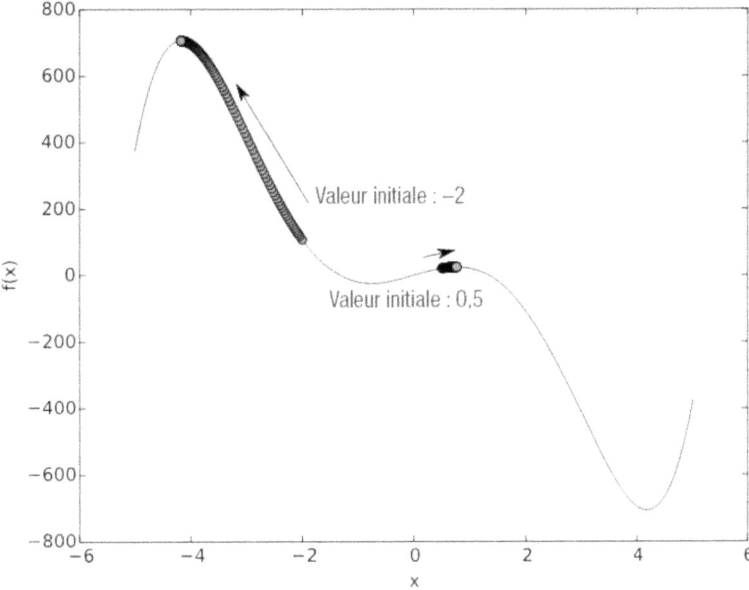

Figure 7-6 : Résultat de l'algorithme du gradient avec différentes valeurs initiales. Cette méthode nous conduit toujours au pic le plus proche.

Ainsi, lorsque vous utilisez cette méthode, la valeur initiale doit être choisie avec précaution. Il existe des variantes de cet algorithme visant à régler ce problème.

Le rôle de la constante d'étape et d'epsilon

Dans l'algorithme du gradient, la valeur suivante est calculée selon l'expression :

$$\theta_{nouv} = \theta_{préc} + \lambda \frac{dR}{d\theta}$$

où λ est la constante d'étape. Cette dernière détermine la distance à laquelle sera le point de la prochaine étape. Elle doit être petite pour éviter d'enjamber un pic : si la valeur actuelle de x est proche de celle correspondant au maximum de la fonction, il faut éviter d'obtenir une valeur dépassant le pic lors de l'étape suivante. Si cela arrivait, l'algorithme n'aurait pas une solution adéquate. D'un autre côté, plus la valeur est petite et plus l'algorithme est long à calculer. Nous avons utilisé une constante d'étape de 10^{-3} mais cette valeur n'est pas toujours la plus appropriée.

La valeur d epsilon (ε) qui détermine la condition d'arrêt de l'algorithme doit être suffisamment petite pour être sûr que x ne varie presque plus. Nous voulons que la valeur de la dérivée $f'(x)$ soit égale à 0 pour trouver le maximum et, idéalement, la différence $|\theta_{nouv} - \theta_{prec}|$ devrait être égale à 0 (voir l'étape 2 de l'algorithme du gradient). À cause des approximations numériques, nous ne trouverons cependant pas une différence nulle. Ainsi, la valeur d epsilon est choisie pour être proche de 0, ce qui, pour des raisons pratiques, sera équivalent à dire que x ne varie plus. Nous avons utilisé 10^{-6} comme valeur de epsilon pour chacune des fonctions. Cette valeur, bien que assez petite et très raisonnable pour certaines fonctions comme sin (x), pourrait ne pas l'être pour d'autres fonctions. Ainsi, c'est une bonne idée de vérifier la valeur maximum à la fin pour confirmer son exactitude ou, au besoin, ajuster la valeur de `epsilon` en conséquence.

Pour que l'algorithme puisse se terminer, l'étape 2 nécessite que l'équation $f'(x) = 0$ ait une solution, ce qui n'est pas le cas pour des fonctions comme e^x ou $\log(x)$. Si vous donniez une de ces deux fonctions en entrée du programme, celui-ci ne vous fournirait aucune solution et continuerait de tourner indéfiniment. Nous pouvons faire en sorte que le programme vérifie d'abord si $f'(x) = 0$ admet une solution :

```
''' Utilise la méthode du gradient pour trouver la valeur maximale
d'une fonction à une variable. Vérifie aussi l'existence d'une solution
à l'équation f'(x)=0. '''
from sympy import Derivative,Symbol,sympify,solve
❶ def grad_algo(x0,f1x,x)
    # Vérifie si f1x=0 admet une solution
    if not solve(f1x):
        print('Ne peut continuer ; il n'existe pas de solution pour
{0}=0.'.format(f1x))
        return
    epsilon=1e-6
    ctse_etape=1e-4
    x_prec=x0
    x_nouv=x_prec+cste_etape*f1x.subs({x:x_prec}).evalf()
    while abs(x_prec-x_nouv)>epsilon:
        x_prec=x_nouv
        x_nouv=x_prec+ctse_etape*f1x.subs({x:x_prec}).evalf()
    return x_nouv
    f=input('Entrer une fonction à une variable : ')
    var=input('Entrer la variable selon laquelle vous souhaitez
dériver : ')
    var0=float(input('Entrer la valeur initiale de la variable : '))
    try:
        f=sympify(f)
    except SympifyError:
        print('La fonction saisie est invalide.')
    else:
        var=Symbol(var)
        d=Derivative(f,var).doit()
        var_max=grad_algo(var0,d,var)
❷       if var_max:
            print('{0} : {1}'.format(var.name,var_max))
            print('Valeur maximale : {0}'.format(f.subs({var:var_max})))
```

Dans cette modification de la fonction `grad_algo()`, nous appelons la fonction `solve()` de `SymPy` en ❶ pour déterminer si l'équation $f'(x) = 0$, ici `f1x`, admet une solution. Si non, nous affichons un message et arrêtons l'exécution. Une autre modification apparaît dans la fonction `__main__` en ❷. Nous vérifions si la fonction `grad_algo()` a retourné un résultat ; si oui, alors nous l'affichons.

Ces changements permettent au programme de gérer des fonctions comme $\log(x)$ ou e^x :

```
Entrer une fonction à une variable : log(x)
Entrer la variable selon laquelle vous souhaitez dériver : x
Entrer la valeur initiale de la variable : 0.1
Ne peut continuer, il n'existe pas de solution pour 1/x=0.
```

L'ALGORITHME DU GRADIENT

L'algorithme inverse est l'algorithme du gradient descendant, qui permet de trouver la valeur minimale d'une fonction. Il est très similaire à l'algorithme du gradient ascendant. Dans le défi #2 (voir plus loin dans ce chapitre), nous nous penchons sur les différences entre ces deux algorithmes et vous donnons une opportunité d'implémenter l'algorithme de descente.

Trouver l'intégrale d'une fonction

L'intégrale d'une fonction $f(x)$ est une autre fonction $F(x)$ telle que $F'(x) = f(x)$. En mathématiques, cela s'écrit $F(x) = \int f(x)dx$.

L'intégrale finie, en revanche, est de la forme $F(x) = \int_a^b f(x)\,dx$, ce que revient à $F(b) - F(a)$. Nous pouvons trouver ces deux formes en créant un objet `Integral`.

Voici comment calculer l'intégrale $\int kx\,dx$, où k est une constante :

```
>>> from sympy import Integral,Symbol
>>> x=Symbol('x')
>>> k=Symbol('k')
>>> Integral(k*x,x)
Integral(k*x,x)
```

Nous importons les classes `Integral` et `Symbol` puis créons deux objets `Symbol` correspondant à k et x. Nous créons ensuite un objet `Integral` avec la fonction kx, en spécifiant x comme variable de l'intégrale. De la même manière qu'avec les classes `Limit` et `Derivative`, nous pouvons maintenant évaluer l'intégrale avec la méthode `doit()` :

```
>>> Integral(k*x,x).doit()
k*x**2/2
```

L'intégrale s'avère être $kx^2/2$. Si vous en calculez la dérivée, vous retomberez sur la fonction kx.

Pour trouver une intégrale finie, il suffit de spécifier la variable, la limite inférieure et la limite supérieure dans un même tuple lors de la création de l'objet `Integral` :

```
>>> Integral(k*x,(x,0,2)).doit()
2*k
```

Le résultat retourné est l'intégrale finie $\int_0^2 kx\,\mathrm{d}x$. Il pourrait nous être utile de visualiser les intégrales finies de manière géométrique. Considérons la figure 7-7 montrant le graphique de la fonction $f(x) = x$ entre $x = 0$ et $x = 5$.

Considérons maintenant la région ABDE située sous la courbe délimitée par l'axe Ox et par les points $x = 2$ et $x = 4$ correspondant respectivement à A et B. L'aire de cette région peut être trouvée en additionnant celle du carré ABCE et celle du triangle ECD, ce qui nous donne .

$$22 + \left(\frac{1}{2}\right)22 = 6$$

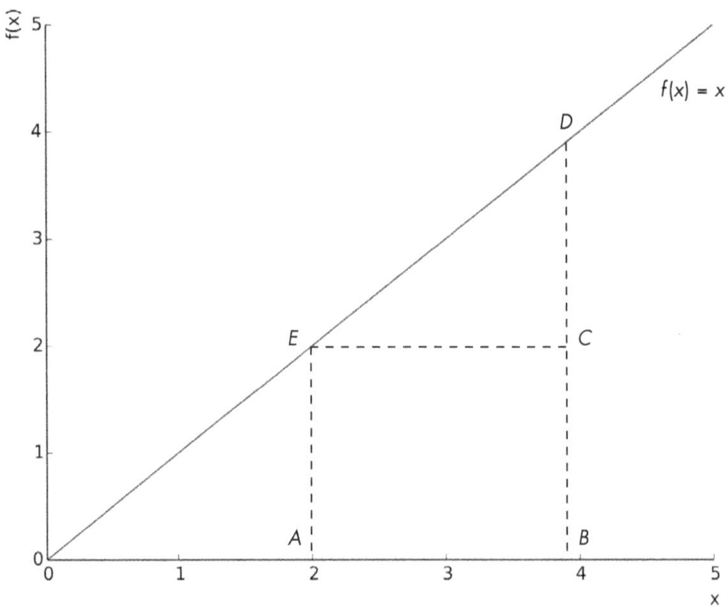

Figure 7-7 : L'intégrale finie d'une fonction entre deux points est l'aire délimitée par la courbe, ces deux points et l'axe Ox.

Calculons maintenant l'intégrale $\int_2^4 x\,\mathrm{d}x$:

```
>>> from sympy import Integral,Symbol
>>> x=Symbol('x')
>>> Integral(x,(x,2,4)).doit()
6
```

La valeur de l'intégrale est la même que l'aire *ABDE*. Ceci n'est pas une coïncidence ; vous obtiendrez le même résultat pour n'importe quelle fonction intégrable de x.

Comprendre que l'intégrale finie est l'aire située sous la courbe, délimitée par deux points de l'axe Ox est la clé de la compréhension des calculs de probabilités avec des variables aléatoires continues.

Fonctions de densité de probabilité

Considérons les élèves d'une classe et leur résultat à un examen de mathématiques. Chaque élève peut obtenir une note entre 0 et 20, incluant les notes à virgule. Si nous traitons l'obtention d'une note comme un événement aléatoire, une note est une variable aléatoire continue puisque elle peut prendre toutes les valeurs entre 0 et 20. Si nous voulons calculer la probabilité qu'un élève obtienne une note entre 11 et 12, nous ne pouvons pas appliquer la méthode vue dans le chapitre 5. Voyons pourquoi en considérant la formule utilisée précédemment,

$$P(11 < x < 12) = \frac{n(E)}{n(S)},$$

où E est l'ensemble de toutes les notes possibles entre 11 et 12 et S est l'ensemble de toutes les notes possibles entre 0 et 20. D'après notre définition du problème, $n(E)$ est infini car il existe un nombre infini de nombre entre 11 et 12 ; la même chose est vraie pour $n(S)$. Ainsi, nous avons besoin d'utiliser une approche différente pour calculer la probabilité.

Une fonction de densité de probabilité, $P(x)$, exprime la probabilité d'obtenir une valeur qui soit proche de la variable aléatoire x arbitrairement choisie. Elle nous apprend aussi la probabilité que la variable aléatoire x se retrouve dans un certain intervalle. Par là, si nous connaissions la fonction représentant la probabilité d'obtenir une note dans un certain intervalle, calculer $P(11 < x < 12)$ nous donnerait la probabilité que nous cherchons. Comment calculer une telle valeur ? Il s'avère que cette probabilité est l'aire située sous la courbe de la fonction de densité délimitée par l'axe Ox et les points $x = 11$ et $x = 12$. Pour une fonction de densité arbitraire, la figure 7-8 montre à quoi correspondrait cette probabilité.

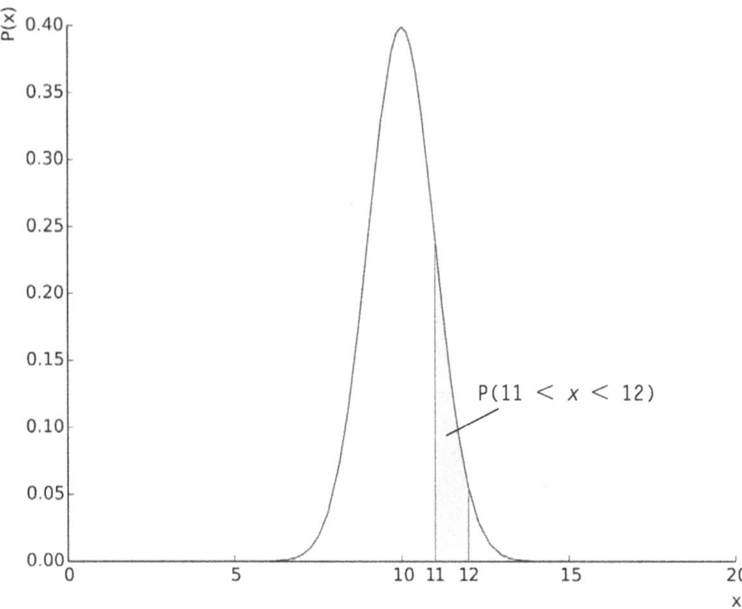

Figure 7-8 : La fonction de densité de probabilité des notes à un examen de mathématiques

Nous savons déjà que cette aire est égale à la valeur de l'intégrale $\int_{11}^{12} p(x)\,\mathrm{d}x$. Nous pouvons donc facilement trouver la probabilité d'obtenir une note entre 11 et 12.

Maintenant que nous avons traité la partie mathématique, nous pouvons trouver quelle est la probabilité. La fonction de densité que nous venons de voir est la fonction $\frac{1}{\sqrt{2\pi}}\mathrm{e}^{-\frac{(x-10)^2}{2}}$ où x est la note obtenue. Cette fonction a été choisie telle que la probabilité d'obtenir une note proche de 10 soit haute puis décroisse rapidement en allant vers les extrêmes.

Calculons maintenant l'intégrale $\int_{11}^{12} p(x)\,\mathrm{d}x$ où $p(x)$ est la fonction précédente :

```
>>> from sympy import Symbol,exp,sqrt,pi,Integral
>>> x=Symbol('x')
>>> p=exp(-(x-10)**2/2)/sqrt(2*pi)
>>> Integral(p,(x,11,12)).doit().evalf()
0.135905121983278
```

Nous créons un objet `Integral` pour la fonction, avec `p` représentant la densité de probabilité et en spécifiant les valeurs limites 11 et 12. Nous évaluons ensuite l'intégrale à l'aide de la méthode `doit()` et trouvons sa valeur numérique avec `evalf()`. Nous obtenons donc que la probabilité d'obtenir une note entre 11 et 12 est proche de 0,14.

LA FONCTION DE DENSITÉ DE PROBABILITÉ : UNE MISE EN GARDE

Dans l'absolu, cette fonction de densité donne une probabilité non nulle d'obtenir une note inférieure à 0 ou supérieure à 20. Toutefois, comme vous pourrez le vérifier à l'aide des outils appris dans cette section, la probabilité d'un tel événement est tellement faible qu'elle est négligeable dans notre cas.

Une fonction de densité de probabilité possède deux propriétés particulières :

- la valeur de la fonction pour n'importe quel x est supérieure à 0, car une probabilité ne peut être négative ;
- la valeur de l'intégrale $\int_{-\infty}^{\infty} f(x)\,\mathrm{d}x$ est égale à 1.

La seconde propriété mérite d'être discutée. Comme $p(x)$ est une densité de probabilité, l'aire sous sa courbe correspondant à l'intégrale $\int_a^b p(x)\,\mathrm{d}x$, entre deux points $x = a$ et $x = b$ nous donne la probabilité de tirer un nombre compris entre a et b. Cela signifie aussi que, peu importe ces deux bornes, la valeur de l'intégrale ne doit pas dépasser 1 puisqu'une probabilité ne peut pas être supérieure à 1 par définition. Ainsi, même si a et b sont très grands et éloignés de sorte qu'ils tendent respectivement vers $-\infty$ et ∞, la valeur de l'intégrale devra tendre vers 1. Nous pouvons le vérifier par nous-même :

```
>>> from sympy import Symbol,exp,sqrt,pi,Integral,S
>>> x=Symbol('x')
>>> p=exp(-(x-10)**2/2)/sqrt(2*pi)
>>> Integral(p,(x,S.NegativeInfinity,S.Infinity)).doit().evalf()
1.00000000000000
```

`S.NegativeInfinity` et `S.Infinity` représentent plus et moins l'infini, que nous spécifions comme étant la limite inférieure et la limite supérieure de l'intégrale lorsque nous créons l'objet `Integral`.

Lorsque nous travaillons avec des variables aléatoires continues, il arrive que nous soyons confrontés à une situation complexe. Dans les probabilités discrètes, la probabilité d'un événement tel que obtenir un 7 sur un dé à six faces est de 0. Nous disons alors que cet événement est impossible. Dans le cas de variables aléatoires continues, la probabilité que la variable prenne une valeur particulière est de 0, même si cet événement est possible. Par exemple, un étudiant peut obtenir la note de 11,5 mais de par la nature des variables aléatoires continues, sa probabilité est de 0. Pour comprendre pourquoi, considérons que cette probabilité est la valeur de l'intégrale $\int_{11,5}^{11,5} p(x)\,\mathrm{d}x$.

Comme les limites inférieures et supérieures de l'intégrale sont égales, sa valeur est de 0.
Considérons l'intervalle de notes de 0 à 20. Un élève peut obtenir n'importe quelle note dans cet intervalle et il y a donc une infinité de valeurs possibles. Si chaque valeur avait la même probabilité non nulle, quelle serait cette probabilité ? D'après la formule des probabilités discrètes, cette valeur serait $1/\infty$, ce qui représente un nombre très petit. En réalité, ce nombre est si petit qu'il est considéré comme étant 0. Ainsi, la probabilité d'obtenir une note de 11,5 est de 0.

Ce que vous avez appris

Dans ce chapitre, vous avez appris comment calculer des limites, des dérivées et des intégrales de fonctions. Vous avez découvert la méthode du gradient ascendant permettant de trouver la valeur maximale d'une fonction et vous avez vu comment utiliser les intégrales pour calculer la probabilité de variables aléatoires continues. Voici maintenant quelques défis à relever.

Défis de programmation

Les défis suivants mettent à l'œuvre ce que nous avons appris dans ce chapitre. Vous pourrez trouvez des exemples de solutions à l'adresse : *http://www.editions-eyrolles.com/dl/14364*.

#1 - Vérifier la continuité d'une fonction en un point

Une condition nécessaire, mais pas suffisante, pour qu'une fonction soit dérivable en un point est qu'elle doit être continue en ce point. Ainsi, la fonction doit être définie en ce point, les limites à droite et à gauche doivent exister et elles doivent être égales à la valeur de la fonction en ce point. Si $f(x)$ est la fonction et $x = a$ est le point qui nous intéresse, ceci s'écrit alors $\lim_{n \to a^+} f(x) = \lim_{n \to a^-} f(x) = f(a)$.
Votre défi ici sera d'écrire un programme qui :

1. prend en entrée une fonction à une seule variable ainsi qu'une valeur pour cette variable ;
2. vérifie si la fonction est continue là où la variable prend ladite valeur.

Voici ce à quoi devra ressembler une exécution de ce programme :

```
Entrer une fonction à une variable : 1/x
Entrer la variable : x
Entrer le point auquel vous souhaitez vérifier la continuité : 1
1/x est continue en 1.0.
```

#2 - Implémenter l'algorithme du gradient descendant

L'algorithme du gradient descendant sert à trouver la valeur minimale d'une fonction. À l'instar de l'algorithme du gradient ascendant, il est itératif : nous commençons avec une valeur initiale pour la variable et nous nous rapprochons graduellement de la valeur de la variable pour laquelle la fonction est minimale. L'étape qui nous permet de nous en rapprocher est l'équation $x_{nouv} = x_{prec} - \lambda \frac{\mathrm{d}f}{\mathrm{d}x}$, où λ est la constante d'étape et $\frac{\mathrm{d}f}{\mathrm{d}x}$ est la dérivée de la fonction. Ainsi, la seule différence avec l'algorithme du gradient ascendant est la manière de calculer x_{nouv} depuis x_{prec}. Votre défi est d'implémenter un programme générique utilisant l'algorithme du gradient descendant pour trouver la valeur minimale d'une fonction à une seule variable saisie par l'utilisateur. Le programme doit aussi créer un graphique de la fonction et afficher toutes les valeurs intermédiaires calculées avant de trouver le minimum. Vous pouvez, pour vous aider, vous référer à la figure 7-5.

#3 - L'aire entre deux courbes

Nous avons appris que l'intégrale $\int_a^b f(x)\,\mathrm{d}x$ représente l'aire contenue entre l'axe Ox et la fonction $f(x)$ et délimitée par les points $x = a$ et $x = b$. L'aire entre deux courbes est donc représentée par l'intégrale $\int_a^b \big(f(x) - g(x)\big)\,\mathrm{d}x$, où a et b sont les points d'intersection des deux courbes, avec $a < b$. La fonction $f(x)$ est appelée *fonction supérieure* et $g(x)$ est la *fonction inférieure*. La figure 7-9 illustre le problème avec $f(x) = x$, $g(x) = x$, $a = 0$ et $b = 1$.

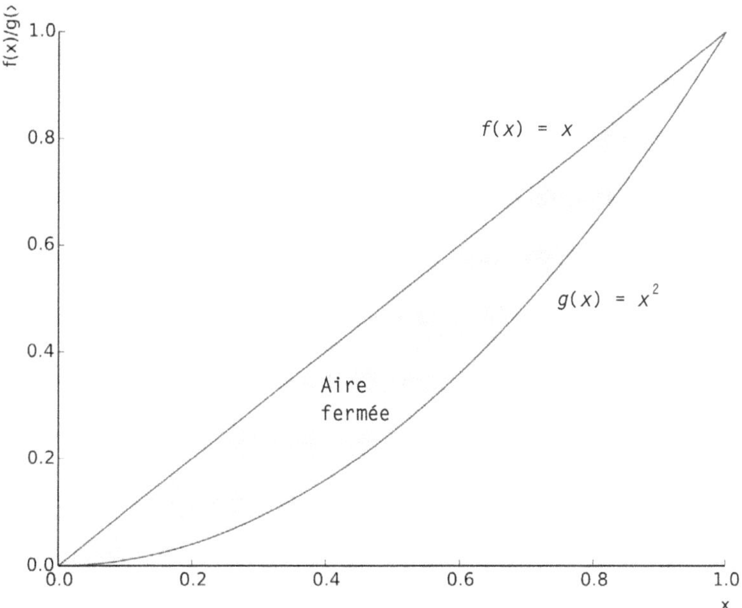

Figure 7-9 : Les fonctions $f(x) = x$ et $g(x) = x^2$ délimitent une aire entre les points $x = 0$ et $x = 1$.

Votre défi consiste à écrire un programme permettant à l'utilisateur de saisir deux fonctions de x de son choix et affichant la valeur de l'aire entre les deux. Le programme doit clairement spécifier que la première fonction saisie est la fonction supérieure et demande les valeurs entre lesquelles calculer l'aire.

#4 - Trouver la longueur d'une courbe

Supposons que vous veniez de faire un tour de vélo le long d'une route ayant l'allure de la figure 7-10. Comme vous n'aviez pas d'odomètre, vous souhaitez savoir s'il existe un moyen mathématique de déterminer la distance que vous venez de parcourir. Tout d'abord, nous devons trouver une équation, ou une approximation, décrivant cette courbe.

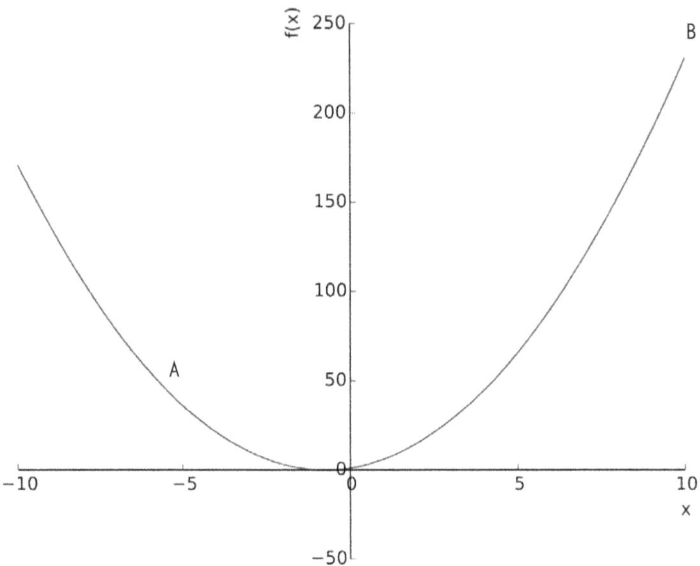

Figure 7-10 : Une approximation du chemin parcouru

Avez-vous remarqué que cela ressemble beaucoup à une des fonctions quadratiques que nous avons vues plus tôt ? En effet, pour ce défi, nous allons supposer que l'équation est $y = f(x) = 2x^2 + 3x + 1$ et que vous avez roulé depuis le point A (-5,36) jusqu'au point B (10,231). Pour trouver la longueur de cet arc, c'est-à-dire la distance parcourue, nous allons devoir calculer l'intégrale

$$\int_a^b \sqrt{1 + \left(\frac{dy}{dx}\right)^2}\, dx,$$

où y décrit la fonction précédente. Écrivez un programme calculant la longueur de l'arc AB.

Vous pouvez ensuite généraliser votre programme pour qu'il soit capable de calculer la longueur de l'arc entre deux points pour n'importe quelle fonction $f(x)$.

POSTFACE

Vous venez de finir ce livre, bien joué ! Maintenant que vous avez appris comment gérer les nombres, créer des graphiques, exécuter des opérations mathématiques, manipuler les ensembles et les expressions algébriques, créer des figures animées et résoudre des problèmes de calcul infi- nitésimal, que faire d'autre ? Voici quelques idées à essayer.

Sujets à explorer

J'espère que ce livre vous inspirera pour résoudre vos propres problèmes mathématiques. Il n'est toutefois pas simple de trouver des défis par soi-même.

Projet Euler

Un endroit où vous pourrez trouver plus de 500 problèmes mathématiques de tous niveaux à résoudre en créant des programmes est le Projet Euler (*https://projecteuler.net*). Une fois que vous aurez créé gratuitement un compte utilisateur, vous pourrez soumettre vos solutions pour vérifier si elles sont correctes.

Documentation Python

Vous pouvez aussi explorer davantage les documentations de Python :

- le module `math` : *https://docs.python.org/3/library/math.html*
- d'autres modules mathématiques et numériques : *https://docs.python.org/3/library/numeric.html*
- le module de statistiques : *https://docs.python.org/3/library/statistics.html*

Nous n'avons pas vu dans le livre comment étaient stockés les nombres à virgule flottante dans la mémoire de l'ordinateur ou les problèmes que cela pourrait amener. Lisez la documentation à ce propos ou suivez les discussions sur « Floating Point Aritmetic » dans le tutoriel de Python pour en apprendre plus à ce sujet :

- le module `decimal` : *https://docs.python.org/3/library/decimal.html*
- Floating Point Arithmetic : *https://docs.python.org/3.4/tutorial/floating-point.html*

Livres

Si vous êtes intéressés par l'exploration de nouveaux sujets mathématiques et informatiques, vous pouvez lire les livres suivants (en anglais).

- *Invent Your Own Computer Games with Python* et *Making Games with Python and Pygame* par Al Sweigart (gratuits à l'adresse *https://inventwithpython.com*). Ces livres ne traitent pas spécialement de la résolution de problèmes mathématiques mais appliquent les mathématiques à la création de jeux vidéo avec Python.
- *Think Stats : Probability and Statistics for Programmers* par Allen B. Downey est un livre disponible gratuitement (*http://greenteapress.com/thinkstats*). Comme l'indique le titre, ce livre creuse en profondeur certains sujets des statistiques et des probabilités au-delà de ceux traités dans ce livre.
- *Teach Your Kids to Code* par Bryson Payne (No Starch Press, 2015) est dédié aux débutants et couvre plusieurs thèmes sur Python. Vous y apprendrez les graphiques tortues, plusieurs manières intéressantes d'utiliser le module `random` de Python et comment créer des jeux et des animations à l'aide de `pygame`.
- *Computational Physics with Python* par Mark Newman (2013) s'intéresse à des sujets mathématiques avancés visant à résoudre des problèmes en physique. Cependant, plusieurs chapitres sont très intéressants pour apprendre à écrire des programmes résolvant des problèmes mathématiques et numériques.

Se faire aider

Si vous êtes coincé sur un des sujets de ce livre, vous pouvez me contacter par courriel à l'adresse *doingmathwithpython@gmail.com*. Si vous désirez en apprendre davantage sur les fonctions ou les classes utilisées dans nos programmes, il est conseillé de commencer par lire les documentations officielles :

- bibliothèque standard de Python 3 : *https://docs.python.org/3/library/index.html*
- `SymPy` : *http://docs.sympy.org/latest/index.html*
- `matplotlib` : *http://matplotlib.org/contents.html*

Conclusion

Nous avons finalement atteint la fin de ce livre. J'espère que vous avez appris beaucoup de choses tout au long de votre lecture. Continuez à vous renseigner et à résoudre encore plus de problèmes avec Python !

A

INSTALLATION DES LOGICIELS

Les programmes et solutions de ce livre ont été testés pour fonctionner avec Python 3.4, `matplotlib` 1.4.2, `matplotlib-venn` 0.11 et `SymPy` 0.7.6. Ces versions sont les configurations minimales requises. Les programmes devraient aussi fonctionner avec les versions plus récentes de ces logiciels. Les changements et mises à jour seront renseignés sur le site web du livre *http://www.editions-eyrolles.com/dl/14364*.

Il y a plusieurs manières d'obtenir Python et les bibliothèques (mathématiques, traitement de données) dont vous avez besoin, mais une des plus simples est d'utiliser le logiciel de distribution Anaconda, disponible gratuitement pour Microsoft Windows, Linux et Mac OS X (*http://store.continuum.io/cshop/anaconda*). Au moment de l'écriture de ce livre, la dernière version de Anaconda est la 2.1.0 avec Python 3.4.

Si vous voulez ajouter de nouvelles bibliothèques, Anaconda vous facilite la tâche avec les commandes `conda` et `pip`. Cet outil propose une multitude d'autres fonctionnalités très intéressantes pour développer en Python, disponibles grâce au gestionnaire de téléchargement intégré `conda`. Ce der-

nier peut créer des environnements isolés de Python, c'est-à-dire plusieurs versions indépendantes du langage – par exemple, Python 2, Python 3.3 et Python 3.4 – sur la même installation de Anaconda.
Pour vous renseigner, rendez-vous sur le site web de Anaconda et sur la documentation de l'outil conda (*http://conda.pydata.org/docs/intro.html*).

Microsoft Windows

Téléchargez l'installeur Anaconda GUI pour Python 3 à l'adresse *http://continuum.io/downloads*. Double-cliquez sur l'installeur puis suivez les étapes.

1. Cliquez sur **Next** et acceptez le contrat de licence.

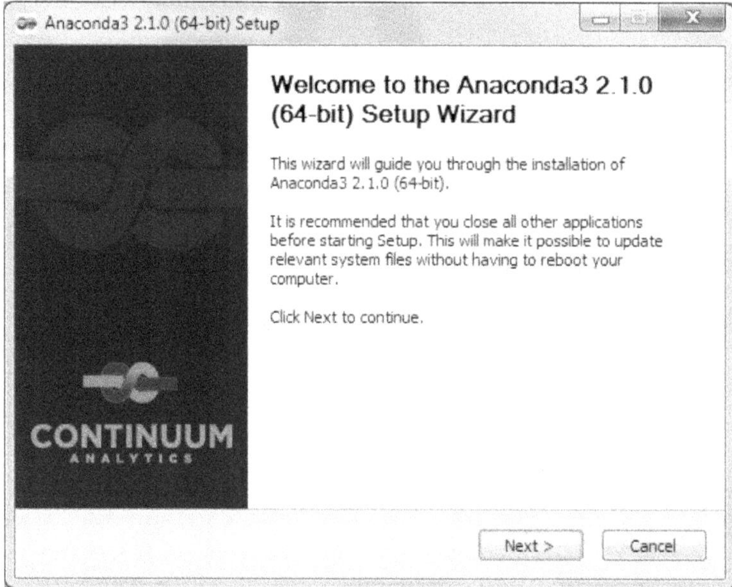

2. Vous pouvez choisir d'installer le paquet pour votre session d'utilisateur seulement ou pour tous les utilisateurs de l'ordinateur.
3. Choisissez le dossier où vous souhaitez que Anaconda installe ses programmes. Le dossier par défaut fonctionnera parfaitement.
4. Assurez-vous de bien cocher les deux carrés dans **Advanced Options** pour être en mesure d'utiliser l'interpréteur de commande de Python et d'autres programmes tels que `conda`, `pip` et `idle` depuis n'importe où via l'invite de commande. De plus, n'importe quel programme en Python qui cherchera votre installation de Python 3.4 sera automatiquement dirigé vers la version installée avec Anaconda.

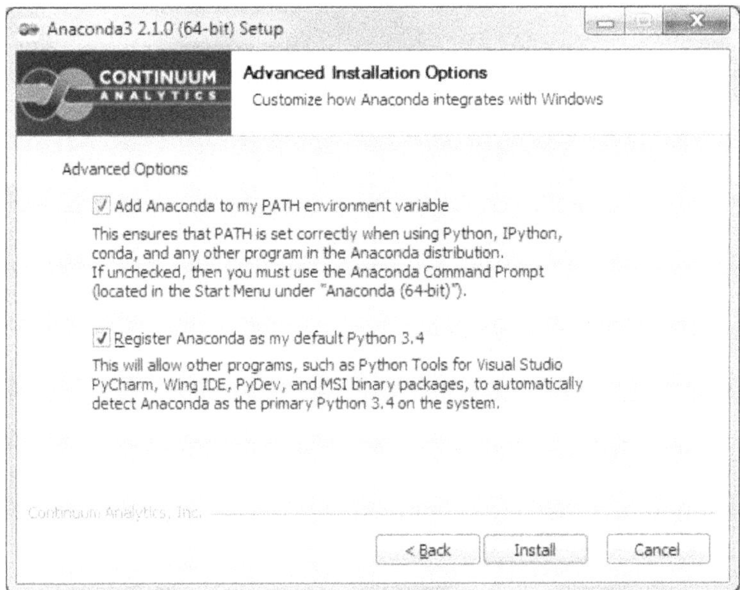

5. Cliquez sur **Install**. Lorsque l'installation est terminée, cliquez sur **Next** puis sur **Finish**. Vous devriez maintenant trouver Python dans votre menu **Démarrer**.
6. Ouvrez l'invite de commande.

Mettre à jour SymPy

`SymPy` devrait avoir été installé lors de l'étape précédente, mais nous voulons être sûrs d'avoir au minimum la version 0.7.6, que nous allons donc installer à l'aide de la commande :

```
$ conda install sympy=0.7.6.
```

Installer matplotlib-venn

Pour installer `matplotlib-venn`, utilisez la commande suivante :

```
$ pip install matplotlib-venn
```

Votre ordinateur est maintenant prêt à lancer tous les programmes de ce livre.

Démarrer l'interpréteur de Python

Ouvrez l'invite de commandes et tapez `idle` pour démarrer l'interpréteur IDLE ou `python` pour lancer l'interpréteur par défaut de Python 3.

Linux

L'environnement d'installation de Linux est distribué sous la forme d'un script. Ainsi, vous devez commencer par télécharger l'installeur Anaconda Python à l'adresse *http://continuum.io/downloads*, puis exécuter les commandes suivantes dans le terminal :

```
$ bash Anaconda3-2.1.0-Linux-x86_64.sh
Welcome to Anaconda3 2.1.0 (by Continuum Analytics, Inc.)
In order to continue the installation process, please review the license
agreement.
Please, press ENTER to continue
>>>
```

La licence utilisateur « Anaconda end user license agreement » s'affiche. Une fois que vous l'avez lue (si vous comprenez bien l'anglais) tapez yes pour continuer l'installation :

```
Do you approve the license terms? [yes|no] [no]
>>> yes
Anaconda3 will now be installed into this location:
/home/testuser/anaconda3
  - Press ENTER to confirm the location
  - Press CTRL-C to abort the installation
  - Or specify a different location below
```

Cliquez sur **Entrer** pour que l'installation démarre :

```
[/home/testuser/anaconda3] >>>
PREFIX=/home/testuser/anaconda3
installing: python-3.4.1-4 ...
installing: conda-3.7.0-py34_0
..
creating default environment...
installation finished.
Do you wish the installer to prepend the Anaconda3 install location
to PATH in your /home/testuser/.bashrc ? [yes|no]
```

Tapez yes afin que l'interpréteur de Python 3.4 installé par Anaconda soit toujours ouvert lorsque vous lancez des programmes Python depuis votre terminal :

```
[no] >>> yes
Prepending PATH=/home/testuser/anaconda3/bin to PATH in /home/testuser/.
bashrc
A backup will be made to: /home/testuser/.bashrc-anaconda3.bak
For this change to become active, you have to open a new terminal.
Thank you for installing Anaconda3!
```

Ouvrez maintenant votre terminal pour suivre les prochaines étapes.

Mettre à jour SymPy

Tour d'abord, assurez-vous que sympy 0.7.6 soit installé :

```
$ conda install sympy=0.7.6
```

Installer matplotlib-venn

Utilisez la commande suivante pour installer matplotlib-venn :

```
$ pip install matplotlib-venn
```

Démarrer l'interpréteur Python

Vous êtes fin prêts. Ouvrez le terminal et tapez idle3 pour démarrer l'éditeur IDLE ou python pour démarrer l'interpréteur Python 3.4. Vous devriez maintenant pouvoir lancer tous les programmes du livre et en essayer de nouveaux.

Mac OS X

Téléchargez l'installeur graphique depuis l'adresse *http://continuum.io/downloads*, puis double-cliquez sur le fichier .pkg et suivez les instructions.

1. Cliquez sur **Continue** pour chaque fenêtre d'information :

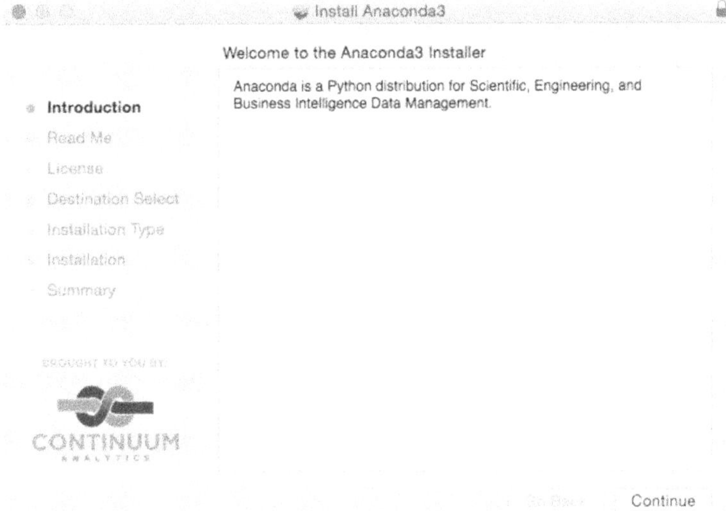

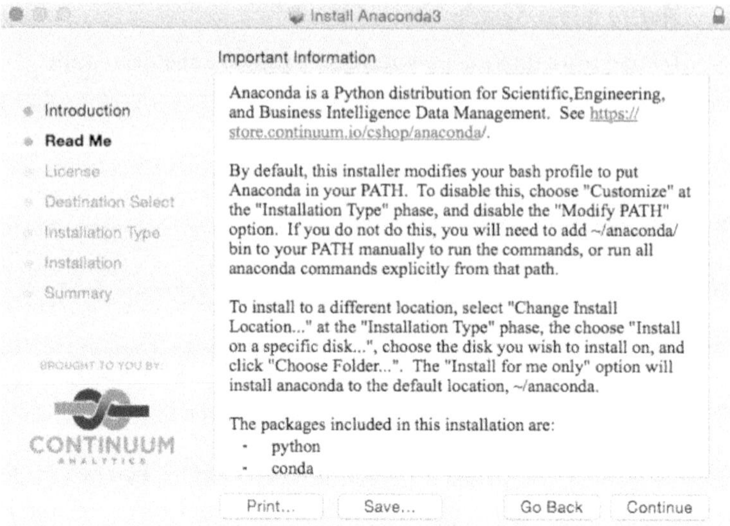

2. Cliquez sur **Agree** pour accepter la licence utilisateur (« Anaconda end user license agreement ») :

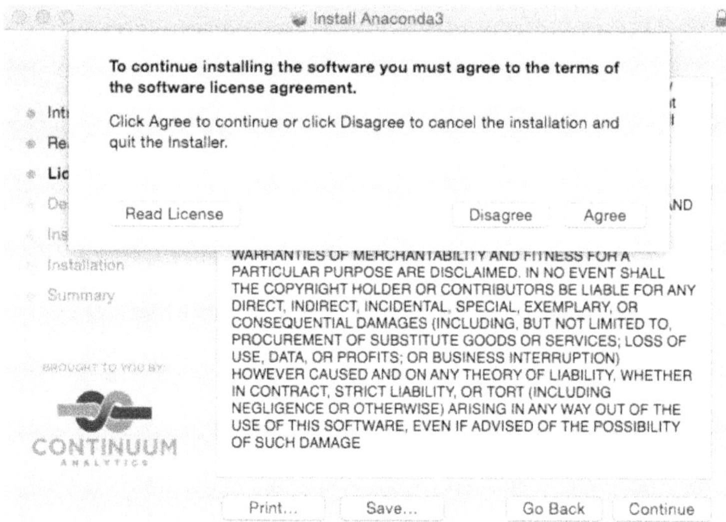

3. Dans la fenêtre suivante, choisissez l'option **Install for me only**. Si vous voyez apparaître un message d'erreur, ne vous en faites pas, c'est juste un bogue dans le logiciel d'installation. Cliquez et il disparaîtra. Cliquez sur **Continue** pour procéder au reste de l'installation.

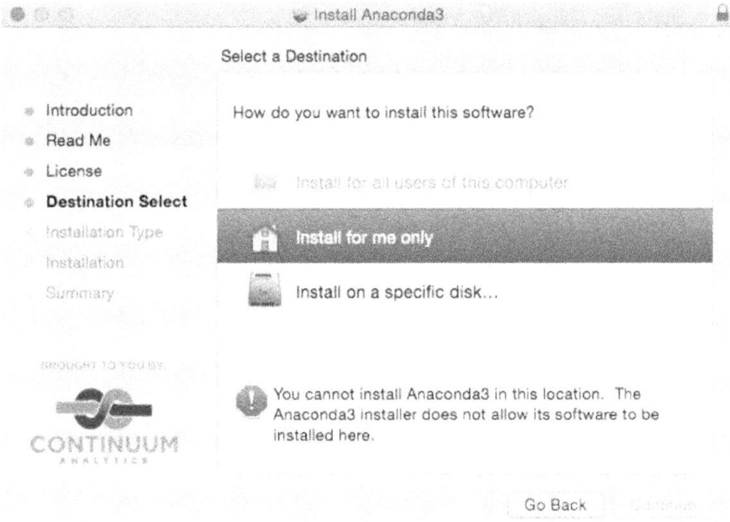

4. Sélectionnez **Install**.

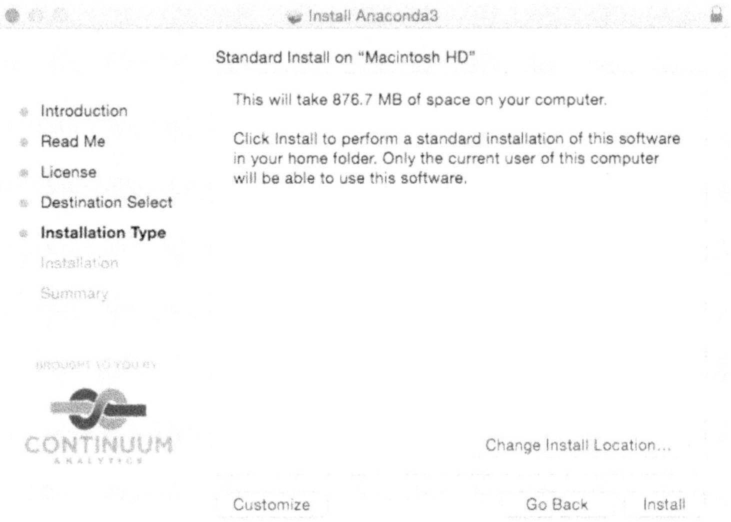

5. Une fois l'installation terminée, ouvrez le **Terminal** et suivez les étapes ci-après pour mettre à jour `SymPy` et installer `matplotlib-venn`.

Mettre à jour SymPy

Tout d'abord, assurez-vous que `SymPy` 0.7.6 soit bien installé :

```
$ conda install sympy=0.7.6
```

Installer matplotlib-venn

Utilisez la commande suivante pour installer `matplotlib-venn` :

```
$ pip install matplotlib-venn
```

Démarrer l'interpréteur de Python

Vous êtes fin prêts. Fermez la fenêtre du **Terminal**, ouvrez-en une nouvelle et tapez `idle3` pour démarrer l'éditeur IDLE ou `python` pour démarrer l'interpréteur Python 3.4. Vous devriez maintenant être en mesure de lancer tous les programmes de ce livre et d'en essayer de nouveaux.

B

QUELQUES CARACTÉRISTIQUES DE PYTHON

Le but de cette annexe est double : faire un rapide rappel sur quelques-unes des caractéristiques de Python qui ont été discutées dans les chapitres et vous en présenter de nouvelles pour vous aider à mieux coder.

If __name__=='__main__'

Tout au long du livre, nous avons utilisé des blocs de code tels que celui ci-après, où `fonc()` est une fonction que nous avions définie dans le programme.

```
if __name__=='__main__':
    # Faire quelque chose
    fonc()
```

Un tel bloc assure que les instructions placées en son sein ne sont exécutées que lorsque nous lançons ce programme.

Lorsqu'un programme est lancé, la variable `__name__` prend automatiquement la valeur `__main__` ; la condition `if` est donc respectée et `fonc()` est appelée. Cependant, `__name__` prend une valeur différente lorsque vous importez ce programme dans un autre programme (voir la section « Réutiliser votre code » , page 22).
Voici une démonstration rapide. Considérons le programme suivant, que nous appelons `factorielle.py` :

```
# Trouve le produit factoriel d'un nombre
def fact(n):
    p=1
    for i in range(1,n+1):
        p=p*i
    return p
❶ print(__name__)
if __name__=='__main__':
    n=int(input('Entrer l'entier dont vous souhaitez calculer la
factorielle : '))
    f=fact(n)
    print('Factorielle de {0} : {1}'.format(n,f))
```

Le programme définit une fonction, `fact()`, calculant la factorielle de l'entier placé en argument. Lorsque vous lancez le programme, celui-ci affiche `__main__`, correspondant à l'instruction `print` en ❶, car la variable `__name__` est automatiquement fixée à `__main__`. Puis le programme demande à l'utilisateur de saisir un entier, calcule sa factorielle et l'affiche :

```
__main__
Entrer l'entier dont vous souhaitez calculer la factorielle : 5
Factorielle de 5 : 120
```

Disons maintenant que vous ayez besoin de calculer une factorielle dans un autre programme. Vous décidez de réutiliser votre fonction en l'important :

```
from factorielle import fact
if __name__=='__main__':
    print('Factorielle de 5 : {0}'.format(fact(5)))
```

Notez que les deux programmes doivent être dans le même dossier.
Lorsque vous lancez ce programme, vous obtenez le résultat suivant :

```
factorielle
Factorielle de 5 : 120
```

Lorsque votre code est importé dans un autre programme, la valeur de la variable `__name__` est le nom du fichier sans l'extension ; dans l'exemple, c'est `factorielle` et non plus `__main__`. Ainsi, la condition `__name__==__main__` n'est plus vérifiée et le programme ne demande pas à l'utilisateur de saisir un entier. Enlevez cette condition et voyez par vous-même ce qui se passe !

En résumé, il est toujours bon d'utiliser `if __name__=='__main__'` dans vos programmes pour que les instructions que vous souhaitez exécuter lorsque votre programme est lancé seul ne soient pas exécutées lorsqu'il est importé dans un autre.

Listes en compréhension

Supposons que nous ayons une liste d'entiers et que nous souhaitions créer une nouvelle liste contenant les carrés des éléments la première. Voici une manière de réaliser cette manœuvre qui vous sera familière :

```
   >>> x=[1,2,3,4]
   >>> x_carre=[]
❶ >>> for n in x:
❷          x_carre.append(n**2)
   >>> x_carre
   [1,4,9,16]
```

Nous avons ici suivi un modèle de code utilisé tout au long du livre. Nous créons une liste vide, `x_carre`, puis nous lui ajoutons les valeurs des carrés au fur et à mesure. Nous pouvons réaliser la même opération de manière plus simple à l'aide des listes en compréhension :

```
❸ >>> x_carre=[n**2 for n in x]
   >>> x_carre
   [1,4,9,16]
```

L'instruction en ❸ est appelée *définition en compréhension.* Elle consiste en une expression (ici, `n**2`) suivie d'une boucle « for », `for n in x`. Ceci combine les deux instructions ❶ et ❷ pour créer la nouvelle liste en une seule instruction.

Comme autre exemple, considérons un des programmes que nous avons écrit dans la section « Tracer une trajectoire », page 49. Le bloc de code suivant servait à calculer les coordonnées `x` et `y` du projectile à chaque instant :

```
# Trouve les intervalles de temps
intervalles=frange(0,t_vol,0.001)
# Liste des coordonnées x et y
x=[]
y=[]
for t in intervalles:
    x.append(u*math.cos(theta)*t)
    y.append(u*math.sin(theta)*t-0.5*g*t*t)
```

En utilisant les listes en compréhension, vous pouvez réécrire ce bloc de code comme suit :

```
# Trouve les intervalles de temps
intervalles=frange(0,t_vol,0.001)
```

```
# Liste des coordonnées x et y
x=[u*math.cos(theta)*t for t in intervalles]
y=[u*math.sin(theta)*t-0.5*g*t*t for t in intervalles]
```

Le code est désormais plus compact puisque nous n'avons pas eu à créer les listes vides, écrire la boucle « for » et ajouter les nombres un à un à la liste. Les listes en compréhension effectuent ces trois tâches en une seule instruction.

Vous pouvez aussi ajouter des conditions aux listes en compréhension, afin de sélectionner les éléments de l'expression. Considérons, une fois encore, le premier exemple :

```
>>> x=[1,2,3,4]
>>> x_carre=[n**2 for n in x if n%2==0]
>>> x_carre [4,16]
```

Dans cette liste, nous utilisons la condition `if` pour demander à Python d'évaluer l'expression `n**2` seulement sur les nombres pairs de `x`.

Les dictionnaires

Nous avons utilisé un dictionnaire de Python pour la première fois au chapitre 4 lorsque nous implémentions la méthode `subs()` de `SymPy`. Explorons ce type plus en détail. Considérons un dictionnaire simple :

```
>>> d={'cle1':5,'cle2':20}
```

Ce code crée un dictionnaire contenant deux clés (`cle1` et `cle2`) respectivement en relation avec les valeurs `5` et `20`. Seuls des nombres, des chaînes de caractères ou des tuples peuvent être utilisés comme clés d'un dictionnaire. C'est ce qu'on appelle des types de données immuables (ils ne peuvent pas être changés) et les listes ne peuvent donc pas être des clés puisqu'elles sont modifiables.

Nous savons déjà que, pour retrouver la valeur correspondant à `'cle1'` dans notre dictionnaire, il faut écrire `d['cle1']`. C'est une des utilisations les plus courantes des dictionnaires. Il nous est aussi souvent utile de vérifier si le dictionnaire contient une certaine clé `'x'`. Nous pouvons le faire comme suit :

```
>>> d={'cle1':5,'cle2':20}
>>> 'x' in d
False
```

Une fois le dictionnaire créé, nous pouvons y ajouter de nouvelles paires clé-valeur comme nous ajouterions des éléments à une liste :

```
>>> d={'cle1':5,'cle2':20}
>>> if 'x' in d:
        print(d['x'])
```

```
else:
        d['x']=1
>>> d
{'cle1':5,'x':1,'cle2':20}
```

Cet extrait de code vérifie si la clé `'x'` appartient déjà au dictionnaire `d`. Si oui, la valeur correspondante est affichée ; si non, la clé est ajoutée au dictionnaire avec `1` en valeur correspondante. De la même manière qu'avec les ensembles de Python, les éléments n'ont pas d'ordre particulier dans le dictionnaire.
Vous retrouvez aussi la valeur correspondant à une certaine clé en utilisant la méthode `get()` :

```
>>> d.get('x')
1
```

Si vous entrez une clé qui n'existe pas dans le dictionnaire, la méthode `get()` retourne `None`. Par ailleurs, si vous spécifiez la fausse clé avec la première méthode (entre crochets) vous obtiendrez une erreur.
La méthode `get()` permet aussi de définir une valeur par défaut pour les clés inexistantes :

```
>>> d.get('y',0)
0
```

Il n'existe pas de clé `'y'` dans le dictionnaire `d` et `0` est donc retourné. S'il y avait une clé, la vraie valeur serait retournée à la place :

```
>>> d['y']=1
>>> d.get('y',0)
1
```

Les méthodes `keys()` et `values()` retournent respectivement une liste des clés ou des valeurs du dictionnaire :

```
>>> d.keys()
dict_keys(['cle1','x','cle2','y'])
>>> d.values()
dict_values([5,1,20,1])
```

Pour parcourir les paires clé-valeur du dictionnaire, utilisez la méthode `items()` :

```
>>> d.items()
dict_items([('cle1',5),('x',1),('cle2',20),('y',1)])
```

Cette méthode retourne une vue des tuples et chaque tuple est une paire clé-valeur. Nous pouvons utiliser l'extrait de code précédent pour les afficher proprement :

```
>>> for k,v in d.items():
        print(k,v)
cle1 5
x 1
cle2 20
y 1
```

Les vues sont plus économes en termes de mémoire que les listes, mais ne vous permettent pas d'ajouter ou d'enlever des éléments.

Retourner plusieurs valeurs

Dans les programmes que nous avons écrits jusqu'ici, les fonctions retournaient le plus souvent une seule valeur, mais certaines en retournaient plusieurs. Nous avons vu l'exemple d'une telle fonction dans la section « Mesurer la dispersion » page 69, lorsque, dans le programme trouvant l'intervalle, nous retournions trois valeurs à la fonction trouve_inter(). Voici un autre exemple de l'approche que nous avons alors utilisée :

```
import math
def composantes(u,theta):
    x=u*math.cos(theta)
    y=u*math.sin(theta)
    return x,y
```

La fonction composantes() prend la vitesse u et l'angle theta en paramètres, calcule les composantes x et y et les retourne. Pour cela, nous les avons simplement listées dans l'instruction return, séparées par des virgules. Ceci crée et retourne un tuple contenant les objets x et y. Lorsque nous appelons la fonction, nous recevons plusieurs valeurs :

```
if __name__=='__main__':
    u=25
    theta=math.radians(45)
    x,y=composantes(u,theta)
```

Comme la fonction composantes() retourne un tuple, nous pouvons retrouver les valeurs par les indices :

```
c=composantes(u,theta)
x=c[0]
y=c[1]
```

Cette méthode présente des avantages car nous n'avons pas à récupérer le nombre des valeurs retournées par la fonction. Si nous n'en voulons qu'une, nous n'aurons pas à écrire x,y,z=mafonc1() lorsque la fonction retourne trois valeurs ou a,x,y,z=mafonc1() lorsque la fonction retourne quatre valeurs, etc. Dans chacun des cas précédents, le code appelant la fonction composantes() doit savoir quelle valeur correspond à quelle composante de la vitesse, car il est impossible de le déduire des valeurs elles-mêmes.

Une approche plus pratique consiste à retourner un dictionnaire, comme nous l'avons vu avec la fonction solve() de SymPy lorsque nous avons utilisé le mot-clé dict=True. Voici comment nous pourrions réécrire la précédente fonction pour qu'elle retourne un dictionnaire :

```
import math
def composantes(u,theta):
    x=u*math.cos(theta)
    y=u*math.sin(theta)
    return {'x':x,'y':y}
```

Ici, nous retournons un dictionnaire avec les clés 'x' et 'y' faisant référence aux deux composantes et à leur valeur numérique. Avec cette nouvelle fonction, nous n'avons pas à nous préoccuper de l'ordre des objets retournés. Nous n'avons qu'à utiliser la clé 'x' pour obtenir la composante x et la clé 'y' pour la composante y :

```
if __name__=='__main__':
    theta=math.radians(45)
    c=composantes(u,theta)
    y=c['y']
    x=c['x']
    print(x,y)
```

Cette approche élimine le besoin d'utiliser les bons indices pour se référer aux valeurs retournées. Le code suivant est une réécriture du programme trouvant l'intervalle (voir la section « Mesurer la dispersion » page 69) afin que les résultats soient retournés dans un dictionnaire plutôt qu'un tuple :

```
'''
Trouve l'intervalle et retourne les valeurs dans un dictionnaire
'''
def trouve_inter(nombres):
    mini=min(nombres)
    maxi=max(nombres)
    # Trouve l'intervalle
    r=maxi-mini
    return {'mini':mini,'maxi':maxi,'inter':r}
if __name__=='__main__':
    dons=[100,60,70,900,100,200,500,500,503,600,1000,1200]
    resultat=trouve_inter(dons)
❶   print('Minimum : {0} Maximum : {1} intervalle : {2}'. format(result['m
    ini'],result['maxi'],result['inter']))
```

La fonction trouve_inter() retourne désormais un dictionnaire contenant les clés 'mini', 'maxi' et 'inter' avec les valeurs correspondantes. En ❶, nous utilisons simplement la clé adéquate pour retrouver la valeur à afficher.
Si nous n'étions intéressés que par l'intervalle d'un groupe de nombres, nous pourrions utiliser resultat['inter'] et ne pas nous soucier des autres valeurs retournées.

Gérer les exceptions

Dans le chapitre 1, nous avons vu que lorsque nous essayons de convertir une chaîne de caractères telle que '1.1' en un entier à l'aide de la fonction int(), nous obtenons une exception ValueError. Nous utilisons donc un bloc try...except pour afficher un message d'erreur plus explicite :

```
>>> try:
        int('1.1')
except ValueError:
        print('1.1 n'a pas pu être converti en entier.')
1.1 n'a pas pu être converti en entier.
```

Lorsqu'une instruction contenue dans le bloc try soulève une exception, cette dernière est comparée à la valeur du bloc except. S'il y a correspondance, le programme exécute le bloc except. Sinon, l'exécution s'arrête et l'exception est affichée. Voici un exemple :

```
>>> try:
        print(1/0)
except ValueError:
        print('La division a échoué.')
Traceback (most recent call last):
  File "<pyshell#66>", line 2, in <module>
    print(1/0)
ZeroDivisionError: division by zero
```

Nous essayons d'effectuer une division par 0, laquelle résulte en une exception du type ZeroDivisionError. Bien que la division soit placée dans un bloc try...except, le type d'exception ne correspond pas à celui du except et les instructions de ce bloc ne s'exécutent pas. La manière correcte de gérer cette exception est de spécifier ZeroDivisionError comme type d'exception à la place de ValueError.

Spécifier plusieurs types d'exception

Il est possible de spécifier plusieurs types d'exceptions. Considérons la fonction inverse() calculant l'inverse du nombre en argument :

```
def inverse(n):
```

```
    try:
        print(1/n)
```

```
    except (ZeroDivisionError,TypeError):
        print('Vous avez saisi un nombre invalide.')
```

Nous savons que si la fonction est appelée avec 0 en argument, une exception du type ZeroDivisionError sera invoquée. De plus, si vous entrez une chaîne de caractères, l'exception sera du type TypeError. La fonction considère ces deux cas comme des entrées invalides et spécifie les deux types d'erreur dans l'instruction except en les plaçant dans le même tuple.
Essayons d'appeler la fonction avec une entrée valide (un nombre différent de 0) :

```
>>> inverse(5)
0.2
```

Nous appelons ensuite la fonction avec 0 en argument :

```
>>> inverse(0)
Vous avez saisi un nombre invalide.
```

L'argument 0 soulève une exception du type ZeroDivisionError, laquelle est contenue dans le tuple spécifié à l'instruction except et le code affiche donc le message d'erreur.
Donnons-lui maintenant une chaîne de caractères :

```
>>> inverse('1')
```

Dans ce cas, le nombre saisi est invalide, ce qui soulève une exception du type TypeError, elle aussi contenue dans le tuple des exceptions, et le message d'erreur s'affiche une nouvelle fois. Si vous souhaitez recevoir un message différent à chaque exception vous pouvez écrire plusieurs blocs except comme suit :

```
def inverse(n):
    try:
        print(1/n)
    except TypeError:
        print('Vous devez entrer un nombre.')
    except ZeroDivisionError:
        print('La division par 0 est invalide.')
>>> inverse(0)
La division par 0 est invalide.
>>> inverse('1')
Vous devez entrer un nombre.
```

Il existe une multitude d'exceptions différentes de TypeError, ValueError et ZeroDivisionError. La documentation de Python, que vous pouvez trouver à l'adresse *https://docs.python.org/3.4/library/exceptions.html#bltin-exceptions* en dresse une liste pour Python 3.4.

Le bloc else

Le bloc `else` est utilisé pour spécifier quelles instructions doivent être exécutées s'il n'y a pas d'exception. Considérons un exemple tiré du programme que nous avons écrit pour tracer la trajectoire d'un projectile (voir la section « Tracer une trajectoire » page 49) :

```
if __name__=='__main__':
    try:
        u=float(input('Entrer la vitesse initiale (m/s) : '))
        theta=float(input('Entrer l'angle de projection (degrés) : '))
    except ValueError:
        print('Vous avez saisi une entrée invalide.')
❶   else:
        trace_trajectoire(u,theta)
        plt.show()
```

Si le nombre saisi pour `u` ou `theta` ne peut être converti en un nombre à virgule flottante, il est inutile d'appeler les fonctions `trace_trajectoire()` et `plt.show()`. Nous plaçons donc ces deux instructions dans le bloc `else` en ❶. Utiliser `try...except...else` vous permet de gérer plusieurs types d'erreur durant l'exécution et de faire des choix différents selon les cas :

- si une exception apparaît et correspond au bloc `except`, l'exécution est transférée à ce bloc ;
- s'il n'y a pas d'exception, l'exécution est transférée au bloc `else`.

Lire des fichiers en Python

Ouvrir un fichier est la première étape à effectuer pour pouvoir lire les données qu'il contient. Commençons avec un exemple rapide. Considérons un fichier contenant une collection de nombres, à raison d'un seul par ligne :

```
100
60
70
900
100
200
500
500
503
600
1000
1200
```

Nous voulons écrire une fonction lisant le fichier et retournant une liste de ces nombres :

```
def lire_donnees(emplfichier):
    nombres=[]
❶   f=open(emplfichier)
❷   for ligne in f:
        nombres.append(float(ligne))
    f.close()
    return nombres
```

Nous commençons par définir la fonction `lire_donnees()` et créons une liste vide pour stocker les nombres. En ❶, nous utilisons la fonction `open()` pour ouvrir le fichier dont l'emplacement est spécifié par l'argument `emplfichier`. Un exemple d'emplacement serait `home/username/mesdonnees.txt` sur Linux, `C:\mesdonnees.txt` sur Windows ou `/Users/Username/mesdonnees.txt` sur OS X. La fonction `open()` retourne un objet `file` que nous stockons dans le label `f`. Nous parcourons ensuite les lignes du fichier avec une boucle « for » en ❷. Chaque ligne est retournée sous la forme d'une chaîne de caractères, que nous convertissons donc en nombre avant de l'ajouter à la liste `nombres`. La boucle arrête son exécution lorsque toutes les lignes ont été lues et nous fermons alors le fichier à l'aide de la méthode `close()`. Finalement, nous retournons la liste `nombres`.

Cette méthode est similaire à celle que nous avons utilisée pour lire les nombres d'une liste au chapitre 3, cependant nous n'avons alors pas eu besoin de fermer le fichier car l'approche était différente. En utilisant l'approche du chapitre 3, nous pouvons réécrire la fonction précédente comme suit :

```
def lire_donnees(emplfichier):
    nombres=[]
❶   with open(emplfichier) as f:
        for ligne in f:
            nombres.append(float(ligne))
❷   return nombres
```

L'instruction clé de cette fonction se situe en ❶. Elle est presque similaire à la précédente instruction `f=open(emplfichier)`. Cependant, en plus d'ouvrir le fichier et d'affecter à `f` l'objet `file` retourné par `open()`, elle met en place un nouveau contexte contenant toutes les instructions de ce bloc (dans notre cas, toutes les instructions avant `return`). Lorsque toutes ces instructions ont été exécutées, le fichier se ferme automatiquement. Ainsi, lorsque l'exécution atteint la ligne ❷, le fichier se ferme sans que l'on ait besoin d'utiliser la méthode `close()`. Aussi, si une exception apparaît lors de l'exécution, le fichier est fermé avant que le programme s'arrête. Il est donc recommandé d'utiliser cette approche plutôt qu'une autre.

Lire toutes les lignes d'un coup

Plutôt que de lire les lignes une par une pour construire notre liste, nous pouvons utiliser la méthode `readlines()` pour lire toutes les lignes en une seule opération. Ceci rend la fonction plus compacte :

```
def lire_donnees(emplfichier):
    with open(emplfichier) as f:
❶       lignes=f.readlines()
    nombres=[float(n) for n in lignes]
    return nombres
```

Nous lisons toutes les lignes du fichier et les enregistrons dans une liste à l'aide de la méthode `readlines()` en ❶. Puis, nous convertissons chaque élément de cette liste en un nombre à virgule flottante avec la fonction `float()` et la méthode de liste en compréhension. Finalement, nous retournons la liste `nombres`.

Spécifier le nom du fichier en entrée

La fonction `lire_donnees()` prend l'emplacement du fichier en argument. Si votre programme vous permet de spécifier le nom du fichier en entrée, cette fonction devrait fonctionner avec n'importe quel fichier contenant des données du type attendu. Voici un exemple :

```
if __name__=='__main__':
    fichier=input('Entrer l'emplacement du fichier : ')
    donnees=lire_donnees(fichier)
    print(donnees)
```

Lorsque vous ajoutez cet extrait de code après la fonction `lire_donnees()` dans votre programme et que vous le lancez, celui-ci vous demande de saisir l'emplacement du fichier. Les nombres lus depuis le fichier sont ensuite affichés :

```
Entrer l'emplacement du fichier : /home/amit/travail/mesdonnees.txt
[100.0,60.0,70.0,900.0,100.0,200.0,500.0,500.0,503.0,600.0,1000.0,1200.0]
```

Gérer les erreurs de lecture de fichiers

Plusieurs choses sont susceptibles de poser problème lors de la lecture d'un fichier :

- le fichier ne peut pas être lu ;
- les données du fichier ne sont pas dans le format attendu.

Voici ce qui arrive lorsqu'un fichier ne peut pas être lu :

```
Entrer l'emplacement du fichier : /home/amit/travail/mesdonnees2.txt
Traceback (most recent call last):
  File "lire_donnees.py", line 11, in <module>
    donnees=lire_donnees(fichier)
  File "lire_donnees.py", line 4, in lire_donnees
    with open(emplfichier) as f:
FileNotFoundError: [Errno 2] No such file or directory: '/home/amit/
travail/mesdonnees2.txt'
```

Nous avons entré un fichier qui n'existait pas et une exception de type FileNotFoundError apparaît donc lorsque nous essayons de l'ouvrir. Affichons un message plus explicite lors d'une telle erreur en modifiant notre fonction lire_donnees comme suit :

```
def lire_donnees(emplfichier):
    nombres=[]
    try:
        with open(emplfichier) as f:
            for ligne in f:
                nombres.append(float(ligne))
    except FileNotFoundError:
        print('Fichier introuvable')
    return nombres
```

Vous obtiendrez désormais un message d'erreur si vous saisissez un emplacement de fichier inexistant :

```
Entrer l'emplacement du fichier : /home/amit/travail/mesdonnees2.txt
Fichier introuvable
```

Une autre erreur apparaît lorsque vous essayez de lire des données d'un format différent de celui attendu par votre programme. Par exemple, considérons un fichier contenant les données suivantes :

```
10
20
3o
1/5
5.6
```

La troisième ligne de ce fichier ne peut être convertie en un nombre à virgule flottante car elle contient la lettre o à la place du nombre 0. De plus, la quatrième ligne est écrite sous forme de fraction, ce que la fonction float() ne sait pas gérer.
Si vous donnez ce fichier à notre programme précédent, l'erreur suivante apparaît :

```
Entrer l'emplacement du fichier : mauvaise_donnee.txt
Traceback (most recent call last):
  File "lire_fichier.py", line 13, in <module>
    donnees=lire_donnees(fichier)
  File "lire_fichier.py", line 6, in lire_donnees
    nombres.append(float(ligne))
ValueError: could not convert string to float: '3o\n'
```

Le résultat de la conversion de la troisième ligne est donc ValueError. Il existe deux approches à adopter lorsqu'une telle donnée est présente dans un fichier. Vous pouvez reporter l'erreur et arrêter l'exécution du programme. La nouvelle fonction lire_donnees() est alors écrite ainsi :

```
def lire_donnees(emplfichier):
    nombres=[]
    try:
        with open(emplfichier) as f:
            for ligne in f:
❶               try:
❷                   n=float(ligne)
                except ValueError:
                    print('Donnée invalide : {0}'.format(ligne))
❸                   break
❹               nombres.append(n)
    except FileNotFoundError:
        print('Fichier introuvable')
    return nombres
```

Nous insérons un nouveau bloc `try...except` commençant en ❶ et nous convertissons la ligne en un flottant en ❷. Si le programme invoque une exception `ValueError`, nous affichons un message d'erreur et nous sortons de la boucle avec l'instruction `break` en ❸. Le programme arrête alors la lecture du fichier. La liste retournée, `nombres`, contient toutes les données qui ont été lues avec succès avant de rencontrer la donnée invalide. S'il n'y a pas d'erreur, nous ajoutons le nombre actuel `n` à la liste `nombres` en ❹.
Maintenant, si vous donnez le fichier `mauvaise_donnee.txt` à ce programme, ce dernier ne lit que les deux premières lignes, affiche le message d'erreur et s'arrête :

```
Entrer l'emplacement du fichier : Mauvaise_donnee.txt
Donnée invalide : 3o
[10.0,20.0]
```

Ne retourner qu'une partie des données pourrait ne pas être une solution adéquate ; il faudrait alors tout simplement remplacer l'instruction `break` en ❸ par `return` pour qu'aucune donnée ne soit retournée.
La seconde approche est d'ignorer l'erreur et de continuer l'exécution avec le reste du fichier. Voici la fonction `lire_donnees()` modifiée à cet effet :

```
def lire_donnees(emplfichier):
    nombres=[]
    try:
        with open(emplfichier) as f:
            for ligne in f:
                try:
                    n=float(ligne)
                except ValueError:
                    print('Donnée invalide : {0}'.format(ligne))
❶                   continue
                nombres.append(n)
    except FileNotFoundError:
        print('Fichier introuvable')
    return nombres
```

La seule différence est que nous continuons l'exécution de la boucle « for » en cas d'erreur, à l'aide de l'instruction `continue` en ❶. Le résultat est alors le suivant :

```
Donnée invalide : 3o
Donnée invalide : 1/5
[10.0,20.0,5.6]
```

Vous serez à même de choisir l'approche que vous souhaitez adopter en fonction des applications de votre programme.

Réutiliser votre code

Tout au long du livre, nous avons utilisé des classes et des fonctions faisant partie de la bibliothèque standard de Python ou d'une bibliothèque extérieure (`matplotlib` ou `SymPy`), après installation de celle-ci. Voyons maintenant comment importer vos propres programmes au sein d'autres programmes.

Considérons la fonction `trouve_corr_x_y()` que nous avons écrite dans la section « Calculer le taux de corrélation entre deux jeux de données », page 72. Nous allons créer un fichier séparé, `correlation.py`, ne contenant que la définition de la fonction :

```
'''
Fonction calculant le coefficient de corrélation linéaire
'''
def trouve_corr_x_y(x,y):
    # Taille de chaque ensemble
    n=len(x)
    # Trouve la somme des produits
    prod=[]
    for xi,yi in zip(x,y):
        prod.append(xi*yi)
    somme_prod_x_y=somme(prod)
    somme_x=somme(x)
    somme_y=somme(y)
    carre_somme_x=somme_x**2
    carre_somme_y=somme_y**2
    x_carre=[]
    for xi in x:
        x_carre.append(xi**2)
    x_carre_somme=somme(x_carre)
    y_carre=[]
    for yi in y:
        y_carre.append(yi**2)
    y_carre_somme=somme(y_carre)
    numerateur=n*somme_prod_x_y-somme_x*somme_y
    denominateur_terme1=n*x_carre_somme-carre_somme_x
    denominateur_terme2=n*y_carre_somme-carre_somme_y
    denominateur=(denominateur_terme1*denominateur_terme2)**0.5
    correlation=numerateur/denominateur
    return correlation
```

Sans l'extension .py, un fichier Python est appelé un module. Ceci est habituellement réservé aux fichiers qui définissent des classes et des fonctions réutilisables dans d'autres programmes. Le programme suivant importe la fonction trouve_corr_x_y() depuis le module correlation que nous venons de définir :

```
from correlation import trouve_corr_x_y
if __name__=='__main__':
    lycee_math=[83,85,84,96,94,86,87,97,97,85]
    universite_admission=[85,87,86,97,96,88,89,98,98,87]
    corr=trouve_corr_x_y(lycee_math,universite_admission)
    print('Coefficient de corrélation : {0}'.format(corr))
```

Ce programme trouve la corrélation entre les notes de mathématiques au lycée et celles obtenues à l'examen d'entrée à l'université (voir tableau 3-3). Nous importons la fonction trouve_corr_x_y() depuis le module correlation, créons deux listes représentant les ensembles de notes, puis appelons la fonction trouve_corr_x_y() avec les deux listes en argument. Lorsque vous lancez le programme, celui-ci affiche le coefficient de corrélation. Notez que les deux fichiers doivent être situés dans le même dossier (seulement pour que cela soit plus simple).

INDEX

S

T

U

V

W

Z

APPRENDS À CODER DÈS 5 ANS !

NOUVELLE MATIÈRE DU PROGRAMME, DU CE1 À LA 3E !

EYROLLES

Pour en savoir plus : www.editions-eyrolles.com/go/coderaveceyrolles

N° d'éditeur : 9670
Imprimé en Allemagne par BoD

www.ingramcontent.com/pod-product-compliance
Ingram Content Group UK Ltd.
Pitfield, Milton Keynes, MK11 3LW, UK
UKHW051110230726
13924UKWH00011B/2261